高职高专教育法律类专业教学改革试点与推广教材 | 总主编 金川

浙江省"十一五"重点教材

犯罪原因分析

曾赟 孔一 张崇脉 著

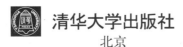
清华大学出版社
北京

中国·武汉

内容提要

分析犯罪的原因不外乎理论透视与实证调查两个维度。犯罪理论对于犯罪原因的解释主要有自由意志论与因果决定论两极主张。自由意志论将犯罪的原因归咎为人类行动的理性选择;因果决定论则将犯罪的原因归咎为个体生理心理结构的异常或社会环境的决定性影响。然而,无论是自由意志论论,还是因果决定论,其均难以解释实践中的个体为什么犯罪这一问题。为消解自由意志论与因果决定论的两极对决,我们从二元论视角首次提出发展兼容论。发展兼容论认为,人之所以犯罪是人基于主体的反思性监控而形成了的例行化行为方式,是行动者基于犯罪结构的生产与再生产而形成的行动的意外后果。反思性监控这一核心概念既消解了自由意志之于主体的独霸地位,又消除了环境因素之于人类行为的决定影响。实证调查是科学分析犯罪原因的重要方法,也是犯罪学作为一门科学所独具的品格。通过运用调查统计方法,犯罪学人既可以检验以往犯罪学理论的真实程度,又可以科学研制出社会中犯罪风险与犯罪人重新犯罪风险的预测量表。在透视已有犯罪理论基础上,通过运用数理统计方法我们制作了重新犯罪可能性预测量表。重新犯罪可能性预测量表既可为社会中犯罪风险管理提供科学的依据,又可为预防与减少社会中重新犯罪提供了医治的良方。

图书在版编目(CIP)数据

犯罪原因分析/曾赟,孔一,张崇脉著. ——武汉:华中科技大学出版社,2010.10
(2023.1重印)
ISBN 978-7-5609-6583-3

Ⅰ.①犯… Ⅱ.①曾… ②孔… ③张… Ⅲ.①犯罪原因-分析-高等学校;技术学校-教材 Ⅳ.①D917.1

中国版本图书馆 CIP 数据核字(2010)第 181398 号

犯罪原因分析	曾赟 孔一 张崇脉 著

策划编辑:王京图
责任编辑:张影 彭奕菲
封面设计:傅瑞学
责任校对:北京书林瀚海文化发展有限公司
责任监印:周治超
出版发行:华中科技大学出版社(中国·武汉)
     武汉喻家山 邮编:430074 电话:(027)81321913
录   排:北京星河博文文化发展有限公司
印   刷:武汉科源印刷设计有限公司
开   本:710mm×1000mm 1/16
印   张:14.75
字   数:264千字
版   次:2023年1月第1版第10次印刷
定   价:45.00元

本书若有印装质量问题,请向出版社营销中心调换
全国免费服务热线:400-6679-118,竭诚为您服务
版权所有 侵权必究

总　序

　　我国高等职业教育已进入了一个以内涵式发展为主要特征的新的发展时期。高等法律职业教育作为高等职业教育的重要组成部分，也正经历着一个不断探索、不断创新、不断发展的过程。

　　2004年10月，教育部颁布《普通高等学校高职高专教育指导性专业目录（试行）》，将法律类专业作为一大独立的专业门类，正式确立了高等法律职业教育在我国高等职业教育中的重要地位。2005年12月，受教育部委托，司法部牵头组建了全国高职高专教育法律类专业教学指导委员会，大力推进高等法律职业教育的发展。

　　为了进一步推动和深化高等法律职业教育的改革，促进我国高等法律职业教育的类型转型、质量提升和协调发展，全国高职高专教育法律类专业教学指导委员会于2007年6月，确定浙江警官职业学院为全国高等法律职业教育改革试点与推广单位，要求该校不断深化法律类专业教育教学改革，勇于创新并及时总结经验，在全国高职法律教育中发挥示范和辐射带动作用。为了更好地满足政法系统和社会其他行业部门对高等法律职业人才的需求，适应高职高专教育法律类专业教育教学改革的需要，该校经过反复调研、论证、修改，根据重新确定的法律类专业人才培养目标及其培养模式要求，以先进的课程开发理念为指导，联合有关高职院校，组织授课教师和相关行业专家，合作共同编写了"高职高专教育法律类专业教学改革试点与推广教材"。这批教材紧密联系与各专业相对应的一线职业岗位（群）之任职要求（标准）及工作过程，对教学内容进行了全新的整合，即从预设职业岗位（群）之就业者的学习主体需求视角，以所应完成的主要任务及所需具备的工作能力要求来取舍所需学习的基本理论知识和实践操作技能，并尽量按照工作过程或执法工作环节及其工作流程，以典型案件、执法项目、技术应用项目、工程项目、管理现场等为载体，重新构建各课程学习内容、设计相关学习情境、安排相应教学进程，突出培养学生一线职业岗位所必需的应用能力，体现了课程学习的理论必需性、职业针对性和实践操作性要求。

　　这批教材无论是形式还是内容，都以崭新的面目呈现在大家面前，它在不同层面上代表了我国高等法律职业教育教材改革的最新成果，也从一个角度集中反映了当前我国高职高专教育法律类专业人才培养模式、教学模式及其教材建设改革的新趋势。我们深知，我国高等法律职业教育举办的时间不长，可资借鉴的经验和成果还不多，教育教学改革任务艰巨；我们深信，任何一项改革都是一种探索、一种担当、一种奉献，改革的成果值得我们大家去珍惜和分享；我们期待，会有越来越多的院校能选用这批教材，在使用中及时提出建议和意见，同时也能借鉴并继续深化各院校的教育教学改革，在教材建设等方面不断取得新的突破、获得新的成果、作出新的贡献。

全国高职高专教育法律类专业教学指导委员会
2008 年 9 月

前　言

法律职业教育的使命在于如何培养一种司法的"技艺理性"。为培养政法干警一种司法的技艺理性，犯罪原因分析教材设计向犯罪预防工作与犯罪原因分析能力横向拓展，教学载体则向刑事司法工作中相关犯罪风险问题与解决问题的能力纵向拓展。通过本教材的学习，刑事司法专业学生、司法行政部门工作者及相关读者之犯罪调查、犯罪测量及教育矫正能力将得到更大程度的提高；同时，其业务素质、职业忠诚度亦将得到进一步提升。本教材共分十个学习单元。学习单元的设计均以真实个案为导引，以刑事司法工作中典型犯罪风险问题的提出、分析及解决为载体，旨在全面培养学生刑事司法实践能力。

本教材为浙江省 21 世纪法律职业教育重点规划教材。教材的撰写倾注了著者大量的心血。学习单元一、二、三、五、八由浙江警官职业学院曾赟博士撰写；学习单元七、九、十由浙江警官职业学院孔一副教授撰写；学习单元四、六由浙江警官职业学院张崇脉老师撰写；全书由曾赟副教授负责统稿。本教材的出版得到了浙江省教育厅、华中科技大学出版社及浙江警官职业学院院长黄兴瑞教授的大力支持与帮助，于此谨向他们表示诚挚的谢意。

由于著者水平有限，且因时间匆忙，教材中的错误在所难免。于此，诚请各位学者与行业专家批评指正。

曾赟　谨识于澳大利亚查尔斯特大学
2010 年 8 月 11 日

目 录

学习单元一　犯罪的概念与分类 ……………………………………… 1
情景一　什么是犯罪 ……………………………………………… 1
一、问题引入 ……………………………………………… 1
二、问题分析——犯罪定义的论争 ……………………… 2
三、问题解决——犯罪的形式定义与规范定义 ………… 4
情景二　犯罪有哪些类型 ………………………………………… 9
一、问题引入 ……………………………………………… 9
二、问题分析——犯罪分类的依据 ……………………… 9
三、问题解决——犯罪的分类 …………………………… 10

学习单元二　犯罪原因分析的理论维度 ………………………………… 17
情景一　什么是犯罪的原因 ……………………………………… 17
一、案例引入 ……………………………………………… 17
二、问题的提出——究竟什么引起犯罪 ………………… 19
情景二　问题分析——犯罪原因分析的理论视角 ……………… 21
一、自由意志论 …………………………………………… 21
二、因果决定论 …………………………………………… 23
情景三　问题解决——基于一种发展兼容论的分析视角 ……… 25
一、发展兼容论的提出 …………………………………… 26
二、发展兼容论的解释框架 ……………………………… 31
三、发展兼容论的测量指标 ……………………………… 33

学习单元三　理性选择理论 ……………………………………………… 37
情景一　犯罪是基于理性计算产生的吗？ ……………………… 37
一、案例引入 ……………………………………………… 37
二、问题的提出 …………………………………………… 39
情景二　问题分析——理性选择理论的立论前提 ……………… 40
一、古希腊思想家对理性的论述 ………………………… 40
二、启蒙思想家对理性的论述 …………………………… 42
三、康德的实践理性 ……………………………………… 43

四、韦伯的形式合理性 …………………………………… 44
　情景三　问题解决——理性选择理论的主要分支 ………… 46
　　一、古典犯罪学理论 ……………………………………… 47
　　二、理性选择理论 ………………………………………… 48
　　三、日常活动理论 ………………………………………… 50

学习单元四　个体生理——心理因素决定论 …………… 52
　情景一　犯罪是由个体生理心理因素所致吗？ …………… 52
　　一、案例引入 ……………………………………………… 53
　　二、问题的提出 …………………………………………… 54
　情景二　问题分析——个体生理心理因素决定论研究视角 … 55
　　一、犯罪生物学的研究视角 ……………………………… 55
　　二、犯罪心理学的研究视角 ……………………………… 57
　情景三　问题解决——个体生理心理因素决定论主要分支 … 58
　　一、犯罪生物学 …………………………………………… 59
　　二、犯罪心理学 …………………………………………… 64

学习单元五　个人环境决定论 ……………………………… 70
　情景一　犯罪是因个人环境所致吗？ ……………………… 70
　　一、案例引入 ……………………………………………… 70
　　二、问题的提出 …………………………………………… 73
　情景二　问题分析——个人环境决定论分析视角 ………… 75
　　一、家庭环境 ……………………………………………… 75
　　二、同辈伙伴交往环境 …………………………………… 76
　　三、公众对犯罪的容忍度 ………………………………… 77
　　四、贫穷与失业 …………………………………………… 77
　情景三　问题解决——个人环境决定论主要分支 ………… 78
　　一、社会学习理论 ………………………………………… 78
　　二、社会控制理论 ………………………………………… 82
　　三、犯罪发展理论 ………………………………………… 84

学习单元六　社会环境决定论 ……………………………… 93
　情景一　犯罪是因社会环境所致吗？ ……………………… 93
　　一、案例引入 ……………………………………………… 94

二、问题的提出 ··· 95
　情景二　问题分析——社会环境决定论的研究视角 ················ 96
　情景三　问题解决——社会环境决定论的主要分支 ················ 97
　　一、失范理论 ··· 97
　　二、冲突理论 ·· 105
　　三、标签理论 ·· 107

学习单元七　犯罪原因的调查与分析方法 ························ 111
　情景一　如何收集犯罪原因资料 ··································· 111
　　一、问题引入 ·· 111
　　二、问题分析 ·· 111
　　三、问题解决 ·· 114
　情景二　如何分析犯罪原因 ·· 127
　　一、问题引入 ·· 127
　　二、问题分析 ·· 128
　　三、问题解决 ·· 129

学习单元八　犯罪现象原因分析 ····································· 141
　情景一　如何发现犯罪现象的原因 ································· 141
　　一、案例引入 ·· 142
　　二、问题的提出 ··· 143
　情景二　问题分析——犯罪现象的描述统计及原因解释 ··········· 143
　　一、犯罪状况描述 ·· 143
　　二、犯罪人状况描述 ·· 149
　　三、犯罪状况变化的原因解释 ·································· 152
　情景三　问题解决——犯罪现象原因的实证分析 ·················· 163
　　一、数据模型 ·· 163
　　二、回归结果 ·· 164
　　三、分析与讨论 ··· 166

学习单元九　少年犯罪原因调查分析 ································ 171
　情景一　少年初犯预测 ·· 171
　　一、问题引入 ·· 171
　　二、问题分析 ·· 172

三、问题解决 …………………………………………………… 175
情景二　少年重犯的原因 ………………………………………… 182
　　一、问题引入 …………………………………………………… 182
　　二、问题分析 …………………………………………………… 182
　　三、问题解决 …………………………………………………… 195

学习单元十　再犯可能性评估 …………………………………… 197
情景一　问题提出——再犯可能性评估如何可能 ……………… 197
　　一、哪些因素影响再犯？ ……………………………………… 198
　　二、各因素及其不同属性对重新犯罪的影响程度如何（权重） …… 202
　　三、这些因素怎样组成一张预测表？ ………………………… 202
　　四、再犯预测（再犯可能性评估）的五个步骤 ……………… 202
情景二　问题分析——如何制作再犯可能性预测表 …………… 203
　　一、实验组和控制组的选择 …………………………………… 203
　　二、收集预测资料 ……………………………………………… 205
　　三、选择预测因子 ……………………………………………… 206
　　四、给预测因子赋值 …………………………………………… 207
　　五、编制预测表 ………………………………………………… 208
情景三　问题解决——再犯可能性预测量表的运用 …………… 211
　　一、再犯风险分析 ……………………………………………… 211
　　二、犯罪人需求分析 …………………………………………… 212
　　三、再犯可能性评估表的使用 ………………………………… 212

参考文献 …………………………………………………………… 217

学习单元一　犯罪的概念与分类

　　对于什么是犯罪这一问题的回答总是那么不令人如意。一方面，刑法学者试图从犯罪或某一特定犯罪的法律特征来回答什么是犯罪这一问题。刑法学者界定犯罪或某一特定犯罪概念的目的是为定罪量刑提供法律适用上的依据。另一方面，犯罪学者试图从犯罪的本质特征入手来寻求关于什么是犯罪的普遍定义，而非犯罪或某一特定犯罪的形式定义。犯罪学者界定犯罪概念的目的是寻找医治犯罪的良方。由于犯罪的定义各有不同，犯罪的类型也就各有千秋。对于犯罪分类而言，重要的是把握犯罪分类的依据。依据不同的分类标准，犯罪学者就会得出不同的犯罪类型。

情景一　什么是犯罪

　　一般地，我国犯罪学理论区分了两种不同的犯罪定义，一是刑法学中的犯罪定义，二是犯罪学中的犯罪定义；前者可被视为犯罪的形式定义，后者可被视为犯罪的规范定义。然而，问题是犯罪的形式定义与规范定义之间却并不存在一个明确的界河，两者之间往往可以通过犯罪化与去犯罪化的途径相互转化。质言之，一个不被刑法规定为犯罪的行为，则可以通过犯罪化将之规定在刑法中，继而被视为犯罪；反之，亦然。由此，在界定犯罪定义时，我们首先需要回答如下两个问题：一是如何界定犯罪，即行为犯罪化的标准以及危害行为犯罪化条件；二是界定犯罪定义的方式，即究竟是采用描述的方式为已经犯罪化的法律事实提供一种法律标准，还是采用规范的方式为将来的犯罪化提供一个规范标准？

一、问题引入

　　1911年在《大清新刑律》制定过程中，礼教派与法理派就犯罪化的原则展开过激烈的论战，论战的焦点是"无夫奸"与"子孙违反教令"行为是否有罪。所谓无夫奸是指与没有丈夫的女人通奸之意，所谓子孙违反教令是指子孙卑幼违反尊长教诲与命令之意。

试问:"无夫奸"与"子孙违反教令"是否是犯罪?

二、问题分析——犯罪定义的论争

究竟如何定义犯罪,质言之,究竟是根据犯罪的本质特征来定义犯罪,还是根据犯罪化事实来描述犯罪的法律特征,至今仍困扰着诸多犯罪学者。根据犯罪的本质特征来界定犯罪的规范定义,果真能同犯罪的刑罚特征相分离吗?事实上,犯罪的本质特征不能脱离刑罚特征这一论点至少自古希腊时期始就已存在。柏拉图就曾在《论共和国与法律》一书中追问过什么是刑事正义。那么,我们究竟是采用法律形式主义的方法来界定犯罪,还是采用规范主义的方法来定义犯罪,抑或整合法律形式主义与规范主义来定义犯罪呢?法律形式主义的犯罪定义与规范主义的犯罪定义争论的焦点究竟是什么呢?在我们看来,两者争论的焦点主要有以下两个方面:一是犯罪行为究竟是否有一个普遍的特征;二是确定一个行为是否构成犯罪的依据究竟是什么,即犯罪化的标准是什么。

(一)关于犯罪行为是否存在一个普遍的特征的论争

如果说犯罪学缺乏一个稳定的研究对象,那么犯罪学这一学科体系就无从得以建立。因此,犯罪学者试图从大量不同类型的犯罪中概括其普遍特征,以构建起犯罪学这一独立的学科体系。一般地,犯罪学者一般采用以下两种办法来概括犯罪的普遍特征:一是避免寻找所有犯罪行为所共有的实质特征,取而代之的是确立犯罪行为的坚实内核,即一种所谓的"自然犯罪"。自然犯罪包括了暴力、诈骗、盗窃犯罪,因而实质上涵盖了所有针对个人的侵犯。然而,问题是并非所有的暴力及诈骗行为都将被刑法予以犯罪化,职业运动竞技场上运动员在竞赛过程中使用暴力、诈骗的行为除了特殊情形下的身体伤害外均免于刑法的追究,例如,拳击竞赛、魔术表演等;又例如,冰上的暴力行为对于观看曲棒球比赛的北美观众来说具有极大的吸引力,如果刑法将这种暴力行为犯罪化,则必将导致许多曲棒球队破产,同时亦影响到当地的经济发展。二是寻找一种实质的犯罪定义,例如,实用主义犯罪学往往把侵害社会的行为归结为犯罪的实质特征。然而,究竟哪些行为是危害社会的行为,犯罪学者则难以对其加以归类,且并非所有危害社会的行为都将被犯罪化,例如,通奸行为并非在任何时期所有国家中均被刑法予以犯罪化。

事实上,犯罪学者试图寻找一个放之四海而皆准的关于犯罪的普遍定义几乎是徒劳的,因为犯罪特征具有异质性,例如毒品犯罪、性犯罪、违反公共道德的犯罪、违反社会秩序的犯罪、侵犯隐私的犯罪等行为并不存在一个普遍的特征。因此,犯罪学者界定犯罪的规范定义时应该尽量避免两个致命的陷阱。一是实质主义,即认为所有犯罪必须有一个普遍的共同特征。如上文所述,对一种普遍的共同的特征的犯罪定义的寻找必然会使我们陷入加罗法洛自然主义或实质主义的困境。二是诡辩论陷阱,即采用从个案到个案(case-by-case)的方法,认为两个完全相似的个案是不存在的,继而否定存在一种普遍的犯罪特征的可能性。诡辩论必然会导致只见树木不见森林的片面论观点,进而否定建立一种整合犯罪定义的可能性。

(二) 关于犯罪化标准的论争

法律形式主义犯罪定义仅关注刑法所规定的犯罪与由于犯罪所引起的刑罚,从而将一行为是否构成犯罪的标准定格于刑法的具体规定。但反对者却认为,形式主义的犯罪定义消解了犯罪的异质性特征,从而使得犯罪形式定义的整合功能归于零。对于法律形式主义犯罪定义的反对主要有以下两种观点:

一是形式主义的犯罪定义消解了行为犯罪化的异质性特征。行为的犯罪化是一个法律行为,但该法律行为自身并不具有一个统一的形式;事实上,行为的犯罪化有着极为不同的方式。欧陆刑法典区分了轻罪与重罪,这种区分可以表述为较重与较轻危害性的区分,对于轻罪一般不予起诉,而对于重罪则必须予以起诉。对于重罪的刑罚,其刑罚的严厉程度亦不相同,例如从生命刑到监禁,再到严厉程度最低的刑事判决。因此,犯罪的形式主义定义无法概括不同行为犯罪化的法律特征,从而最终导致犯罪形式定义的整合功能归于零。

二是依据是否应处以刑罚来决定行为是否有罪,忽视了行为本身的危害性。既然定罪这一法律行为缺乏一个统一的标准,那么刑罚裁量自然也就没有一个固定的标准。如同涂尔干所指出的,仅仅依据对一行为将要施加的刑罚进行定罪同仅仅依据货物的价格来判断质量的优劣没有什么不同。依据价格来判断质量的优劣回避了这样一个事实,即由谁来决定价格,以及货物价格在何种限度内不受市场法律的约束与产品质量的影响。同样的问题存在于依据刑罚来决定行为是否构成犯罪的裁量行为,质言之,刑罚是由谁制定的,以及法官的刑法裁量行为在何种限度内不受刑事法律的约束与行为本身危害性的影响。

根据上述反对者的观点,犯罪的形式定义似有完全被推翻的可能。实际上,反对者对于法律形式主义的反对忽视了其自身前提的因果关系,从而混淆了定罪标准与行为自身之间不同。法官依据是否应处以刑罚来判断行为是否有罪与刑事法律之于刑罚的规定是两个不同的概念,此如同凭借温度计来读取温度一样,温度的差异不能依据温度计来解释,而只能依据天气的变化来解释。因此，刑罚是测量行为是否有罪的工具，亦即为行为是否构成犯罪的法律标准，但却并非据以解释该行为什么是犯罪的根据。

三、问题解决——犯罪的形式定义与规范定义

根据行为犯罪化的法律特征定义犯罪谓之犯罪的形式定义；根据行为的危害性特征来定义犯罪谓之犯罪的规范定义。如上文所述，事实并非如此简单，因此，我们在界定犯罪的定义时既需要历史地考察行为犯罪化的原则，又需要从现实主义出发客观考量行为犯罪化的条件以及政府法律执行对行为犯罪化的影响。

（一）历史地考察行为犯罪化原则

道德标准与危害性标准是两个耳熟能详的将一行为犯罪化的两个基本原则。行为犯罪化的道德标准所关注的是不道德行为（wrongdoing or immorality）犯罪化问题；也就是说，不道德行为应该由刑法加以犯罪化。但问题是：什么样的不道德行为才可以由刑法加以犯罪化？质言之，刑法应关注所有的道德恶行，还是至少应关注严重的道德恶行，或仅仅关注那些人们普遍认同的道德恶行？行为犯罪化的危害性标准所关注的是行为的危害性以及对危害行为的预防，即刑法之于犯罪的一般性特征以及刑罚目的。但问题是：这种危害究竟被界定为一种针对人类的持久侵害行为，还是仅仅针对一定时期利益群体的短暂侵害行为？换言之，刑事法律加以犯罪化的行为究竟是在所有社会所有时期均被视为一种危害行为，还是一定社会中特定时期内被认为具有危害性的行为。

无论采用何种犯罪化原则来定义犯罪均存在概念的明确性、逻辑的自洽性诸问题，因此，我们需要从历史的维度来考察一行为被刑法予以犯罪化的轨迹，以发现犯罪定义的变迁规律。从这一视角考察，行为的犯罪化原则经历了从道德标准向危害性标准渐次变迁的历程。我国古代刑法素有将不道德行为犯罪化之取向，汉制九章载有"不敬"、"不道"之罪名，唐律更有"十恶"之制。[①] 自晚清以降，行为犯罪化的道德原则逐渐向行为的危害性原则转变。如果说晚清时期1910年《大清现行刑律》在罪名的确定上尚保留"十恶"之制，1911年《大清新刑律》则删除了"十恶"制度，从而体现了行为犯罪化原则从道德标准向危害性标准的转型。在《大清新刑律》制定过程中礼教派与法理派就犯罪化的原则展开过激烈的论战，论战的焦点是"无夫奸"与"子孙违反教令"行为是否有罪。尽管《大清新刑律》还是将上述两类行

---

① 参见《唐律疏议》，刘俊文点校，法律出版社1999年版，第6-7页。

为犯罪化，但对其是否有罪的论争却体现了行为犯罪化标准的转变。

（二）客观考查危害行为犯罪化的条件

在行为的犯罪化原则转向行为的危害性之后，接下来的问题是何种危害行为可以被界定为犯罪。如果我们仅从行为的危害性来予以考量，则死刑执行可视为一种故意杀人行为，监禁可视为一种绑架行为，缓刑可视为折磨，罚金可视为政府的一种勒索。这一观察视角所得出的结论是由于无视社会对于犯罪行为依法实施刑罚制裁的一致同意所导致。由是观之，死刑执行、监禁、缓刑以及罚金并非一种犯罪行为，而是依据刑法规定对犯罪人作出的刑罚制裁的合法行为。由此，我们得出将危害行为被刑法加以犯罪化必须具备以下两个条件：一是遭受危害的人不是刑法上所规定的侵犯他人的行为人；二是遭受危害的人不是在经过正当程序被确定有罪之后而将被施以刑罚的对象。

上述危害行为犯罪化的两个条件又可分别理解为违法阻却事由与依法执行职务行为。构成违法阻却事由的主要有正当防卫与紧急避险，因正当防卫致侵害人损害的，除防卫行为明显超过必要限度外防卫人不负刑事责任；因紧急避险致另一合法权益人财产损害的，行为人亦不承担刑事责任。就依法执行职务行为之非犯罪化而论，死刑执行与故意杀人罪的区别在于前者被宣称为一种有正当理由的故意杀人，因为其所剥夺的是依法被判决为处以死刑罪犯的生命权利，后者则被社会视为一种有罪的行为。

然而，上述两个条件又不是一成不变的，而是随着社会对危害行为犯罪化态度的变迁而变化的。就此而论，死刑的判决与执行究竟是否可以定义为犯罪却并非因为刑法的授权而一劳永逸。如上文所述，死刑执行非犯罪化的正当性理由是因为多数人的同意，因此，若多数人一致同意死刑为一种谋杀，则死刑判决与执行就具备了犯罪化的正当性理由。事实上，西方许多国家实际上已废除了死刑，欧洲理事会1983年签订的《保护人权和基本自由公约第6议定书》第1条则明确规定废除死刑。鉴于上述，一危害行为究竟是否可以定义为犯罪不仅需要我们考量危害行为犯罪化的上述条件，而且尚需我们考察社会对于一行为是否可以定义为犯罪的反应。

（三）客观考查政府之法律执行对犯罪化的影响

行为的犯罪化不仅同行为本身的危害性特征密切相关，而且还同法律执行有着紧密的联系。许多情形下行为之所以被界定为犯罪仅仅是因为政府希望严厉禁止该类行为，因此，行为的犯罪化就同法律的执行产生了联系。换言之，政府取代采用民法或行政法来规制某一类行为，而是希冀通过将行为犯罪化来严厉禁止该行为的发生。例如，政府希望预防高速公路灾难性事故的频繁发生，就需要选择究竟采用什么样的制裁方式来达到遏制交通事故频发的目的。让我们假定事故的发生是由于肇事司机使用手提电话的原因所导致，那么政府需要考虑的是究竟采用何种规制机制来应对这一问题。如果政府希望通过更为严厉的制裁措施来遏制交通事故的发生，则可以适用刑法中的交通肇事罪来处理因使用手提电话而导致交通事故的行为，从而给该行为贴上犯罪的标签。

由上观之，犯罪学者所追求的界定犯罪的正当性基础，即行为的危害性特征似乎淹没于政府之法律执行目的之中。在政府相信达成其行政目的的最佳手段是刑罚制裁之后，政府之警察权的行使就明显处于优势地位，而行为犯罪化亦就深深打上了政府行政目的之烙印。例如，在政府相信社会秩序的混乱是由于犯罪率的持续攀升所导致的结果之后，政府将采取更为严厉的刑事政策。以我国20世纪末至21世纪初的历次"严打"为例，行为犯罪化的正当性基础，即危害性行为定罪原则似乎顷刻之间土崩瓦解，政府本可以采用行政制裁或民事制裁的手段来达到社会秩序正常化目的，却采用了犯罪化的方式来予以处断。虽然从实证主义视角审视，依据政府之行政目的来对行为加以犯罪化有其合理性，但其显然有违于罪刑法定主义与法治精神。

（四）犯罪的形式定义

犯罪的形式定义是对犯罪化事实的一种简明描述，是一种形式化了的犯罪定义。一般地，犯罪的形式定义被界定为一种违反法律的行为；换言之，犯罪的形式定义仅从犯罪的法律特征给犯罪下定义，而不揭示为什么将这一行为规定为犯罪。

美国纽约大学社会学教授达潘（Paul W. Tappan）认为，所谓犯罪就是一种故意或由于疏忽违反刑事法律（法典或判例法）的行为，该种触犯刑事法律的行为无正当防卫或任何正当化事由，且因重罪或行为不轨受到制裁。[1] 德国与日本的刑法理论一般将犯罪的形式定义界定为违反刑罚法规的行为，该行为无任何阻却违法事由，且因重罪或轻罪而受到制裁。按照德国与日本刑法理论，构成犯罪须同时具备三方面的要素：一是构成要件符合性，即犯罪必须首先是符合刑法各条文及其他刑罚法规规定的某种犯罪构成要件中的行为；二是违法性，即违反刑法各条文或其他刑罚法规的行为不具备阻却违法事由，例如无正当防卫、紧急避险等合法性事由；三是有责性，即行为人必须具有责任能力，达到刑事责任年龄。例如对于未达到刑事责任年龄实施

---

[1] Paul W. Tappan, *Crime, Justice and Correction*. Newwork: McGraw-Hill Series in Sociology (1960), p. 10.

的故意或过失违反刑罚法规的行为人，或无故意或过失实施违反刑罚法规的行为人不得实施制裁。① 意大利刑法学家帕多瓦尼给犯罪形式定义下了一个更为简明的定义，"犯罪"是"刑事违法"的同义词，它意味着违反了刑法规范，即以刑法法典中"重罪"和"轻罪"规定的主刑（及意大利《平时军事刑法典》第 20 条"军职罪"规定的主刑）为制裁措施的法律规范。②

《中华人民共和国刑法》（以下简称《刑法》）第 13 条将犯罪界定为危害社会的，且依照法律应受到刑罚处罚的行为。③ 我国刑法对于犯罪的界定是犯罪的形式定义与犯罪的实质定义的结合。就我国刑法关于犯罪的形式定义规定而言，犯罪是一种违反法律的应当受到刑罚处罚的行为。据此，我们可以符合逻辑地归纳出犯罪形式定义两个方面的特征，即刑事违法性与应受刑罚处罚性。我国刑法之于刑事违法性的规定，可理解为德日刑法之于犯罪构成要件符合性与违法性两个方面特征的综合；而应受刑罚处罚性则可理解为德日刑法之于犯罪的有责任性特征。就此而论，我国刑法之于犯罪形式定义的规定是完备的，是可以作为司法机关认定犯罪的形式标准的。诚然，我国刑法同时又规定了犯罪的规范定义，即将犯罪界定为一种危害社会的行为。

犯罪的形式定义专注于刑法所界定的犯罪的法律特征，犯罪因而被视为社会反应的产物，因此，犯罪的形式定义就仅仅同一种刑罚制裁相关联，其犯罪化的原则是"刑罚"原则，而刑法之于犯罪的规定就在于为刑罚制裁提供可供裁量的法律标准。

（五）犯罪的规范定义

犯罪的规范定义试图从行为的特征入手来发现将一种行为界定为犯罪的正当性理由。质言之，犯罪的规范定义在于揭示犯罪的普遍特征，即社会中人们为什么将一种行为视为犯罪，例如，抢劫被视为一种犯罪是因为该行为侵害了人类与生俱来的财产权利。早期的犯罪学者基本上从犯罪的普遍特征来给犯罪下定义，一般地，他们将犯罪界定为一种对他人的侵害（harm）或损害（damage）行为。④

---

① 相同论述参见张明楷著：《外国刑法纲要》，清华大学出版社 1999 年版，第 53-54 页。
② ［意］杜里奥·帕多瓦尼著：《意大利刑法学原理》，陈忠林译，法律出版社 1998 年版，第 69 页。
③ 我国 1997 年《刑法》第 13 条规定，"一切危害国家主权、领土完整和安全，分裂国家、颠覆人民民主专政的政权和推翻社会主义制度，破坏社会秩序和经济秩序，侵犯国有财产和劳动集体所有的财产，侵犯公民私人所有的财产，侵犯公民的人身权利、民主权利和其他权利，以及其他危害社会的行为，依照法律应当受到刑罚处罚的，都是犯罪，但情节显著轻微危害不大的，不认为是犯罪。"
④ Jean-paul Brodeur, *What is a Crime? A Aecular Answer*, in the law commission of Canada: *What is a Crime? Defining Criminal Conduct in Contemporary Society* (2004), p. 3.

犯罪原因分析

犯罪的规范定义主要从行为本身的特征来寻找一种将行为犯罪化的标准，犯罪学者一般采用以下两种范式来界定犯罪的规范定义：一是实证主义范式；二是实用主义范式。犯罪学奠基人之一加罗法洛采用一种实证主义的路径来界定犯罪的规范定义。加罗法洛认为，只要存在一个稳定的主题，科学原则就是可行的。因此，为满足科学原则所要求的稳定的主题这一要素，他发展出了"自然犯罪"这一关于犯罪的规范理论。在加罗法洛看来，自然犯罪是犯罪行为的唯一的坚实内核，是一种"在所有文明社会中都被认为是犯罪，并且会遭受到惩罚的行为"，是对人类普遍的怜悯之情和正直之情的伤害。他指出，在一个行为被公众认为是犯罪所必需的不道德因素是对道德的伤害，而这种伤害又绝对表现为对怜悯和正直这两种基本利他情感的伤害。而且，对这些情感的伤害不是在较高级和较优良的层次上，而是在全社会都具有的平常程度上，而这种程度对于个人适应社会来说是必不可少的。我们可以确切地把伤害以上两种情感之一的行为称为"自然犯罪"。① 加罗法洛将犯罪的法律特征从犯罪概念中予以剥离的做法受到了来自于法律实证主义的不公平批判，在后者看来，犯罪定义脱离形式法的规定既不可能，亦不可行。

实用主义范式所关注的焦点是刑事司法体系是如何将一种行为犯罪化的全过程。美国犯罪学者理查德·昆尼指出，"刑事司法是作为现代发达资本主义社会的一个主要特征而出现的。当一个社会不能解决自己产生的社会问题时，就必须修改和补充人口控制政策。"② 随着人口政策的补充与修改，下层阶级的成员或受压迫者为了适应恶劣的环境条件和反抗压迫而作出的行为就被视为犯罪。在界定犯罪的定义时，实用主义仍然将犯罪视为一种危害社会的行为。昆尼就什么是犯罪所给出的定义是：危害社会的侵犯人类基本权利的行为。③

犯罪的规范定义专注于犯罪本身的特征，犯罪因而就被界定为一种危害社会基本道德情感、侵害人类基本权利的行为。犯罪的规范定义与人类对犯罪的道德谴责相关联，其犯罪化的原则基本沿着"危害"（harm）原则渐次展开；犯罪的形式定义与刑罚处罚相关联，其犯罪化的原则基本体现为"刑罚"（punishment）原则。

---

① ［意］加罗法洛著：《犯罪学》，耿伟、王新译，中国大百科全书出版社1996年版，第44页。
② 转引自吴宗宪著：《西方犯罪学史》，警官教育出版社1997年版，第766—767页。
③ ［美］理查德·昆尼著：《新犯罪学》，陈兴良等译，中国国际广播出版社1988年版，第2、6—7、11页。

情景二 犯罪有哪些类型

依据不同的分类标准，学者会得出不同的犯罪类型。依据行为的危害程度，可将犯罪区分为重罪、轻罪与轻微罪；依据犯罪侵害的客体可将犯罪区分为性犯罪、财产犯罪，侵犯个人自由、法人权利、公共利益犯罪等；依据犯罪手段可将犯罪区分为暴力犯罪与非暴力犯罪；依据犯罪实施的主体可将犯罪区分为女性犯罪、青少年犯罪、精神病人犯罪等；依据犯罪的组织形式可将犯罪区分为有组织犯罪等。同一分类依据，亦可依据不同标准而可区分多种犯罪类型，例如，依据犯罪的主体的特定身份，可将犯罪区分为白领犯罪、蓝领犯罪等。犯罪的分类有助于我们把握犯罪的特征，亦有助于我们认识犯罪行为的性质。

一、问题引入

2006年香港一名男歌迷罗衍发趁艺人官恩娜中秋节晚上出席屯门一个宣传活动时，强吻自己的偶像官恩娜。香港屯门裁判法院于2006年11月17日审理24岁的被告罗衍发涉嫌非礼一案。

试问：行为人以上行为是否构成犯罪？如果构成犯罪，则该罪名应属于何种类型的犯罪？

2005年中国台湾地区艺人"大白鲨"陈令佩在电视上批评歌星谢雷是"白痴加智障、是'老Gay'"，"台北士林地方法院"依法公开审理了此案。

试问：陈令佩的行为是否构成犯罪？如果构成犯罪，则该罪名应属于何种类型的犯罪？"台北士林地方法院"依公然侮辱罪判处被告人陈令佩拘留20天，或易科罚金18 000元。

二、问题分析——犯罪分类的依据

多数犯罪学者在建立其犯罪的分类体系时基本以刑事法律之于犯罪的规定为依据，因此，由于各国刑事法律之于犯罪的规定不尽相同，具体的犯罪类别也就存在差异。例如，欧陆国家的犯罪分类长期以来遵循刑法典的既有规定来对犯罪进行分类，拒绝将不良违法行为纳入犯罪分类的视野。普通法系国家则趋向于摒弃刑法典与刑法立法的事先规定，而是通过收集大量的司法判例来对犯罪进行分类，以适应社会环境的变化与应对法典那些模糊的成文规定。我国的犯罪分类体系则采用了欧陆法律传统，一般以刑法的成文规定来对犯罪进行分类。

三、问题解决——犯罪的分类

依据行为的危害程度、行为侵害的客体、行为的性质、行为实施的方式、行为实施的主体、犯罪的组织形式等标准可对犯罪作出不同的分类,以下 6 种犯罪类型是犯罪学研究中较为常见的犯罪分类。

(一) 重罪、轻罪与轻微罪

重罪 (felony)、轻罪 (misdemeanor) 与轻微罪 (petty offence) 的分类依据是犯罪行为的危害程度。根据美国法典第 18 章第 3559 条第 1 项,美国刑法的犯罪类型区分了重罪、轻罪与违法 (infraction)。重罪是指应处以 1 年以上监禁的犯罪;轻罪是指应处以 5 日以上监禁的犯罪;违法是指处以 5 日以下监禁或不予监禁的犯罪。美国法典第 18 章第 3559 条第 1 项将重罪区分为 5 级:一级重罪是指应处以终生监禁或处以死刑的犯罪;二级重罪是指应处以 25 年以上监禁的犯罪;三级重罪是指应处以 10 年以上 25 年以下监禁的犯罪;四级重罪是指应处以 5 年以上 10 年以下监禁的犯罪;五级重罪是指应处以 1 年以上 5 年以下监禁的犯罪。根据同条同项,轻罪区分为三级:一级轻罪是指应处以 6 个月以上 1 年以下监禁的犯罪;二级轻罪是指应处以 30 日以上 6 个月以下监禁的犯罪;三级轻罪是指应处以 5 日以上 30 日以下监禁的犯罪。违法是指应处以 5 日以下监禁或不予监禁的犯罪。

欧陆法系国家刑法典排除英美法系将一般违法行为犯罪化的取向,仅区分了重罪与轻罪两类危害程度不同的犯罪。德国 1998 年刑法典第 12 条将犯罪区分为重罪与轻罪,前者是指应处以 1 年以上监禁的犯罪行为,后者是指应处以短期监禁或单独判处罚金的犯罪行为。瑞士 1996 年刑法典第 9 条将犯罪区分为重罪与轻罪,前者是指应科处重惩役之行为,后者是指最高刑为普通监禁刑之行为。俄罗斯 1996 年刑法典第 15 条依据社会危害性的特征与程度将犯罪区分为较小严重危害性的犯罪、一般严重危害性的犯罪、严重危害性的犯罪以及特别严重危害性的犯罪四种不同类型。较小严重危害性的犯罪是指最高处以不超过 2 年监禁的故意和过失犯罪;一般严重危害性的犯罪是指最高处以不超过 5 年监禁的故意犯罪以及最高处以超过 2 年的过失犯罪;严重危害性的犯罪是指最高处以不超过 10 年的监禁的故意犯罪;极为严重的犯罪是指应处以 10 年以上监禁的故意犯罪行为。

(二) 针对个人自由、法人权利、社会利益的犯罪

按照犯罪侵害的客体不同,我们可将犯罪区分为针对个人自由、法人权利与社会利益三种不同的犯罪类型。针对个人自由的犯罪主要包括了侵害公民个人的人身自由、财产自由以及民主权利的犯罪;针对法人权利的犯罪主

要包括了侵害公司、企事业单位、国家机关以及国家受法律保护的权利的犯罪；针对社会利益的犯罪主要包括了破坏社会秩序、公共利益以及善良风化的犯罪。尽管世界各国的刑法在罪名确立方面存在很大的差异，但其分则体系的构建却一般是依据犯罪行为侵害的不同客体来进行排列的。各国刑法分则体系一般将危害国家安全的犯罪置于最前面，继而依次排列侵犯个人自由、法人权利、社会利益的犯罪。例如，德国1998年刑法分则体系的排列顺序依次为：破坏和平、背叛国家与危害民主法治罪，叛逆与危害外部安全罪，危害外国国家罪，破坏宪法机关及选举罪，危害国防利益罪，反抗国家权力罪，危害公共秩序罪，伪造货币与邮票罪，妨碍司法罪，欺诈罪，侵害信仰自由罪，妨碍身份、婚姻、家庭罪，侵犯性的自由的犯罪，侮辱罪，侵犯个人私密罪，侵犯生命权的犯罪，侵犯身体自由的犯罪，侵犯个人自由罪，盗窃与盗用罪，抢劫与勒索罪，接受被盗财物罪，诈骗与背信罪，伪造公文罪，破产罪，可罚的贪欲罪，不正当竞争罪，破坏财产罪，危害公共安全罪，破坏环境罪，扰乱公职罪。

（三）自然犯罪与法定犯罪

自然犯罪与法定犯罪的分类标准最早是由意大利刑事人类学的杰出代表之一加罗法洛提出来的，其分类的依据是犯罪行为的性质（nature）。在加罗法洛看来，凡是使人类两种基本的利他情感，即怜悯之情与正直之情受到伤害（harm）的行为均是犯罪。加罗法洛将这种犯罪称之为自然犯罪。自然犯罪与何种权利受到侵害和刑法典中将这种犯罪归入哪一类犯罪无关。加罗法洛的自然犯罪主要区分了伤害怜悯感的犯罪与正直感的犯罪两种类型。伤害怜悯之情的犯罪主要包括：(1) 侵害人的生命和所有意在对人的身体伤害的行为方式；(2) 立即造成身体和精神上痛苦的客观行为。伤害正直之情的犯罪主要包括：(1) 对财产的暴力侵犯；(2) 不包含暴力但存在违反诚实情况的犯罪；(3) 以正式或庄严方式所作的对个人财产或民事权利造成间接侵害的陈述或记载。① 加罗法洛认为，只有自然犯罪才是真正的犯罪，而其余犯罪只有法律规定为犯罪才可称得上是犯罪。

加罗法洛对自然犯罪与法定犯罪的分类依据实质上是犯罪行为的性质，即犯罪的危害特征与犯罪的刑罚特征；依据犯罪的危害特征所界定的犯罪为自然犯罪，依据犯罪的刑罚特征所界定的犯罪为法定犯罪。按照犯罪行为的性质对犯罪所作的分类亦可见于大陆法系与普通法系国家刑法理论。一般地，

---

① ［意］加罗法洛著：《犯罪学》，耿伟、王新译，中国大百科全书出版社1996年版，第49—50页。

大陆法系的刑法理论将自身具有罪恶性的行为称之为自然犯，而将法律规定才成立的犯罪称之为法定犯；前者无须法律的规定，亦即法律即便没有规定也是犯罪，后者需要法律的规定才是犯罪。普通法系将犯罪行为区分为本质的恶与禁止的恶，前者指某种行为就其自身性质而言，便是不法的，在普通法上是必须予以处罚的；后者则是只有法律禁止的行为才是可罚的。①

（四）暴力犯罪与以非暴力方式实施的犯罪

依据犯罪行为实施方式的不同，我们可将犯罪行为区分为暴力犯罪（violent felony）与以非暴力方式实施的犯罪（nonqualifying felony），以及以作为方式实施的犯罪与以不作为方式实施的犯罪。由于后者乃刑事科学的核心范畴，对之详尽论述乃非本书所能及，因此，我们仅对前者进行论述。顾名思义，所谓暴力犯罪乃指以暴力的方式实施的作为犯罪。那么究竟何谓暴力、暴力犯罪？按照布莱克斯法律词典的解释，所谓暴力是指一种不正义或无法律授权（unwarranted）的强力（force），或以伤害的故意实施的物理强制力。②所谓暴力犯罪是指针对个人或他人财产使用、试图使用、威胁使用物理强制力，或有使用物理强制力的实质危险（risk）的犯罪。③根据美国法典第3559条，暴力犯罪主要包括了以下几种具体的犯罪：谋杀、故意杀人、意图犯谋杀的攻击、强奸、意图犯强奸罪的攻击、性虐待、性滥用、绑架、劫机、海盗、抢劫、劫车、敲诈勒索、纵火、使用轻武器、非法持有轻武器。

我国刑法并未规定暴力犯罪的概念，也未区分暴力犯罪的具体类型。我国犯罪学者一般认为，暴力犯罪是指以实施暴力行为为特征的犯罪行为，或指行为人（包括犯罪集团）以强暴手段侵害国家和人民生命财产安全应受处罚的犯罪行为。④我们认为，对于暴力犯罪概念的界定应该从犯罪的形式定义与规范定义相兼容的视角予以考量，据此，暴力犯罪可定义为：针对他人的人身或财产、法人权利、社会秩序、国家利益使用、试图使用、威胁使用物理强制力，或有使用物理强制力的实质危险的犯罪。一般地，我国刑法中的暴力犯罪主要包括以下一些具体的罪名：故意杀人罪，故意伤害罪，强奸罪，绑架罪，抢劫罪，敲诈勒索罪，放火罪，决水罪，爆炸罪，投放危险物质罪，劫持航空器罪，劫持船只、汽车罪，暴力危及飞行安全罪等。

以非暴力方式实施的犯罪既包括作为犯罪，又包括不作为犯罪，其具体的犯罪类型主要有：财产犯罪，如盗窃罪、诈骗罪等；毒品犯罪，如走私、

---

① 相同论述参见张明楷著：《外国刑法纲要》，清华大学出版社1999年版，第58页。
② Bryan A. Garner, *Black's Law Dictionary* (1999), West Group, p.1564.
③ Bryan A. Garner, *Black's Law Dictionary* (1999), West Group, p.378.
④ 详细论述参见叶高峰主编：《中国暴力犯罪对策研究》，法律出版社1998年版，第9—14页。

贩卖、运输、制造毒品罪；计算机犯罪，如非法侵入计算机信息系统罪；伤害风化的犯罪，如容留卖淫罪等。一般地，财产犯罪与伤害风化的犯罪被一些刑法学者称之为传统型犯罪，而计算机犯罪、毒品犯罪等则往往冠以现代型的称谓。前者是指传统的，与现代社会结构没有密切关系的犯罪；后者是指与现代社会结构具有密切关系、发生于一般市民社会与企业中的犯罪。①

（五）白领犯罪

白领犯罪这一概念由美国犯罪学家、社会学家德温·萨瑟兰于1939年首先提出，其意指一个在其职业生涯中拥有令人尊敬的职位和享有较高社会地位的人的犯罪。② 白领犯罪的提出使人们的视线开始从低阶层犯罪和街头犯罪（street crime）转向社会上层的犯罪，从而引起社会的强烈反应。至20世纪70年代中期白领犯罪已为公众与公诉人所接受，但其含义已与萨瑟兰当初的界定有了很大的不同。现在的犯罪学者已不再将白领犯罪的定义局限于一种"社会上层阶级"的犯罪，而是还包括了有着不同身份的人所实施的诸如证券诈骗、信贷诈骗、税务诈骗方面的犯罪。③ 1981年美国司法部将白领犯罪界定为，企业、行业或半行业中的工作人员利用其特定的专业技能或便利条件，以欺诈的方式获取财产收益的非暴力犯罪，或有着特定技能与商业、政府行政专业知识的任何与其职业无关的个人以欺诈的方式获取财产收益的非暴力犯罪。④ 布莱克斯法律词典将白领犯罪界定为，一种商业事务中的诈骗或不诚信的非暴力犯罪，例如商业诈骗、贿赂、贪污及内部交易犯罪。⑤

萨瑟兰将白领犯罪界定为上层社会阶层的职务犯罪，但时至今日白领犯罪已不再仅限于此，而是还包括了具有特定专业知识背景与专门技能的人员，在从事与其职务无关的工作中以欺诈的方式获取财产利益的非暴力犯罪行为。由是观之，白领犯罪主要是指一种商业欺诈型非暴力犯罪。就此而论，我国刑法分则第3章第3节妨害对公司、企业的管理秩序罪的多数罪名可以界定为白领犯罪，例如，虚报注册资本罪、非国家工作人员受贿罪、对非国家工

---

① 转引自张明楷著：《外国刑法纲要》，清华大学出版社1999年版，第59页。
② Edwin H. Sutherland, *White Collar Crime: The Uncut Version* (1983), New Haven, Conn.: Yale University Press, p. 7. Sutherland used the term in a 1939 speech, entitled "The White-Collar Criminal," he gave to a joint meeting of the American Sociological Society and the American Economic Association.
③ John Braithwaite, *Crime and the Average American*, 27 Law & Soc'y Rev., p. 215, 216–224.
④ Bureau of Justice Statistics, United States Department of Justice, Dictionary of Criminal Justice Data Terminology (2d ed. 1981), p. 215.
⑤ Bryan A. Garner, *Black's Law Dictionary* (1999), West Group, p. 1590.

作人员行贿罪等；另外，分则第 3 章第 4 节破坏金融管理秩序罪中的一些罪名亦可界定为白领犯罪，例如，内幕交易、泄露内幕信息罪等。

（六）有组织犯罪

20 世纪 20—30 年代学者开始讨论，并试图界定有组织犯罪。在那时，有组织犯罪实际上成了敲诈勒索的代名词，意指一个严密的组织体系从事一种非法经营或诈骗活动，例如从事被盗财物的交易活动、运输毒品或酒精、保险诈骗、欺诈等。美国政治学者、哥伦比亚大学法学教授雷蒙德（Raymond Moley）在《政治与犯罪》一文中将有组织犯罪界定为，一个庞大的黑社会组织（underworld organisation）的胡作非为，该组织由一"精神领袖"（master mind）领导，成员由一般人员、副手、首领组成。①然而亦有诸多学者认为，有组织犯罪概念的界定无须局限于一种严密组织的犯罪活动，而是应该从动态的视角来界定有组织犯罪。供职于芝加哥大学的著名社会学家弗雷德里克（Frederic Thrasher）在其《帮伙犯罪》一书中明确指出，有组织犯罪没有必要被形象化为一个坚固而又严密的结构大厦。② 在弗雷德里克看来，有组织犯罪的一个重要特征在于：某些特殊的人或组织对于实施职业犯罪来说有着不可缺少的功能。犯罪学家萨瑟兰则将有组织犯罪扩展至法人团体的犯罪，而非仅仅限于黑社会组织的犯罪活动。他指出，法人犯罪就如同职业的盗贼一般持久、广泛，而又常常能逃避刑罚，犯罪活动常常精心策划，且往往有政府官员或立法者的暗中保护。在他看来，这样一种犯罪就是有组织的。③

由上观之，有组织犯罪并非仅指黑社会组织的犯罪活动，而是还包括了合法成立的组织，即萨瑟兰所论及的法人团体以谋求非法经济利益为目的，经精心策划组织，且往往在有政府官员或立法者充当保护伞情形下所实施的犯罪活动。2000 年联合国打击跨国有组织犯罪会议将有组织犯罪组织界定为：由三人或三人以上组成的、较长时期内存在的、以直接或间接获取财产利益或其他利益为目的、根据其组织成员之间达成的协议实施某一犯罪或更为严重犯罪的结构组织（structured group）。④ 据此，有组织犯罪至少具有以下三方面的特征：一是有组织犯罪活动的目的是获取经济利益；二是犯罪行为具有极强的危害性；三是组织成员固定，一般至少由三人或三人以上组成的组

---

① Moley, R., *Politics and crime*, in 25The Annals of the American Academy of Political and Social Science, No214, pp. 78–84.

② Thrasher, F. M., *The Gang: A Study of 1, 313 Gangs in Chicago* (1960), Chicago: University of Chicago Press, p. 416.

③ Edwin H. Sutherland, *White Collar Crime* (1949), New York: Dryden Press.

④ United Nations 2000, *United Nations Convention Against Transnational Organised Crime*, http://untreaty.un.org/English/Treaty Event2001/pdf/16e.pdf (accessed 17 June 2002).

织结构体系。

目前，各国有组织犯罪活动日趋猖獗。意大利黑手党是亚平宁地区主要的黑社会组织，其所从事的犯罪活动包括了非法武器交易、非法移民、贩卖毒品以及生产、出售假冒伪劣产品等。俄罗斯有组织犯罪组织出现在1991年苏联解体后，其帮匪组织犯罪活动之猖獗不亚于意大利黑手党。俄罗斯帮匪犯罪活动领域极为广泛，例如，诈骗、洗钱、敲诈勒索、贩卖毒品以及伪造等。日本本土有组织犯罪组织形式为匪帮（Yakuza），其组织成员主要由街头小贩、赌徒与强盗恶棍组成。我国港澳地区的"三合会"、"14K"以及我国台湾地区的"天地会"、"4K"、"竹联帮"等均为一些主要的有组织犯罪组织形式。我国大陆地区目前未有黑社会组织犯罪组织，但却有黑社会性质的组织犯罪组织，因此，我国1997年刑法仅规定了组织、领导、参加黑社会性质组织罪。

依据不同的标准，我们还可将犯罪区分其他不同的类型，但无论何种分类似乎均难以穷尽所有的犯罪行为。我们认为，究竟采取何种标准来对犯罪进行分类主要取决于研究者的研究目的以及研究路径。我们试图依据犯罪行为的性质（nature）从一种兼容论视角来区分两种不同类型的犯罪，即自然（natural）犯罪与法人（artificial person）犯罪。这里的自然犯罪不同于加罗法洛所界定的自然犯罪，它是指侵害一个物理意义上的人在自然状态下所享有的自由的犯罪。个人根据自己的努力而存在，他独立地活动，依据自己的思想而生活。在人类交往的语境中自由（free）一词适用的含义意指自己主宰自己的生活，或者自己决定。质言之，所有的人们都有一个共同的相似，即均不粗暴干预一个孤独的个体。一个作为孤独的个体这一事实，即意味着我的身体不是任何其他人的，我的行为或事件，我的感觉与思想，乃为我自己的一个事实。这不仅对于我和我的思想，而且对于你和你的思想，他和他的思想等等均是如此。真实的自由是一个不可逃避的事实生活：一个人是自由的，直到他死亡。摧毁一个人真实的自由就必须摧毁这个人。因此，凡是对作为一个孤独的个体的生命、自由与财产的侵害均为一种针对自然人的犯罪，我们将这样一种犯罪行为称之为自然犯罪。

法人犯罪是指法律上的人实施的违反法律的应受刑罚处罚的反社会行为。这里法人对应于英文中的artificial persons，即法律上拟制的人，而非物理意义上的自然人。需要特别指出的是，此处的法人既包括法律上的个人，也包括法人团体（corperation），而非仅仅指后者。这里法律是指ius，其意为"一个契约（bond）"或"一种联系（a connection）"。一种ius根源于一种庄严的承诺（speech），即一种对自己承担责任的承诺；它是一种逻辑的或理性的社会或道德契约。法律上的人（artificial person）显然不同于自然状态下的自然人，前者几乎或者说完全没有物理的意涵。当承诺是相互的时候，结果就是一个平等个体之间的合同或契约。ius 不仅指义务，而且还包括某种意义上的平等。一个人对另一个人承诺，等待他的回答，自己履行义务，按照与自己相似的方式对待他。一些古老的谚语表达了这样一个观点：法或 ius 是社会的必要条件或一个基本原则。因此，社会就是一个没有敌意的一种共享模式，即社会是和平、和谐或自由的条件。类似战争行为的目的，敌意的企图会摧毁或伤害另一个独立存在体（faculties）的权力，因此，战争与敌意是人类自由的直接威胁。由是观之，我们可以说，法人犯罪是法律上的人对社会秩序的违反，而自然犯罪则是自然人对自然秩序的违反。

学习单元二　犯罪原因分析的理论维度

求解犯罪的原因，分析犯罪的轨迹一直是犯罪学者的恒言常题。自由意志论者将犯罪的原因归结为人类理性的自由选择。个人环境决定论从个人与家庭、学校、同辈伙伴团体之间的连接方式、群体成员之间的行为互动模式来发现个人之所以犯罪的因果法则。社会环境决定论者从社会不平等、贫富差异等社会经济因素来寻找犯罪现象的原因。然而，实践中的人类行动既非完全出自于自由意志的绝对决断，也非完全听命于环境的任意摆布。人类的行动既服从人类理性的功利原则，又受制于环境的因果法则；就此而论，对于究竟何为犯罪的原因这一问题的分析就应遵循二元论的理论视角，而非一元论的理论维度。

情景一　什么是犯罪的原因

对于究竟何为犯罪的原因这一问题，我们需要追问的是：(1) 究竟是哪些因素引起了犯罪？(2) 为什么一些人比另一些人更可能反复实施犯罪？(3) 为什么一些人实施犯罪的时间长于另一些人？以上三个问题实际上可以被视为一个问题，即人为什么会犯罪。下述案例中犯罪人李时建持续实施犯罪，那么，我们需要回答的问题是究竟有哪些因素导致他持续犯罪？

一、案例引入

(一) 犯罪人李时建（化名）盗窃、抢劫案

2005年12月31日凌晨2时许，犯罪人李时建伙同他人共6人驾驶一辆长安星卡五菱车窜至玉环坎门工业区太门机械有限公司，窃得被害人200余斤铝产品和60余斤的废铜，价值人民币3 480元。2006年1月5日凌晨1时许，犯罪人李时建伙同他人（均另案处理）共十余人经事先踩点、预谋并分工，驾驶两辆小货车窜至玉环县城关西一铜厂，拉开卷闸门进厂，并由犯罪人李时建等人冲进门卫室，采取用被子蒙、绳子捆绑等手段控制住值班员二人，劫得该厂5.6吨铜棒，价值人民币154 560元。2006年1月9日22时许，

犯罪原因分析

犯罪人李时建伙同他人共9人经事先踩点、预谋并分工，驾驶一辆货车窜至玉环县清港镇一工厂，由一同案犯踢开门卫室的门，其他人冲进门卫室，并采取捆绑等手段控制住将值班的蒋才友，劫得该厂4.23吨铜粉、小铜棒等物，价值人民币115 410元。

犯罪人李时建以非法占有为目的，结伙秘密窃取他人财物，其行为已触犯《中华人民共和国刑法》第264条之规定，犯罪事实清楚，证据确实充分，应当以盗窃罪追究其刑事责任，其中犯罪人李时建盗窃数额较大。犯罪人李时建还结伙以暴力手段强行劫取他人财物，数额巨大，其行为又触犯了《中华人民共和国刑法》第263条，犯罪事实清楚，证据确实充分，应当以抢劫罪追究其刑事责任，并应依法实行数罪并罚。犯罪人李时建在有期徒刑执行完毕后5年内再犯应当判处有期徒刑以上刑罚之罪，是累犯，依法应当从重处罚。

（二）犯罪人李时建生平自述[①]

1993年9月我在家乡的肖湾村小学开始上一年级，1996年7月辍学。1996年7月至1999年我待业在家。辍学在家的时间里，除了农忙时帮助家里干点农活外，别的时间里就是整天玩，和一群同龄人打架斗殴，惹是生非。父母说的话，我也不听。2000年3月我随着老乡来到浙江台州的一个沿海小城"玉环"，开始了打工仔的生活，那时我才14岁。

2001年3月底我进入"维拉斯"当了名保安。在这里待久了也让我认识了很多所谓混社会的人；其中，改变我命运的是一个叫小毛的本地人，他天天带着一帮人来我所在的慢摇吧玩。还经常把我拉到他开的包厢请我喝酒，劝我不要上班，让我出来跟他一起混，搞赌场。2001年9月底，我辞职后跟小毛等一批人开了赌场。靠赌场的抽红我过着衣食无忧、灯红酒绿的生活。后来我就离开了他们，并跟了一个放高利贷老板，每天给他收一下钱。

2003年10月的一天中午，小毛打我电话说很久没在一起，下午在"金色小康"酒店请我喝酒，大家聚一聚。我到后，小毛告诉我赌场被小杰带人给砸了。他跟小杰认识不好出面，所以叫我给小杰点颜色，把他给砍了。当天下午3点我打电话叫来了"小俭"、"李鬼"等十余人，每人手持一把砍刀，打车来到了小杰开的"蓝贝"酒吧。我安排了几个人门口守着，另外几个跟我进酒吧。进去时我犹豫了一下，然后拿出随身携带的砍刀朝小杰砍去，后来得知那次事情造成2人轻伤，1人重伤。

2004年4月22日法院开庭审理了此案，因我那时还未满18周岁，法院

---

① 犯罪人李时建生平自述为本书著者根据犯罪人自述报告修改而成。

从轻判处我有期徒刑 2 年。2005 年 7 月 21 日我被提前 4 个月释放。2005 年 12 月 31 日下午我到一个朋友家玩，认识了一个叫"黑河"的老乡。由于都是老乡，加上也比较聊得来，所以我将自己目前还没有工作的遭遇跟他说了。他说只要我愿意干，他有一条路可以轻松赚到钱。当日凌晨 2 时许，我们开着一辆五菱车来到了玉环县某工业区一个工厂，窃得 200 余斤铝产品和 60 余斤废品铜，事后我分得赃款 300 元。

2006 年 1 月 5 日晚 10 点钟我和"黑河"等五人冲进一铜厂门卫室，并将睡在里面的两个人摁在床上，再用绳子将他们的手和脚绑住，将该厂的"铜棒"全部盗走，事后我们每人分得 1 万余元。2006 年 1 月 9 日我与"丰收"等 3 人以同样的手段劫得某一铜产品加工厂 4.23 吨铜粉，我个人得赃款 1 万余元。2006 年 1 月 12 日晚 11 点多钟我与同案犯"黑河"被抓获。2007 年 6 月 7 日我被送到了浙江省某一监狱服刑。

二、问题的提出——究竟什么引起犯罪

如果我们将某一事物看成一个结果，那么就必然存在引起这一结果的原因。然而，这一原因结果图谱却无助于我们回答究竟是什么原因导致了犯罪这一问题，因为犯罪学家所认为的引起犯罪的因素或条件并不必然导致犯罪行为的发生。因此，所谓犯罪的必然原因、偶然原因或根源学说是根本不存在的。我们所指的犯罪原因是指促使犯罪行为发生的相关风险因素。个体所遭遇的促使犯罪行为发生的风险因素越多，则其犯罪的风险就越高；同样，社会所遭遇的促使犯罪行为发生的社会风险因素越多，则社会中特定时空范围内的犯罪率就可能随之升高。由此，我们区分两个不同层级的犯罪原因结构体系：一是个体犯罪的原因，它回答的问题是为什么社会中有些人犯罪，而另一些人却未犯罪；二是犯罪现象的原因，它回答的问题是为什么同一社会中的不同时空范围会有不同的犯罪率，或不同社会为什么会有不同的犯罪率。

那么，究竟如何确立促使犯罪发生的相关风险因素呢？犯罪学者通常采取统计的方法来确立。详言之，犯罪学者首先控制其他可能引起犯罪发生的相关风险因素，然后通过统计技术对随机抽取的调查样本进行统计，最后确立某一特定的因素究竟是否是引起犯罪发生的相关风险因素。然而，问题是即便在控制其他变量情况下得出某一特定因素与犯罪之间存在相关性，这一结论亦不能使人们确信该因素就是引起犯罪发生的原因。因此，犯罪学研究也就只能希望通过统计的方法排除某些因素，继而相信其他因素的作用。所以说，随着犯罪学研究的不断进行，犯罪原因结果的图谱也就不断发生变化。

犯罪原因分析

　　根据犯罪风险因素对犯罪发生概率作用的大小可将犯罪的原因区分为直接原因与间接原因两种类型。所谓犯罪的直接原因（proximate causes）是指那些即将导致犯罪发生的因素；间接原因（distal causes）是指那些在一个较远的时期可能导致犯罪发生的因素，亦即对犯罪发生的影响力较小的那些因素。① 例如，如果将"与违法的同辈团体交往"（association with delinquent peers）视为导致行为人犯罪的直接原因，那么，"父母与子女之间较弱的依恋关系"（weak parent—child attachment）则可以视为直接导致"与违法的同辈团体交往"的相关因素，因而该因素就被视为导致犯罪行为发生的间接原因（图2-1）。犯罪的直接原因与间接原因的区分是相对的；换言之，在一个导致犯罪的因果链条中被视为间接原因的相关因素在另一个因果链条中则可能是直接原因。例如，一些犯罪学者认为，如果父母遭遇到了家庭的经济困境，则可能导致父母与子女之间缺乏一种强烈的情感，而后者又可能导致子女犯罪行为的发生。就此而论，父母的经济压力则被视为导致子女犯罪的间接原因，而父母与子女之间依恋关系的减弱则可被看成是直接原因（图2-2）。

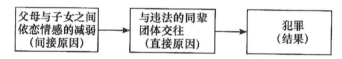

图2-1　父母子女之间的依附关系及与违法的同辈团体交往对犯罪的可能影响

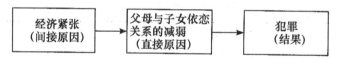

图2-2　父母的经济紧张及父母子女之间的依附关系对犯罪的可能影响

　　上述案例中犯罪人李时建17岁时犯故意伤害罪，出狱后不到半年再次走上犯罪的道路。根据犯罪人李时建生平经历图谱，我们不难发现犯罪人李时建之所以持续犯罪，同其所处的家庭、学校及同辈伙伴等个人环境密切相关。根据犯罪人李时建生平自述，我们发现引起其持续实施犯罪的原因有：一是较低的文化程度，仅具备小学三年级文化程度；二是不稳定的就业，犯罪人李时建没有一份稳定工作；三是少年反社会行为，其少年时期经常打架斗殴、惹是生非、不服从父母管教；四是与违法的同辈伙伴交往，其成年早期与赞同违法犯罪的同辈团体交往强度明显增强。然而，人们不禁要问的是，难道个体

---

① Don Weatherburn, *Crime and Justice*, in 54 Contemporary Issues in Crime and Justice.

之所以犯罪仅仅是因其个人环境所导致的吗？质言之，难道人的行为不受其自由意志的支配，而仅仅受其环境的约束吗？

情景二　问题分析——犯罪原因分析的理论视角

犯罪学对于犯罪原因理论的建构基本上沿着自由意志论与因果决定两条不同的路径渐次展开。自由意志论将社会环境对犯罪的影响置于边缘地位，认为犯罪是人的自由意志的理性选择。就自由意志论而言，其核心问题是如何解释作为主体的行动者的理由，回答这一问题的基本路径是将行动理性化。因果决定论坚持人的行为完全受制于因果法则的支配，因而犯罪是人对社会因果律的被动反映。就因果决定论而言，其核心问题是如何发现决定社会行动的基本规律，回答这一问题的基本路径是将社会行动结构—功能化。自由意志论与因果决定之间的对决使得犯罪原因理论在回答"人为什么犯罪"这一问题时走向了两极。犯罪学者要么坚持自由意志论，从而否定社会环境对人的行动的影响；要么主张因果决定论，从而否定人的自由意志的选择。犯罪学者要么坚持前者，反对后者；要么反之。然而无论是自由意志论，还是因果决定，其均未给予"社会中人为什么犯罪"这一问题一个满意的答案。

一、自由意志论

以自由意志为立论前提的犯罪原因理论，关注犯罪行为产生的主观意图，寻求对犯罪行为意义的说明性理解。因此，要解释这个人为什么犯罪，就必须根据个人对犯罪行为所赋予的意义来理解犯罪行为发生的原因。质言之，要了解犯罪行为的原因，就必须探求行为所具有的主观意义。尽管自由意志论在理解犯罪的原因时，强调不应只根据行动者的主观意图及动机来进行解释，而是还要关注独特的个人环境对个体行动的影响，但行动者最终选择犯罪仍出于其自由意志的理性选择。换言之，尽管自由意志论认为，行为人受社会环境、个人环境和自身生理—心理因素的影响从而使其自由选择的能力有所减低，但行为人最终选择犯罪行为并不由社会环境、个人环境及自身素质所决定，而是由其自由意志选择的结果。自由意志论始终坚持，行动者所处的特定社会环境、个人环境以及自身素质与犯罪行为之间并无一种必然的因果关系，而仅仅具有一种亲和关系，行动者最终选择犯罪乃由于行动者的理性行动所致（图2-3）。我们将自由意志犯罪原因理论的主要立论作如下规整：

犯罪原因分析

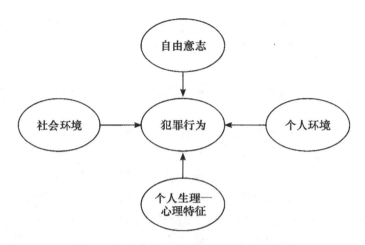

图 2-3 自由意志论犯罪原因理论框架图示

第一，行为的最终决策乃出于自由意志的选择，而非本能的欲望或先天的需求。原罪说把人展示为生来就是一种有自由选择的生物。人类偷吃了知善恶树上的果子，从而违反了上帝的意志，犯下了原罪。上帝同时通过让人自己决定，承认或违反禁令，给了他自由的礼物。不管一个人行善，还是行恶，均源于先天的需求或利益的考量；然而，无论合法行为，还是犯罪行为，其是否最终实施均乃人的自由选择的结果。行为人之所以实施犯罪行为，是由于其作出了错误的选择。换言之，在直观上，虽然一个人的行为会受到外在诱因与内在驱力的影响，但人类的心灵仍拥有最终的决策权，从而足以自由地选择做什么事情。①

第二，功利原则是解释行为人之所以犯罪的一个主要法则。贝卡利亚与边沁将犯罪行为归因于犯罪所带来的快乐或好处与当时的环境所引起的麻烦与危险之间的比值，质言之，功利原则预设人类一切行为的动因。理性选择论的代表英国犯罪学家德里克·科尼什（Derek B. Cornish）认为，犯罪人的所有决定都是根据期待要花费的精力和可从犯罪中得到回报与被抓、被判刑的轻重所比较、平衡后而作出的。② "情景犯罪预防"概念的首倡者、美国犯罪学家罗纳德·克拉克（Nonald V. Clarke）以人的理性为假定，认为人在作

---

① 自由意志这一哲学论题涉及决定论、非决定论、道德责任论等哲学问题及物理学、精神病学、神经病学等科学学科，以及基督教、犹太教等宗教。基督教相信人有自由意志，并将人世间的一切罪恶最终归咎为亚当与夏娃违背上帝意志而偷食知善恶树上的禁果所致。因此，人性虽因犯罪而完全堕落，但人的意志还是自由的，可凭借自由的意志归向神，借着信心，而终得以救恩。

② Derek B. Cornish, Nonald V. Clarke, eds. *The Reasoning Criminal: Rational Choice Perspectives on Offending*, New York: Spinger-Verlag. Costello, Barbara J. and Paul R. Vowell (1986). 转引自曹立群、周愫娴著：《犯罪学理论与实证》，群众出版社 2007 年版，第 71 页。

出决定时，都会考量以最小代价来获取最大的利益。

第三，道德责任论是行为人承当刑事责任的基础。贝卡利亚指出，"刑罚的对象正是它自己造成的犯罪。"① 正是由于人具有自由选择的意志，在面对抉择情景时可以不受外界刺激的影响而自由的选择，人在作出错误选择时才自己承担责任；正如由于人具有选择的意志，在内心本能欲望的驱力下才可作出合法行为，而一旦他作出犯罪的选择，则行为人不得不自食其刑罚后果。因此，责任归责的基础就必须存在这样一个前提，即个体的行动应被理解为有计划的、至少是能够预测的对环境的建构，而不是把它理解为命运，即不是把它理解为对不可避免的东西的实施。② 也就是说，个体的行为不是受一种"不可预测的力量"支配，而是受个体的自由意志的支配的。

二、因果决定论

以因果决定论为前提的犯罪原因理论关注个体素质、个人环境以及社会环境与犯罪之间的因果关系。因果决定论主要从以下三个层面来展开犯罪原因理论的构架：一是从个体的生理—心理异常特征层面来构架犯罪原因理论体系，其又可称之为犯罪生理—心理理论；二是个人环境决定论，其理论构架主要关注诸如家庭、学校、同辈伙伴交往群体等因素之于犯罪的影响；三是社会环境决定论，其主要关注社会变迁过程中的深层结构，诸如文化、历史因素、社会价值观念、社会政治经济结构、行为规范之于特定时空中犯罪变化的影响。犯罪生理—心理学理论认为，犯罪人之所以犯罪是由于个体生理—心理的异常特征所决定的。个人环境决定论认为，个体之所以犯罪是由于其所处的特定环境决定的。社会环境决定论则从社会文化、群体行为规范的历史沉积、社会政治经济结构的变迁来发现犯罪现象的原因。

按照个体与群体之间的亲密接触程度不同，群体成员之间情感的强弱，以及群体成员数量的多寡，可将个人所处的特定环境区分为首属群体与次属群体。前者是指群体各成员之间来往密切、沟通全面、富有情感的人际组合，诸如家庭、同辈团体、伴侣、邻里皆是；首属群体成员的数量较少。后者是指为某一特定目标，或为追求同一方向而设立的社会组织；组织成员之间通常借助传媒进行交往，成员之间情感淡薄，诸如学校、政党、医院、工会、企业、大都市均为次属群体；次属群体成员数量较多。个人环境决定论将个体之所以犯罪的原因归结于首属群体成员之间的互相学习与模仿。美国犯罪

---

① [意]贝卡利亚著：《论犯罪与刑罚》，黄风译，中国大百科全书出版社1993年版，第65页。
② [德]京特·雅客布斯著：《规范·人格体·社会》，冯军译，法律出版社2001年版，第75—76页。

犯罪原因分析

学家艾克斯（Ronald L Akers）认为，犯罪一开始是由于模仿而产生的，但行为人是否继续从事犯罪则取决于行为获得奖惩结果的比例，即犯罪行为是行为人因犯罪而获得奖赏与避免惩罚的作用不断增强所导致的。换言之，亚群体成员之间的不良行为互动模式因交往而不断得到强化，而刑法中的犯罪行为则正是由于不良行为模式不断得以强化的结果。英国学者莫里森指出，"这种理论版本比萨瑟兰自己的社会学理论更具有决定论色彩和实证主义特点。不过，正是由于萨瑟兰的理论具有决定论倾向，才允许进行这样的修改。"①

个人环境决定论对自由意志犯罪原因论持否定态度，始终坚持个人之所以犯罪是由个体所处的环境所决定。我们以少年犯罪为例，对个人之所以犯罪的个人环境决定作用作如下图示（图 2-4）。

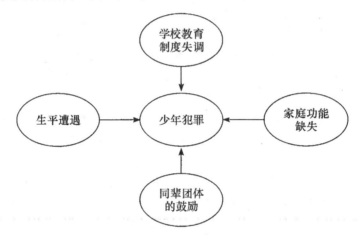

图 2-4　个人环境决定论犯罪原因理论构架图示

社会环境决定论更多的是从结构—功能的视角来探求社会变迁的原动力，希冀从一种普遍的道德规范、价值观念、文化与历史因素所决定的生活世界，以及由政治经济因素和由此衍生的社会制度所决定的社会世界层面来发现犯罪现象的原因。格尔茨指出，人是生活在由其自己编辑的文化之网的动物。②同辈伙伴互动所给出的意义，曾经生活在世的先辈所给出的意义，将要生活在世上的人所给出的意义以及整个人类所给出的意义聚集在一起，就构成了每一个体的生活世界。生活世界的深层结构就是我们习以为常的文化结构。正是由于我们大部分人生活在同一文化结构下，我们常常会对共同的文化价值观念作出习惯性的回应，而很少批判地提问我们为什么共同信守这一习惯。而以

---

① ［英］韦恩·莫里森著：《理论犯罪学》，刘仁文等译，法律出版社 2004 年版，第 141 页。
② ［美］格尔茨著：《文化的解释》，韩莉译，译林出版社 1999 年版，第 5 页。

权力为媒介的政治系统与以货币为媒介的经济系统则通过策略行动来发挥社会整合功能。社会中的各系统通过交换彼此间进行协调，从而促进社会发展。在社会环境决定论看来，这些社会中的结构与系统就如同模具一般约制着我们的行为，一旦系统与系统之间失调，犯罪等不道德行为就会显著增加（图2-5）。

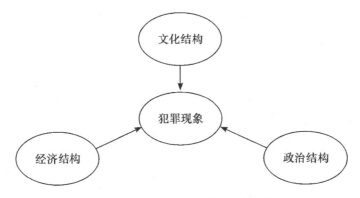

图2-5 社会环境决定论犯罪现象原因理论构架图示

情景三 问题解决——基于一种发展兼容论的分析视角

无论是自由意志论，还是因果决定论均难以解释实践中的个体为什么犯罪这一问题。自由意志论虽然能很好地解释个体犯罪的主观意义，甚至还可以说明行动者之间的互动行为，但却无法解释同样具有策略行动的个体为什么这个人犯罪，而那个人没有犯罪。同样存在问题的是，自由意志论亦无从解释如下问题，即行动着的个体出于对传统的尊奉而有时候却恰恰被视为犯罪。例如，行动着的个体信奉"为朋友两肋插刀"这一传统，结果其行为却构成犯罪。对于此种情形下的犯罪，我们很难说，其犯罪的原因是出于行动者的理性计算。事实上，不受外界影响的自由意志是不存在的，绝对的自由意志亦只能是一种幻想。因果决定论对主体能动性的消解却剔除了人类道德责任的基础，从而导致人类道德责任的虚无。若从因果决定论的一元论路径出发，完全否定个人的自由意志，则不仅个人的主体能动性地位完全消解于环境决定论的大海汪洋，因而人也就与动物无异，而且个体的道德责任基础将面临瓦解，刑罚的正当性基础亦将丧失殆尽。因此，犯罪学者需要走出自由意志或因果决定论两极对决的一元论路径，打通自由意志论与因果决定论之间的鸿沟，构筑一种二元论视角中的犯罪原因理论。

一、发展兼容论的提出

鉴于上述,我们提出发展兼容论,试图从二元论视角来寻求对"人为什么犯罪"这一问题的合理解释,以消解自由意志论与因果决定论的两极对决。发展兼容论认为,人具有反思监控的能力,因而人具有自由选择的意志;但人的反思监控能力又不是无限的,它既受到来自主体无意识这一主观因素的限制,同时又受到环境资源供给能力方面的约制。因此,发展兼容论是二元结构的,它既关注犯罪结构的使动性,又关注犯罪结构对于行动者的制约。人之所以犯罪是人基于主体的反思性监控而形成的一种行为的例行化方式,是行动者基于犯罪结构的生产与再生产而产生的行动的意外后果。反思性监控这一核心概念既消解了自由意志论之于主体的独霸地位,又消除了社会环境决定论制约人类行为的独占地位。

(一) 发展兼容论的核心概念

反思性监控(reflexive monitoring)是犯罪原因理论的核心概念,此有别于自由意志论的"理性行动"概念与因果决定论的"结构—功能"概念。一般地,所谓"反思性"一词主要有两种用法:一是用来凸显出当有人对特定事件作出说明时,这些说明既是对事件的描述,又是事件的一部分;二是用来指涉自我批判的反思性立场,如根据批判态度来检验自己所参照的其他理论。[1] 反思性监控根植于行动者对人们所呈现的或期望他人即将呈现的行动的连续监测之中。[2] 行动者的反思性监控受实践意识(practical consciousness)与话语意识(discursive consciousness)的影响。行动者经过实践意识可以不加太多的思考就能处理事务,通过话语意识可以用语言的形式说出行动的理由。安东尼·吉登斯(Anthony Giddens)将实践意识界定为:行动者认识到社会条件,尤其是自己行动的条件,但又不能用言语来表达的意识,实践意识有别于维护本体安全的无意识。[3] 同时,他将话语意识界定为:行动者对社会条件,尤其是自己行动的条件能够以言语清楚表达的意识。[4] 换言之,行动者的实践意识大都只可意会,不可言传;而话语意识既可意会,又可言传。

---

[1] Vivien Burr: *What do discourse analysts do?* In Vivien Burr, *An Introduction to Social Constructionism* (1995), London and New York, pp. 159–183.

[2] [英] 安东尼·吉登斯:《结构化理论》,载苏国勋、刘小枫主编:《社会理论的诸理论》,三联书店 2005 年版,第 128 页。

[3] Giddens, A., *The Constitution of Society* (1984), Polity Press, p. 375. 为便于读者理解,文中"维护本体安全"的表述是作者根据上下文的意思所增加的,如果对原文作者意图理解有误,责任由本文作者承担。

[4] Giddens, A., *The Constitution of Society* (1984), Polity Press, p. 374.

个体的实践意识与话语意识强调了行动者的自主性和能动性，但人的反思监控能力又不是无限的，而是受制于环境因素的制约，因此，才会出现行动的意外后果，这些行动的意外后果又成为行动者未认识到的行动条件。反过来，行动者通过反思监控将未认识到的行动条件例行化，以维护一种无意识的本体安全感。行动者反思性监控自己的行为和别人的行为，他们留意、记录、计算和估计行为的结果，从而使得一种例行化的行为方式得以形成，而社会系统也因此得以整合。反思性监控这一核心概念消解了自由意志论与因果决定论之间的二元对立，它既强调了行动着的个体的有目的的创造行动，同时又关注社会结构对主体能动性的约制，即行动者不能任意地选择如何创造社会世界。详言之，反思性监控这一核心概念主要从以下三个方面来消解自由意志与因果决定论之间的二元对立（图2-6）。

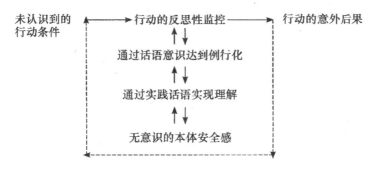

图2-6 行动者反思性监控的行动模态①

首先，反思性监控这一核心概念赋予行动者的主体地位。行动的反思性监控与行动的理性化紧密相连，行动者通过实践意识达致行动的理性化，通过话语意识给出行动者行动的理由。行动的反思性监控赋予行动以主观意义，行动着的个体根据所处的特定情景来选择合适的行动，此意味着一种积极主动地构建社会世界的理性行动便由此产生。因此，行动者经过反思性监控而实施的理性行动就有了自由意志论的颗粒。然而自由意志论者将行动的理性化仅仅视为话语意识的构成要素，从而排除了行动者未认识到的行动条件，也因此排除了行动的意外后果产生的可能性。与之相反，行动的反思性监控则将实践意识与话语均视为其构成要素，从而将行动的意外后果包含其中。

---

① 吉登斯在论述其结构二重性理论时将行动者的行动路线绘制成行动者模型，且其绘制的行动者模型图示中间未有双线箭头；本文在绘制二元论行动路线时添加了双线箭头，且将行动者的反思监控能力视为理论的核心的概念，而将经改造的图示称之为"行动者反思监控的行动模态"（Giddens, A., The Constitution of Society (1984), Polity Press, p.5.）。

其次，反思性监控这一核心概念关注行动者自主行动的有限性。行动者反思监控的能力又不是无限的，而是受制于环境因素的制约。由于行动者反思监控能力的有限性，便产生了行动者未认识到的行动条件，而这些未认识到的条件又制约着行动者的反思监控能力，因此，反思监控又同因果决定论发生了联系。正如考夫·巴切尔（Geoff Boucher）所指出的，"行动的理性化与行动的反思性监控的一种至关重要的分析性区别在于，前者仅仅是话语意识的一个要素，而后者则既是话语意识，又是实践意识的组成部分。"[①] 制约行动者反思监控能力的环境因素主要包括微观层面上的行动者的生平遭遇，以及宏观层面上的社会政治、经济与文化结构。无论是制约个体行动者行动的生平遭遇，还是制约社会行动的社会结构，其均可视为行动者在跨越时空的"互动情景"中所利用的规则与资源。所谓规则，在吉登斯那里指的是行动者在各种环境下理解和使用的"可归纳的程序"，即一套方法论或技术。它包括了规范性规则（合法化）与解释性规则（意义），前者通过权利和义务的创造来实现合法化，后者则通过意义的创造提供人们看待和解释事件的方式。所谓资源指的是，行动者处理事务的能力，由行动主体在行动过程中利用和创造，即便行动者用规则来指导行动，也还需要处理事物的能力。它包括了权威性资源与配置性资源，前者是指在一个情境下，控制和引导互动模式的组织能力；后者是指在一个情境下，在控制和引导互动模式中对物质特征、人工制品以及物品的使用。[②]

再次，行动者通过反思性监控生产与再生产生平遭遇或社会结构；反过来，生平遭遇或社会结构又成为行动者未认识到的行动的条件。行动的反思性监控主要关注的是人的行动，即"分析行动者在行事时在多大程度上了解自己为何如此，尤其是当他们没有自觉意识到（即可以借助话语形式给出）自己对行事缘由的了解，或是在其他情境下缺乏这样的意识时，情况更是如此"[③]。在吉登斯看来，行动者的行动与动机之间并不存在一一对应关系。很多情形下，行动根本没有动机，而是根据对环境的监控所作出的反应，亦即一种无意图导向的行动。这种无意图导向的行动可能产生行动的意外后果，而这一后果反过来又成为未被行动者认识到的行动条件，从而限制了行动者行动的边界，人类行动就是在这样一种约制当中发生的。我们可以一个吉登

---

① Geoff Boucher, *The Theory of Structuration and the Politics of the Third Way*, http://www.ethicalpolitics.org/geoff-boucher/index.htm (accessed 8 Dec 2010).
② [美]乔纳森·H·特纳著：《社会学理论的结构》，邱泽奇等译，华夏出版社2006年版，第452—453页。
③ [英]安东尼·吉登斯著：《社会的构成》，三联书店1998年版，第39页。

斯曾列举过的关于贫困循环的例子来对此予以说明,例如,由于孩子时期遭遇物质剥夺,从而可能导致低层次教育和就业,而低层次的教育和就业又可能成为未来进一步遭遇物质剥夺的条件,这一过程可描述为:物质剥夺(孩子)→恶劣的教育→低层次的就业→物质剥夺(成年)。行动者的反思监控能力生产与再生产了生平遭遇或社会结构,由此,人具有了自由意志选择的能力;同时,生平遭遇或社会结构又成为行动者未认识到的行动条件,从而对行动具有制约作用。反思性监控这一核心概念完成了对自由意志论与因果决定论两极对决的消解,从而使得一种二元论主张的犯罪原因兼容理论由此得以建构。

(二)发展兼容论的三个命题

反思性监控化约了自由意志犯罪原因理论与因果决定论犯罪原因理论的二元对立,适度修正两者的两极主张,从而为回答"人为什么犯罪"这一问题提供了一个科学而合理的答语,也因而成为犯罪兼容论的立论基础。发展兼容论认为,要解释犯罪的原因就必须解构行为人的生平遭遇,从行为人所处的个人环境与社会环境客观地理解其对于生平遭遇所赋予的主观意义;与此同时,回答"人为什么犯罪"这一问题,还需犯罪学者发现制约与影响行动者的生平遭遇与社会结构的基本规律。前者可谓对自由意志论的适度修正,后者可谓对因果决定论的适度修正,发展兼容论正是通过人的反思性监控这一核心概念,来完成理论建构的二元论模型。行动者通过反思性监控生产与再生产,解释自我越轨行为的解释性规则,通过不良行为的差别强化生产与生产亚文化规则;反过来,行动者未认识到的生平遭遇与社会结构,又进一步成为其实施犯罪与偏差行为的条件。从这一基本立场出发,我们可以得出以下关于发展兼容论的三个命题:

第一,犯罪行为并不常常是受因果法则支配的,也不总是基于行为人的自由意志而实施的;相反,它是基于行动者本体安全感的驱动,通过行动者对行动的反思性监控而实施的无意图导向的行动。质言之,犯罪与偏差行为是由行动者无意图的行动而产生的意外后果,而这一意外后果反过来又成为犯罪或偏差行为产生的条件。例如,少年时期的偏差行为导致行为人差劲的学习成绩,而这一意外结果又成为低劣教育程度与就业的条件;而低劣教育程度与就业又可能成为青年时期进一步实施犯罪与偏差行为的条件。对此一过程,我们可用以下图示来予以明示:偏差行为(孩子)→差劲的学习成绩→低劣的教育程度→低劣的就业→犯罪与偏差行为(青少年)。

第二,犯罪是行动者基于对自身所处环境的反思性监控而实施的例行化的行动方式。由于行动依赖于行动者对先存状态或事件过程制造差别的能力,行动者的反思性监控亦不得不依赖于这样一种能力,因此,行动者为获得自我安全感而实施的行为不得不受到周围环境的制约。例行化的行动方式越稳定,个体的安全感就越高;反之,例行化的行动方式越低,个体安全感就越低。基于实现目标之手段缺乏的考量,出于获得本体安全感的行动者不得不生产与再生产出解释自我生平遭遇的解释性规则;由此,遵循一种犯罪亚文化的不良行为互动趋向例行化与模式化。反过来,这样一种例行化的亚文化生活方式又进一步成为行动者未认识到的实施犯罪与偏差行为的条件。例如,我国农村的留守儿童因家庭教育功能缺失而使得自我安全感降低,他们为获得自我安全感则生产与再生产一种亚文化犯罪结构,而这一犯罪亚文化结构又成为他们进一步实施犯罪与偏差行为的条件。这一过程可简单作如下图示:家庭教育功能缺失(孩子)→自我安全感降低→偏差行为的例行化→犯罪亚文化结构的形成→获得来自亚群体的信任→犯罪与偏差行为(青少年)。

第三,犯罪率的升降与社会变迁频率以及环境变化速度所引起的结构矛盾相关。社会变迁的频率越高,环境变化的速度越快,其所引起的结构矛盾就越激化,犯罪率也就高;反之,社会变迁的频率越低,环境变化的速度越慢,其所能引起的结构矛盾就越相对稳定,犯罪率也就越低。描述社会变迁的方式有多种多样的形式,在具体的含义上,社会变迁意味着为数众多的人投身于集体行动和关系,这些集体行动和关系不同于他们或他们的父母以往某个时候所投入过的,它意味着人们工作、养家、教育孩子、自我管理以及寻求最终的生活意义等方式上的改变。许多社会学家将社会变迁描述为社会结构、社会结构和功能运行、社会关系、社会结构和社会关系中的变迁。① 为客观描述一种宏观的犯罪现象,犯罪学者往往将注意力集中在社会结构以及社会结构与功能运行中的变迁状况上。由于社会意识形态的转换、社会竞争的加剧、社会冲突的无所不在、政治与经济结构的不断分化瓦解、全球化浪潮的冲击等因素的相互作用破坏了结构原有的平衡,从而引起相应社会结构的持续变迁。随着社会变迁速度的持续加剧,社会结构矛盾不断激化,从而导致了高速增长的犯罪态势。例如,随着人口流动的加速,接受新居民地区的平衡结构便随之解体,该区域的犯罪亦将随之增加。犯罪率的急剧上升是由于以下因素或其相互作用所导致,例如,由于人口增长可能带来的资源短缺和就业压力,社会竞争可能带来的分配不均,社会期望与现实之间矛盾的加剧,社会失范可能带来的价值观念紊乱,政治经济结构的变迁所带来的贫富差异等。

---

① [美]史蒂文瓦戈著:《社会变迁》,王晓黎译,北京大学出版社2007年版,第6—7页。

二、发展兼容论的解释框架

发展兼容论通过行动者对行动的反思性监控强调了主体的自主地位与能动性,但行动者的自主性与能动性又不是无限的,它既受制于维护自我安全感的无意识动机这一主观因素,同时又受制于环境所能提供的行动者实现目标能力这一客观因素。在这里,行动者的反思性监控将社会结构与行动者的无意识动机连接起来,从而既强调社会结构的使动性,即社会结构是受行为人无意识动机的驱动经由反思性监控而出现的行动的意外后果;又强调了社会结构的制约性,即社会结构这一行动的意外后果反过来经由反思性监控又成为行动者未认识的行动条件。质言之,行动的意外后果生产与在生产一种例行化与区域化的行动方式,从而个体获得自我安全感,而这种例行化与区域化的生活方式又成为行动者未认识的行动条件。① 发展兼容论解释犯罪原因的框架主要包括犯罪的触发、维持与终止三大机制。犯罪的触发、维持与终止机制既流贯着个体生命历程发展的不同面向,又融通了自由意志与因果决定的两极主张,从而能给人为什么犯罪一个满意的答案。

(一) 犯罪的触发

犯罪触发的解释机制是从人类个体本能的欲望与基本需要倾向视角来解释人为什么犯罪的一般原因。人类本体所固有的欲望是指人类避苦求乐、不劳而获的原始冲动;本体所固有的基本需求包括马斯洛所论及的生理需求、安全需求、社交需求、尊重需求和自我实现需求五种类型。一般地,行动者通过实践意识来解释他们行动的意义,通过话语意识使行动例行化,从而形成一种例行化的生活方式的互动。这种例行化的生活方式的互动使个体获得了一种信任感,从而满足了人的无意识动机对本体安全的需求。推动行动者行动的基本力量就是这一连串的无意识过程,因此,尽管行动者试图通过话语意识将动机与行为——对应起来以解释他们的行动,但很多行为甚至根本没有动机,而仅仅是根据对环境的监控所作出的反应。换言之,犯罪动机与犯罪行为并不存在——对应关系,也非完全出于行为人的理性计算;多数情况下,是行为人出于获得本体安全的无意识动机,根据对环境的监控所作出的反应。在我们看来,用以测量本体安全感的核心概念是信任,因为信任将个人对环境的反思监控联系起来,生产与再生产了一种例行化的生活方式,

---

① 所谓例行化是指行动在时间上的延续性,因而行动的例行化使行为具有可预见性,由此产生本体安全感。所谓区域化是指通过将行动者安置在与他人相互关联的空间,限制他们如何表现自己和行动来固定空间的行为。参见〔美〕乔纳森·H·特纳著:《社会学理论的结构》,邱泽奇等译,华夏出版社2006年版,第450页。

从而减少了个体的焦虑,满足了个人维护本体安全的无意识动机。
（二）犯罪的维持
　　犯罪维持的解释机制是指个体对其生平遭遇所形成的解释性规则（意义）与规范性规则（犯罪亚文化）的生产与再生产过程。如上文所述,人类的本体安全感往往是无意识的,这种无意识需要通过一种例行化了的生活方式的互动来转化成实践意识与话语意识。那么,究竟是什么阻碍了个体这种维护本体安全感的无意识转化为意识呢？我们认为,个体孩童时期、少年时期的生平遭遇形成了一种无意识压力,从而阻碍了这种无意识成为实践意识与话语意识。为释放压力、减少焦虑、获得信任,个体往往通过实践意识寻求对意义的理解,通过话语意识使行动理性化,经由行动者对个人环境与社会环境的反思监控生产与再生产出解释自己行为意义的行动结构——生平遭遇,以及赋予行动理性化的规范性规则——犯罪亚文化。例如,我们可以用如下图示来清楚表明犯罪行为产生的原因：父母离异（孩童）→无意识安全感压抑→通过实践意识与话语意识生产与再生产关于生平遭遇（少年）的解释性规则→表现仇恨社会的行动（未认识到的行动的条件）→通过行为方式的例行化与区域化生产与再生产亚文化规则（行动的意外后果）→犯罪与偏差行为（青少年）。反过来,行动者的生平遭遇又成为行动者未认识到的行动条件,而犯罪亚文化又是行动者无目的的行动结果。例如我们可以用如下图示来描述犯罪行为的成因：生平遭遇→通过行为方式的例行化与区域化生产与再生产亚文化规则（行动的意外后果）→表现仇恨社会的行动（未认识到的行动的条件）→通过实践意识与话语意识生产与再生产关于生平遭遇（少年）的解释性规则→犯罪与偏差行为（青少年）。个体关于生平遭遇的解释性规则与亚文化规则、亚群体成员之间的互动行为模式的生产与再生产过程维持着个体持续走向犯罪的道路。

（三）犯罪的终止
　　由于行为人的生平遭遇压抑了个体获得本体安全的无意识成为意识,因此,行为人必须经由对环境的反思监控才能使得这种无意识进入意识。环境为行动者提供资源（权威性资源与配置性资源）的能力既依赖于规则的解释框架与对于亚群体成员权利义务的规制,同时环境本身对于行动者又具有约制作用。例如,由于贫穷而导致辍学,辍学又成为行动者未认识到的行动条件,从而导致失业,而失业又导致了犯罪与偏差行为这一行动的意外后果,其简单图示可作如下描述：贫穷→辍学→失业→犯罪与偏差行为→更加贫穷。又例如,行动者将父母离异的生平遭遇定义为"世界原本没有爱"。在社会互动的层面上,持"世界原本没有爱"的行动者彼此进行沟通,生产与再生产"世界原本没有爱"的行为互动模式,例如打架、逃学、抽烟、酗酒等。

由上观之,犯罪人终止犯罪就需要具备以下两个前提:一是个体反思能力的提升;二是个人环境的改变。个体反思能力的提高既需要具备相应的文化素质,同时又需要具备良好的社会意识、社会文化的传承。个人环境改变既包括社区、村落、家庭、学校等同个体密切交往环境的改善,同时又包括个体自身婚姻、职业等状况的改变。因此,一个良好的个人环境、一份稳定的工作及一种健康的婚姻状况是犯罪人终止犯罪的条件。

根据上述发展兼容论的解释框架,我们可以采用以下路线图谱来解释犯罪的原因。首先,我们需启动行为人获得本体安全的无意识,以发现行为人的生平遭遇;其次,从家庭、学校、社区、村落、婚姻、职业等个人连接社会纽带的强弱来客观分析行为人的生平遭遇;再次,从特定情景中通过话语意识来客观理解行为人对于其生平遭遇所赋予的主观意义,通过理论意识来客观解释行为人于特定情境中的理性化行动,以创造性地发现行为人内心的紧张渊源;最后,从行为人对其生平遭遇的解释性规则来发现不良行为的互动模式,从犯罪与偏差行为的例行化与区域化来发现犯罪亚文化结构。

三、发展兼容论的测量指标

发展兼容论将自由意志犯罪原因论与因果决定犯罪原因论辨证地统一起来,化约了两者的两极主张,融合了理性选择犯罪理论、社会学习理论、社会控制理论、犯罪发展理论、失范理论、冲突理论、犯罪亚文化理论诸学说,从而能很好地解释与发现犯罪的原因。为使发展兼容理论具有可操作性,我们需要建立起科学的测量指标。

(一)犯罪触发的测量指标

就个体生命历程发展视角考量犯罪的原因,犯罪学者一般将个体第一次犯罪年龄作为犯罪触发的测量指标。有学者指出,第一次犯罪年龄是预测后来犯罪行为、社会道路与物质滥用的因素指标。[1] 近来的学者在调查研究中发现,早年时期第一次犯罪年龄的时间是预测持续犯罪一个最重要的指标因素。帕特逊(Patterson)、雷德(Reid)与迪胥(Dishion)指出,第一次犯罪年龄是辨别短暂性与持续性犯罪发展道路的一个重要测量指

---

[1] Sheldon Glueck and Eleanor, *Juvenile Delinquents Grown Up* (1940), NewYork: The Commonwealth Fund. Rolf Loeber, *The Stability of Antisocial and Delinquent Child Behavior: A Review*, in 53 Child Development (1982), pp. 1431–1446.

标。根据他们的研究，那些早年生活中表现出反社会行为的"早期明星"相较于那些第一次犯罪年龄较晚的个体来说，前者比后者持续犯罪的可能性更高。① 莫费特（Moffitt）以 14 岁的青少年为调查对象，区分了两组不同的类型，一是控制组，该组中的 14 岁青少年即便有过非常严重的违法行为，但在该次违法行为之前没有违法行为，在其之后亦没有违法犯罪行为；二是实验组，该组中的 14 岁青少年为持续违法犯罪人。根据其调查结果，在其整个生活历程中持续犯罪的那些人是第一次反社会行为越早的个体。②

（二）犯罪维持的测量指标

维持这一核心概念主要包括了提升与发展的次序性两个维度，前者一般指当犯罪人年龄逐渐增大时，犯罪行为的严重程度随之加大；后者则指行为发展中的次序或顺序与行为发展次序中的行动轨迹。理论与经验研究表明，个体的问题行为、物质滥用以及犯罪行为有着次序上的连续性。帕特逊（Patterson）、雷德（Reid）与迪胥（Dishion）证明了从问题行为发展到犯罪行为的渐次变化过程。他们认为，个体早期的违法行为绝大部分是由一系列家庭方面因素引起的，这些因素主要包括：不合适的家庭纪律、微弱的家庭监管、解决家庭问题机制的损坏等。在以上情形的社会进程中孩子认识到，适应环境的唯一选择就是强制与反社会；这种早期的不良社会化进程使得个体具有了一种长期的反社会倾向。

鲁贝尔（Rolf Loeber）与他的同事提供了一个问题行为沿着不同道路逐渐演进的发展路径，该路径具体表现为两个方面：一是家庭中的问题行为逐渐转化为对其他社会环境的犯罪行为；二是行为的严重程度随着时间的推移而不断加大。鲁贝尔（Rolf Loeber）所指的不同路径具体包括：一是显明的发展道路模式，即从儿童时期程度较重的攻击行为发展到成年时期的暴力行为；二是隐秘的发展道路模式，即从儿童时期隐秘的反社会行为发展到后来的非暴力犯罪与财产犯罪；三是权威冲突道路（authority conflict pathway）模式，即从一种执拗的行为、偏差行为即逃避权威发展到后来的反抗权威的犯罪行为（status offending）。他们声称，这一模型能解释男孩在三条不同发展道路上个体的差异性，因此，该模型也就能解释犯罪职业化（图 2-7）。

---

① G. R. Patterson, J. B. Reid, T. J. Dishion, *Antisocial Boys* (1992), in Human Emotion, edited by Jenkins M. Jennifer, etal, pp. 330–336.

② T. E. moffitt, *Adolescence-limited and Life-course Persistent AntisocialBehaivior: A Developmental Taxonomy* (1993), in 100 Psychological Review, pp. 674–701.

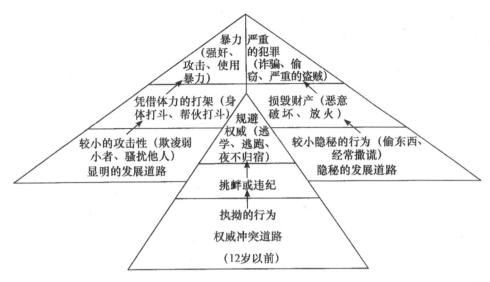

图 2-7 鲁贝尔（Rolf Loeber）和黑（Hay）关于男孩问题行为与犯罪行为发展的多向道路①

（三）犯罪终止的测量指标

解释犯罪终止进程的相关理论主要有：成熟与年龄变迁理论、发展犯罪理论、生命历程犯罪理论、理性选择理论以及社会学习理论等。格鲁克夫妇是成熟与年龄变迁理论的首倡者。在格鲁克夫妇看来，个体随着年龄的变化，其体力与脑力逐步趋向于成熟，而个体的自然成熟过程中则伴随着犯罪终止进程。② 格特弗雷得逊（Gottfredson）与赫希（Hirschi）将犯罪终止直接归因于年龄的变化，反对生命历程对于个体终止犯罪进程的影响。③

发展犯罪理论对于犯罪终止进程的解释主要有以下两个方面的不同观点：一种观点认为，随着个体年龄的变化，其犯罪终止进程是可预期的，即犯罪终止进程有着一种正常的变化模态，但他们同时坚持，认知变化是行为变化的必要前提。另一种观点认为，解释犯罪终止进程必须考量个体生理、心理及社会变迁相关因素。例如，格弗（Gove）认为，随着个体年龄的变化，个

---

① Rolf Loeber, DF. Hay, *Developmental approaches to aggression and conduct problems*, in Development through life: A handbook for clinicians (1994), edited by Michael F. Rutter and Dale F. Hay, Blackwell Scientific Publications.

② Sheldon Glueck and Eleanor Glueck, Of Delinquency and Crime (1974), springfield, IL.: Thomas.

③ Michael Gottfredson, Travis Hirschi, *A General Theory of Crime* (1990), Stanford, Calif.: Standford University Press.

体精力、能量、心理驱力高峰与低谷时期亦随之发生变化。①

生命历程犯罪理论认为,除了年龄因素影响犯罪终止进程外,还有着其他因素影响着个体犯罪的开始与持续。罗伯特·萨姆逊(Robert J. Sampson)与约翰·劳波(John H. Laub)建构了生命历程犯罪理论三个方面的核心命题:一是诸如家庭、学校非正式社会控制对于个体所处环境的影响;反过来,个体儿童时期与青少年时期的违法犯罪行为又可以从这些影响因素中得到解释。二是在个体生活领域的变化历程中从儿童时期到成年时期的反社会行为有一种强烈的持续性。三是不管个体先前犯罪倾向上的差异如何不同,成年时期的非正式社会资源(capital)是解释个体生活经历中犯罪行为变化的因素。② 他们认为,影响个体犯罪终止进程的两个非正式社会控制因素是工作与婚姻;换言之,在个体生活领域变化进程中如果个体获得了一个稳定的工作,并有了一个稳定的婚姻关系,则个体就会终止犯罪进程。尤其值得一提的是,他们还认为,对于配偶一方有犯罪行为的,最好的抑制犯罪进程的方法是让这些成年的犯罪人接受军事方面的训练,而不是让他们处于一种同居状态。③

---

① Walter R. Gove, The Effect of Age and Gender On Deviant Behavior: A Biopsychosciaol Perspective, in Gender and the Life-course, edided by Alice S. Rossi, pp. 115-143.

② Robert J. Sampson and John H. Laub, *Crime in the Making*: *pathways and Turning Points Through Life* (1993), Cambridge, MA: Harvard University Press, p. 243.

③ Robert J. Sampson and John H. Laub, *Crime in the Making*: *pathways and Turning Points Through Life* (1993), Cambridge, MA: Harvard University Press, p. 141.

学习单元三 理性选择理论

本单元所论及的理性选择理论有广狭两义。广义的理性选择理论包括了古典犯罪学理论、狭义的理性选择理论以及日常活动理论。古典犯罪学理论是对欧洲中世纪神明裁判制度与滥施刑罚现象的反叛,其所倡导的罪刑法定、罪刑均衡及刑罚的适度性诸刑法原则至今仍体现在各国的刑事立法中。19世纪末古典犯罪开始走向衰落,但在20世纪后期古典犯罪学理论开始复活。狭义的理性选择理论、日常活动理论等均在不同程度上再现了古典犯罪学思想。理性选择理论的立论前提是人具有自由选择的意志,其所尊奉的信条是功利主义的哲学基础,其所遵循的刑事政策是刑罚对犯罪的阻却与威胁。

情景一 犯罪是基于理性计算产生的吗?

人有着造物主先天赋予的自由意志。亚当与夏娃正是基于自由选择的意志才偷吃了区分善恶之果,从此也便播下了人类罪恶的种子。那么,一个理性的人会选择犯罪吗?理性犯罪理论正是认为人的犯罪是基于人的理性选择的结果。人根据功利原则,在权衡利弊得失之后会对自己的行为作出一个理性的选择。当犯罪的成本低于犯罪的收益时人便有可能选择犯罪行为。

一、案例引入

(一) 蔡文常(化名)虚开增值税专用发票案

犯罪人蔡文常,男,48岁,因涉嫌犯虚开增值税专用发票被浙江省宁波市公安局北仑分局刑事拘留,2006年7月19日被依法逮捕,2007年4月24日,被浙江省宁波市中级人民法院判处有期徒刑11年,于2007年5月29日在浙江省第六监狱服刑改造。

宁波经济技本开发区金莱贸易有限公司和宁波经济技本开发区银港贸易有限公司为谋取非法利益,让他人为本单位虚开增值税专用发票,虚开税款数额特别巨大,被告人蔡文常作为上述两单位直接负责的主管人员,应对其负责经营管理的公司虚开增值税专用发票犯罪承担刑事责任,其行为已构成虚开增值税专用发票罪。上述两单位在被告人蔡文常经营管理期间，对外以单位名义从事经营活动和虚开增值税专用发票，所得利益归属于单位，应当认定为单位犯罪，故公诉机关关于本案系自然人犯罪的相关指控不当，应予纠正。被告人蔡文常及其辩护人提出本案系单位犯罪的相关辩护意见，予以采纳；但提出被告人蔡文常非金莱公司贸易有限公司直接负责的主管人员的辩解、辩护意见，与审理查明事实不符，亦与其在侦查阶段所作相关供述不符，故不予采纳。鉴于被告人蔡文常案发后能主动退赔国家税款损失，有悔罪表现，其家属亦积极代为退赔，故对被告人蔡文常可酌情从轻处罚。据此，依据《中华人民共和国刑法》第205条第1款、第3款、第4款，第30条，第31条之规定，判决如下：

被告人蔡文常犯虚开增值税专用发票罪，判处有期徒刑11年（刑期自判决执行之日起计算。判决执行以前先行羁押的，羁押1日折抵刑期1日，即自2006年6月14日起至2017年6月13日止）。如不服本判决，可在接到判决书的第2日起10日内，通过本院或者直接向浙江省高级人民法院提出上诉。书面上诉的，应当提交上诉状正本1份，副本2份。

（二）犯罪人蔡文常生平自述①

我于1968年9月至1973年7月在广东惠南小学读小学。在此期间，学习成绩还可以，和同学相处和谐。为继承我爸爸遗产，我于1974年9月移民到香港。1974年9月至1976年7月就读于香港某初中。在上初中一年级的时候成绩跟不上，后经家长及学校班主任老师补习，学习成绩明显进步。1977年9月就读高中，直到高中毕业。因高考成绩不理想及其他原因，没有继续深造学习，在家待业。

1979年8月在香港一家服装贸易公司上班，主要负责客户订单、产品交付等事务及产品质量监督；第二年受公司信任提升为经理。1983年11月在香港合股创办海外投资有限公司，主要经营服装及化工产品，担任总经理职务。1995年6月香港海外投资有限公司与浙江省奉化市合资创办吉丽尔服装有限公司，主要生产服装，1996年8月退出股份。1999年9月在宁波北仑开发区创办金莱贸易有限公司，主要经营服装销售。2002年股东决议再创办一家公司，名称为宁波市北仑开发区银港贸易有限公司。

1999年9月以股份名义注册成立宁波经济技术开发区金莱贸易有限公司；2002年8月，我又以同样方式注册成立宁波经济技术开发区银港贸易有限公司；本人系上述两公司的实际经营负责人。为了冲减销项税，我于1999年9

---

① 犯罪人蔡文常生平自述为本书著者根据犯罪人自述报告修改而成。

月至 2004 年 4 月间在无货交易的情况下，按票面价税合计 4%～6%的比例支付开票费，通过"小蒋"、"小伟"从北京创龙贸易公司等多家单位虚开进项增值税专用发票共计 639 份，虚开税额合计 10 239 878 元人民币，以上税款均已抵扣。2006 年 6 月 14 日被依法刑事拘留；2007 年 4 月 24 日被宁波市中级人民法院判处有期徒刑 11 年；2007 年 5 月 29 日，在浙江省第六监狱服刑改造。

我真是太不值，太不应该去做违法的事，真对不起家里所有人；我悔恨自己。我深刻地认识到自己的所作所为，不仅给自己和家人带来伤害，也给国家带来危害，给社会带来危害；不仅害了自己，更害了许多人。通过这次血的教训，我充分认识到要想得到很多，就要先付出很多，在当今社会主义市场经济条件下必须守法遵纪，一定要合法经营。

二、问题的提出

求解犯罪的原因，追索犯罪的轨迹，一直是犯罪学研究中的恒言常题。原罪说假定了人具有自由意志的选择，将偷吃知善恶树上的果子这一行为视为人类欲望的冲动与自由意志选择的结果。古典犯罪学派则将人类的固有欲望具体化约为避苦求乐的本能，认为犯罪行为是人受这种欲望的驱动而作出的理性选择。基于自由意志论的立场，古典犯罪学派以道德责任论为基石建构起罪刑相适应、罪刑均衡的刑罚预防体系。实证犯罪学派则驳斥了古典学派自由意志的立论前提，认为人的行为在很多情形下并非出于个人的自由意志；其以因果决定论为犯罪原因构架的理论基础，关注犯罪原因的因果法则，并从社会防卫的视角提出了犯罪预防的社会责任论。现代犯罪原因理论要么承继自由意志论的传统，将犯罪行为视为人的理性选择结果；要么举起因果决定论的大旗，寻求犯罪原因的因果法则。理性选择理论、日常行为理论及情景预防论等基本沿着自由意志论立场渐次展开对犯罪原因的阐述。犯罪生物学理论、犯罪心理学理论、社会控制理论、社会学习理论、发展理论、社会失范理论、冲突理论等基本沿着因果决定论立场展开对犯罪原因的诠释性理解。

上述案例中犯罪人蔡文常虚开增值税专用发票以抵扣税额的行为显然是经过其理性计算的。犯罪人蔡文常在长达近 5 年的时间里一直有着虚开增值税专用发票的行为，但却直至 2006 年才东窗事发，致使其理性计算的砝码偏向了犯罪。根据犯罪人蔡文常自述，其少年时期家庭、学校环境较为优越，且少年时期并无越轨行为。犯罪人蔡文常工作稳定，且系两家公司负责人，薪水颇丰。由此，我们试图从人的理性计算法则来寻找犯罪人蔡文常之所以犯罪的原因。虚开增值税专用发票行为获得的利益与该行为所招致的刑罚两者相比较，尽管后者所带来的痛苦大于前者所带来的快乐，但由于虚开增值税专用发票的行为一直未被抓获，致使其理性计算的砝码偏向了前者。

根据上述分析，我们不禁设问：人的行为无疑带着理性选择的颗粒，人之所以犯罪乃因其趋利避害的利弊权衡所致；那么，理性选择理论是如何解释犯罪的原因的？该理论立论前提又是怎样的呢？

情景二　问题分析——理性选择理论的立论前提

理性选择理论之哲学基础最早可追溯至古希腊哲学思想，然其直接渊源则始于18世纪末19世纪初欧洲启蒙思想。随着启蒙思想的不断深入，人们不再相信人类的犯罪乃因魔鬼附身所致，而是源自于人类自由意志的理性选择。古典犯罪学在分析犯罪原因方面无法回避一个最古老、最具争议的哲学伦理学问题，即构成人类道德责任基础的自由意志是否为其理论架构的前提。就此问题而言，实证犯罪学对此有过详细的论述，他们均认为古典犯罪学的理论前提是自由意志论。菲利指出，"古典学派把犯罪视为人的自由意志的结果，这是因果链中最不可思议的东西。"[①] 我国学者黄风对此观点予以反对，认为贝卡利亚对于犯罪原因的解释是机械唯物论。[②] 学者白建军则详细论述了贝卡利亚为何不是一位"自由意志论"者，而是一位唯物主义决定论的理由。[③] 我们认为，承继古典犯罪学的理性选择理论的立论前提是自由意志论，其理由可见于不同时期思想家对理性所作的不同论述。[④]

一、古希腊思想家对理性的论述

古希腊大思想家柏拉图把世界分为两个部分：可见（或可感）的现象世界与可知（或可思）的"相"的理念世界。与"相"对应的是理性、是知识，而与事物对应的则是感觉、是意见。[⑤] 柏拉图用"线喻"来形象比喻"可见世界"和"可知世界"。可见世界（即"意见"）包括"想象"与"信念"两个部分，可知世界（即"真理"）包括"理智"和"理性"（辩证法）两个部分。

---

① ［意］菲利著：《实证派犯罪学》，郭建安译，中国人民公安大学出版社2004年版，第21页。
② 黄风著：《贝卡利亚及其刑法思想》，中国政法大学出版社1987年版，第41页。
③ 白建军著：《犯罪学原理》，现代出版社1992年版，第16—27页。
④ 人的自由意志可以追溯至"原罪说"。原罪的故事表明了人的本性并且发现：人没有被固定在一种必然地起作用的本性上。他是自由的，能够选择，也会作出错误的选择；他替自己创造命运。参见［德］吕迪格尔·萨弗朗斯基著：《恶或者自由的戏剧》，卫茂平译，云南人民出版社2001年版，第17页。
⑤ ［古希腊］柏拉图著：《理想国》，郭斌和、张竹明译，商务印书馆1986年第1版，第220页。

在柏拉图看来,"相应于这四个部分有四种灵魂状态:相当于最高一部分的是理性,相当于第二部分的是理智,相当于第三部分的是信念,相当于最后一部分的是想象。"① 理性之所以是灵魂的最高部分,是因为理性能追求善的理念和永恒的正义。任何人凡能在私人生活或公共生活中行事合乎理性的,必定是看见善的理念的。②

在柏拉图看来,善的理念和永恒的正义就是知识世界中的理性之光,其"洞喻"说是理性之光的形象描述。"洞喻"说假定有一些人从小就被捆绑着,不能走动也不能转身,只能向前看着洞穴后壁。洞口外面有一堆火在洞壁上照出一些来往的木偶的影子,这些人一直以为这些影子就是现实的事物;直到有一天他们中一个解除了束缚,转身看到火光下的木偶,才知道原先看到的只是些影子。而当他继续走到外面,看到阳光照耀下的万物,才知道那些木偶也不是真正的事物本身,只是对事物的模仿;但他这时还不能直接看太阳,只能看太阳在水中的倒影,等到他逐渐适应了,他才能看见太阳,并发现真正的真理不是任何地上的事物,而是太阳和它的光明。在这里,从洞壁转向洞口,从洞口的火光转向洞外的万物,从水中的倒影转向天上的太阳,即为从感性到理性,从暂时到永恒。

亚里士多德希冀在经验世界中论证原因,而不像柏拉图在理念世界中追求永恒。亚氏在《物理学》中开宗明义写道:"如果一种研究的对象具有本原、原因或元素,只有认识了这些本原、原因和元素,才是知道或者说了解了这门科学,——因为我们只有在认识了它的本原、原因直至元素时,我们才认为是了解了这一事物了。——那么,显然,在对自然的研究中首要的课题也必须是确定其本原。"③亚里士多德归纳了经验世界的四种原因,称为"四因"。他认为,"作为一个自然哲学家,他应当用所有这些原因——质料、形式、动力、目的——来回答'为什么'这个问题。"④ 对原因的论证预设了事物同它的原因的不同的质和不同的层次性,以及两者之间的隶属关系,而不是交往关系。亚里士多德崇尚理性,但其理性主义却从未离开经验世界。他说,"一个好国家里的政治家,他的理性不能脱离在他统治的那个社会中体现为法律和习俗的理性。"⑤

---

① [古希腊]柏拉图著:《理想国》,郭斌和、张竹明译,商务印书馆1986年第1版,第271页。
② 同上书,第276页。
③ [古希腊]亚里士多德著:《物理学》,张竹明译,商务印书馆1982年版,第15页。
④ 同上书,第60页。
⑤ [美]乔治·霍兰·萨拜因著:《政治学说史》,盛葵阳、崔妙因译,商务印书馆1986年版,第97页。

柏拉图认为，当激情和欲望受理性制约，且灵魂亦受理性制约时，这个人就是正常有序的；若欲望支配灵魂时，则肉体毁灭着灵魂，他就处于一种无序状态。智慧之人能够使心灵受理性控制，愚昧之人让意志的选择使心灵从幸福坠落到腐朽的深渊中，从而最终造成了恶。据此，我们可以看到，柏拉图所论及的理性之光与人具有自由的意志这一立论是一脉相承的，因为人尽管具有理性，具有追求善的本性，但上帝亦同时赐予人自由选择的意志，人因而具有选择向善或向恶的能力。亚里士多德则将理性拉回到经验世界，从而使得理性具有了目的性，即具有了利弊权衡的技术属性。

二、启蒙思想家对理性的论述

以卢梭、孟德斯鸠、洛克为代表的启蒙思想家力倡自由意志、理性、民主及人道，相信人类所有问题均能通过理性法则得以解决。卢梭坚持，人的自由与道德秩序应该相分离，二者之间永远不可能有意义地结合在一起。[①] 在卢梭看来，个人自由不仅与上帝与教会相脱离，而且还要从文化或任何权威中解放出来，从而使得自由成为人的一种高贵品质。卢梭指出，"既然任何人对于自己的同类都没有任何天然的权威，既然强力并不能产生任何权利，于是便只剩下来'约定'才可以成为人间一切合法权威的基础。"[②]

启蒙思想家试图通过社会契约的设计来摆脱强权政治对于人们的束缚，其采用的方式就是将道德与人的自由相分离。换言之，自然状态下的个人自由与公民社会中的政治自由均非源于一种超验的道德力量，也非来自于神的意志，而是事物的性质所产生的必然的联系，也即一种普遍的人类理性。孟德斯鸠指出，"人，作为一种'物理的存在物'来说，是和一切物体一样，受不变的规律的支配。"这种不变的规律在孟德斯鸠那里就是自然法。同时，人作为"智能存在物"，他不能免于无知和错误，他还会受到情感和欲望的支配。人类的本性中是没有善、正义和义务这些观念的。因此，人类便有了战争状态，这就使得人为法得以产生。这种人为法就是通过契约的形式来达成的，它保障了公民社会中人类的自由与平等。它宣称了一种专制权力的退场，以及源自于契约而非神意的权利观念的登堂入室。正如洛克所指出的，"专制

---

① 在卢梭看来，在自然状态中，人既不是道德的，也不是非道德的；而与道德无关。他指出，"既然处于这种状态中的人与人之间没有任何道德纽带，没有被认识到的责任，那么他们不能说是善的，也不能说是恶的，既无罪恶，也无德行。"卢梭将这样一种自然状态称为天真的状态。参见爱弥儿·涂尔干著：《孟德斯鸠与卢梭》，李鲁宁等译，上海人民出版社 2003 年版，第 68 页。

② [法]卢梭著：《社会契约论》，何兆武译，商务印书馆 1979 年版，第 14 页。

权力既非起源于契约，也不能订立任何契约，它只是战争状态的继续。……所以，一经订立契约，奴役就立刻终止。"①

启蒙思想所假定的社会契约是以人有自由意志为前提的；质言之，如果人不具有自由意志，又怎能选择订立契约这一理性的方式来保护个人的自由与平等呢？因此，启蒙时代的理性可以说是指人具有的一种趋利避害的合理权衡。古典犯罪学的哲学基础直接源自于启蒙思想的理性法则。

三、康德的实践理性

康德的理性概念强调了实践理性的绝对地位，并始终坚持实践理性优先原则。康德区分了感性世界和理性世界，并将前者与理论理性相对应，后者与实践理性相对应。康德认为，尽管感性世界、现象世界的知识可以无限发展、无限进步，文明程度也不断提高，但却永远达不到理性理念的无限性要求，人类也因而无法从必然迈向自由。因此，对人的精神世界的追求，对现象世界的超越，理论理性是无能为力的，理论理性必须上升到实践理性。换句话说，人应该做什么是实践理性的问题，而经过精确计算成败得失者则为理论理性。对理性理念的追求是人之为人的本质属性，是人对自身价值的肯定。因此，人在任何时候都是目的，而不是手段，人的主体性得以完全确定。

康德在《纯粹理性批判》中说："实践意义上的自由就是任性对感性冲动而来的强迫的独立性。因为任性就它以生理变异的方式（由于感性的动因）受到刺激而言，是感性的；如果它能够以生理变异的方式被必然化，它就叫做动物性的（arbutrium brutum 动物性的任性）。人的任性虽然是一种 arbutrium sensitivum（感性的任性），但却不是 btutum（动物性的），而是 liberum（自由的），因为感性并不使其行为成为必然的，相反，人固有一种独立于感性冲动的强迫而自行决定自己的能力。"② 康德说："理性也给予了一些法则，它们是一些命令，也就是说，是客观的自由法则，它们说明什么应该发生，尽管它也许永远不会发生，而且在这点上它们有别于仅仅探讨发生的事情的自然法则，因此也被称之为实践的法则。"③ 这就是实践理性的"自律"，即道德律。康德设立了三条基本的道德律令，这三条基本道德律令都从不同的方向指向一个中心——自由。具有普遍理性的人，服从自己订立的道德准则，依据理性的普遍法则而行动，人就是自由的。康德指出，"没有人能强制我按

---

① ［英］洛克著：《政府论》（下册），叶启芳等译，商务印书馆1997年版，第106页。
② ［德］伊曼努尔·康德著：《纯粹理性批判》，李秋零译，中国人民大学出版社2004版，第431—432页。
③ 同上书，第590页。

照他的方式（按照他设想的别人的福祉）而可以幸福，而是每一个人都可以按照自己所认为是美好的途径去追求自己的幸福，只要他不伤害别人也根据可能的普遍法则而能与每个人的自由相共处的那种追逐类似目的的自由（也就是别人的权利）"①。

康德的实践理性无疑是以人的自由意志为前提，因为人若不具有自由的意志，人的自由就无异于动物的任性；也就是说，人若不具有自由的意志，也就不可能在任何时候是目的。

四、韦伯的形式合理性

在社会科学范围内，社会学是最早使用基本概念去介入合理性问题的学科。韦伯堪称这方面的典范，他使用"行为"这一核心概念，从社会、文化和个人生活方式三个界面，对合理化问题进行了系统的归整。

韦伯根据手段的运用、目的的设定以及价值的取向三个方面来界定合理性。在手段的运用上，行为者所面对的是客观物理世界，行为者的实践活动具有工具合理性。在目的的设定上，行为者所面对的是客观世界，其实践活动具有选择合理性。在价值取向上，行为者所面对的是客观精神世界，其行为具有价值合理性。也就是说，行为的工具合理性是根据运用手段达到既定目的过程中的有效计划来加以衡量的；行为的选择合理性是依靠用一定的价值、手段和边界条件来算计目的的正确性加以衡量的；行为的规范合理性则是用决定行为偏好的价值标准和原则的同一性力量、总体性力量等加以衡量的。一个行为，如果满足了手段合理性和选择合理性的条件，韦伯就称之为"目的理性行为"；而如果满足了规范合理性的要求，韦伯则称之为"价值理性行为"。工具合理性和选择合理性被韦伯统称为形式合理性。形式合理性是指这样一种经济行为以货币形式表现着可计算性的最大限度。实质合理性意味着人们要提出伦理的、政治的、享乐主义的、等级的、平均主义的或某些其他要求，并以此用价值合乎理性或者在实质上目的合乎理性的观点来加以衡量——哪怕形式上还是十分"合理的"即可计算的——经济行为的结果。②

韦伯所谈到的"行动"是指行动着的个体把主观意义附着在他的行为之上的意义而言的，只有在行动的主观意义能够说明其他人的行为并因而指向

---

① ［德］伊曼努尔·康德著：《历史理性批判文集》，何兆武译，商务印书馆 1990 年版，第 182-183 页。

② ［德］马克斯·韦伯著：《经济与社会》（上卷），林荣远译，商务印书馆 1997 年版，第 107 页。

其原因的意义上，行动才是"社会的"。① 韦伯区分了四种类型的社会行为：第一，目的合乎理性行为——客观世界：通过对外界事物的情况和其他人的举止的期待，并利用这种期待作为"条件"或作为"手段"，以期待实现自己合乎理性所争取和考虑的作为成果的目的。第二，价值合乎理性行动——客观精神世界：即通过有意识地对一个特定的举止——伦理的、美学的、宗教的或作任何其他阐释的——无条件的固有价值的纯粹信仰，不管是否取得成功。第三，情绪行动——主观世界：依据现时的情绪或感情状况而行动。第四，传统行动——社会世界：依照约定俗成的习惯而行动。在韦伯看来，行动着的个体为满足自己的兴趣，或为获得财富，或为取得权力与社会其他成员进行沟通。在这里具有解释意义的是行动者的主观意图，因此，这种主观意图被定义为一种前交往行为意图。行动者所面对的是客观的物质世界，孤立的个体为实现其主观意图而进行目的理性行为。因此，"韦伯对行为概念的等级划分主要是依据目的理性行为，其他所有行为都可以划作目的理性行为的特殊倾向。"②

社会行动的认识论立场是主观主义的，其所关注的是寻求对意义的解释性理解。我们之所以说这种主观主义的认识论路线又是可以交流的，是因为建构论将对意义的理解融入个人所处的特定情境中来客观理解个人的主观意义。这种理解就像所有科学观察一样，都力求一种明晰的、可证实的和精确的洞见。因而无论何种不同性质的理解，包括逻辑的、数学的、移情的或艺术欣赏的，其均为理性的。韦伯指出，只有通过同情的参与，并能是适当地把握住行动在其中发生的情感环境时，才能获得移情或欣赏的精确性；同样，只有在涉及与命令相关的逻辑意义或数学意义时，才能获得最高程度的理性的理解。③ 所谓客观地理解是指探求影响人类行动之意念或动机的独特的社会结构或深层结构，亦即影响行动者行动的那些特定的历史情景以及客观因素。

韦伯反复强调了事实与价值，手段与目的二元分割，一再告诫和反对研究者与教师在讲坛上对政治和道德价值观的灌输。他指出，"我们在这里不再进一步阐述或坚持这种或其他任何可能的价值观点。我们只是声明，如果职业思想家还具有一点直接的责任感的话，那么，面对现时盛行的各种思想，

---

① [德] 马克斯·韦伯著：《社会科学方法论》，杨富斌译，华夏出版社1999年版，第35—36页。
② [德] 尤尔根·哈贝马斯著：《交往行为理论》，曹卫东译，上海人民出版社2004年8月版，第7页。
③ [德] 马克斯·韦伯著：《社会科学方法论》，杨富斌译，华夏出版社1999年版，第37页。

甚至那些与王位有关的理想，都应该保持冷静的头脑，并且如果有必要的话，还得'逆时代之潮流'"。①韦伯反对实证主义将发现问题与检验过度割裂开来，从而提出价值关联与价值无涉二分之主张。韦伯认为，在发现问题阶段应坚持价值关联原则，而在研究的实施阶段则应遵循价值无涉原则。换言之，研究者和老师应当无条件地坚持将经验事实的确定（包括他调查的经验个体的"价值定向"行为）同他自己的实际评价，即他对这些事实的评价是否满意（在这些事实中包含作为研究客体的经验个体所作出的评价）区别开来。②"价值关联"一词所指的是对特殊的科学旨趣的哲学解释，这种旨趣决定了对经验分析中某一特定主题和问题的选择。韦伯认为，在发现问题阶段，"个人的、文化的、道德的或政治的价值观是无法消除的……社会科学家对研究内容的选择……是在价值观的基础上作出的"。③"价值无涉"一词所指的是研究者与教师应无条件地把经验事实与自己的政治评价分离开来。

韦伯的目的合理性行为概念将人的理性从理念世界拉回到经验世界，人的自由意志因而也就不具有善或者恶的本质属性，人选择善或者恶乃因利益权衡的结果。形式理性主义始终坚持，一种本土地、有针对性地建构起来的现实就是社会行动。当行动着的个体试图以最少的代价来换取最大的收益时，我们就说行动者的行动是一种理性行动。当行为人试图通过理性计算来权衡是否选择犯罪时，行动者的犯罪行为也即一种理性行为。

情景三 问题解决——理性选择理论的主要分支

如上文所述，理性选择理论是以人的自由意志为其立论前提的，即每个人对自己的行为都可以进行自由的选择。人的行为选择尊奉功利原则，即寻求快乐、避免痛苦，寻求以最小的代价获取最大的收获。因此，人之所以选择犯罪是人经过利弊权衡之后所作的理性行为。那么，若要遏制犯罪，刑罚就是一种必然的选择。刑罚的作用在于给犯罪人带来痛苦，当刑罚的痛苦大于犯罪所带来的快乐时，那么，人就不会选择犯罪。就此而论，刑罚对人的犯罪行为的威胁作用就取决于刑罚的确定性（certainty）、严厉性（severity）

---

① [德] 马克斯·韦伯著：《社会科学方法论》，杨富斌译，华夏出版社1999年版，第144页。
② 同上书，第110页。
③ Weber, M., The Meaning of Ethical Neutrality in Sociality and Economics. In M. weber, The Methodology of the Social Science, Free press, 1949a, pp. 21–22, 11. 转引自 [美] 诺曼·K. 邓津，伊冯娜·S·林肯著：《定性研究：方法论基础》，风笑天译，重庆大学出版社2007年版，第147–148页。

及刑罚对犯罪的反应速度（swiftness）。前述案例中，犯罪人蔡文常之所以犯罪，是因为刑罚对其虚开增值税发票行为的反应速度过于迟缓所致。理性选择理论的主要分支包括古典犯罪学理论、理性选择理论及日常活动理论。

一、古典犯罪学理论

古典犯罪学的主要代表人物有意大利思想家切撒雷·贝卡利亚（Cesare Beccaria）、英国思想家杰米里·边沁（Jeremy Bentham）等。贝卡利亚将犯罪的原因归结为人类所固有的欲望，他指出，"通奸是由人们过分地追求某种需求所引起的，这种需求是先天的，它对于整个人类都是普遍的，它甚至是社会的基石。其他破坏社会的犯罪则不是产生于自然的需求，而是取决于一时的欲望。"[①] 切撒雷·贝卡利亚在著名的《论犯罪与刑罚》一书中阐述了其对犯罪与刑罚以下主要观点：

（1）罪刑法定。贝卡利亚基于对中世纪滥施刑罚现象的强烈不满，提出了犯罪与刑罚都应由立法机关明确规定的思想。

（2）罪刑均衡。贝卡利亚提出犯罪的严重性完全取决于该行为对社会的危害程度，而非犯罪者的主观意图或主观意愿。刑罚的轻重应当与犯罪的社会危害程度相对应。

（3）刑罚的目的在于遏制犯罪。贝卡利亚认为，刑罚的目的在于减少犯罪及降低犯罪对社会的危害性。

（4）刑罚的适度性。贝卡利亚认为，刑罚不应过于严厉，适度的刑罚可以促使犯罪者避免对社会造成更大危害的犯罪行为。他指出，"严厉的刑罚可以刺激一个人去犯本可以不去实施的更严重的犯罪，因为个人为避免某个犯罪行为所招致的严厉的犯罪，就会实施更多的犯罪。"[②]

（5）刑罚的确定性与及时性。刑罚的确定性与及时性可以增大刑罚的威胁作用，以促使人们不去实施犯罪。贝卡利亚指出，"即使是最轻的刑罚，只要它们是确定的，也总是可以给人们的心灵造成震撼。"[③] 同时，他特别强调，

---

① ［意］贝卡利亚著：《论犯罪与刑罚》，黄风译，中国大百科全书出版社1993年版，第92页。贝卡利亚在《论犯罪与刑罚》一书中区分了叛逆罪、侵犯公民安全、自由、名誉与财产犯罪、扰乱公共秩序和公民安宁的犯罪、自杀、通奸、同性恋、溺婴等几种主要类型。除将犯罪的根本原因归结为人所固有的欲望外，他还强调了犯罪的两个主要原因：经济条件与坏的法律。参见吴宗宪著：《西方犯罪学史》，警官教育出版社1997年版，第55页。

② Cesare Beccaria, On Crime and Punishments, Thanslated With An Introduction by Henry Paolucci. New York: Macmillan Publishing Co. (1963), pp. 43-44.

③ Cesare Beccaria, On Crime and Punishments, Thanslated With An Introduction by Henry Paolucci. New York: Macmillan Publishing Co. (1963), pp. 58-59.

"犯罪与因犯罪而招致的刑罚两者之间的时间越短,则人们心中对刑罚的印象就会越强烈,越持久。"①

古典犯罪学派的另一重要代表人物边沁认为,人之所选择犯罪是由于人避苦求乐的本能所致,亦即当犯罪所带来的快乐大于因刑罚所带来的痛苦之时,行为人通常会选择犯罪。边沁将快乐与痛苦归结为人类一切行为的原因,他指出,"自然把人类置于两位主公——快乐和痛苦——的主宰之下。只有它们才指示我们应当干什么,决定我们将要干什么。是非标准,因果联系,俱由其定夺。"②既然一切行为皆由快乐与痛苦主宰,那么,当从事任何有害行动的诱惑力大于当时的环境引起的麻烦和危险时,行为人就可能选择犯罪。他指出,"当从罪行中得到的快乐或好处在犯罪者看来肯定显得小于这样的麻烦和危险时,可以说诱惑力弱。显然,诱惑力不完全依赖于驱使性(亦即诱使性)动机的作用力,因为倘若机会较为有利,即麻烦或任何一种危险小于先前,那么可想而知诱惑力相应增强。"③换言之,在边沁看来,一个人是否犯罪完全取决于诱惑力的强弱,而诱惑力的强弱又完全受功利原理的支配。

古典犯罪学派坚持刑罚对于减少与预防犯罪的不可替代性。在他们看来,当刑罚所带来的痛苦大于犯罪所带来的快乐时,一个理性的人就不会选择犯罪。古典犯罪学思想在当时迎合了资本主义发展的需要,其对于犯罪与刑罚的诸多观点也极大地影响了欧美司法制度的实践与改革。至19世纪末古典犯罪学思想逐渐走向衰落,其衰落的主要原因有:一是实证主义对古典犯罪学思想的挑战。随着生物科学、犯罪统计学等相应学科的诞生,人们发现犯罪的发生并非如同古典犯罪学家所说的那样是由于人的理性选择结果。二是古典犯罪学所倡导的刑罚威胁论受到来自于重新犯罪率持续攀升这一事实的严重挑战。按照古典犯罪学的刑罚威胁论,犯罪人由于犯罪而遭遇到的刑罚痛苦会进一步阻却其再次实施犯罪,然而事实却并非如此。三是犯罪率持续上升。欧洲刑事司法制度受古典犯罪学思想而进行的改革并未带来犯罪率下降的预期效果。

二、理性选择理论

此处所提及的理性理论特指20世纪80年代形成的狭义理性选择理论,以区别本学习单元所指的广义上的理论性选择理论。理性选择理论的主要代表人

---

① Cesare Beccaria, On Crime and Punishments, Thanslated With An Introduction by Henry Paolucci. New York: Macmillan Publishing Co. (1963), p. 56.
② [英]边沁著:《道德与立法原理导论》,时殷弘译,商务印书馆2002年版,第57页。
③ 同上书,第195页。

物有罗纳德·克拉克（Nonald V. Clarke）及德里克·科尼什（Derek B. Cornish）。理性选择理论与古典犯罪学理论都是以人的自由意志为前提的，但前者研究的重点主要集中在作为理性决策者的罪犯是如何权衡他们的利弊得失，又是如何实现他们的个人利益的。

理性选择理论假定人是理性的，认为在作出决定时，都会考量以最小代价来获取最大的利益。在区分了犯罪性格与犯罪事件两个不同概念的基础上，克拉克将犯罪情景与理性选择结合起来，从而提出有限理性论。犯罪性格指的是一个人所具有的性格特质，也即从人性危险性方面来测量犯罪的可能性。犯罪事件也即犯罪，是特殊情景、环境下犯罪人的理性选择。有限理性论强调，决定是否犯罪，不总是理性的或深思熟虑的，而总会受到有限的时间、认知能力和信息掌握程度限制。① 英国犯罪学家德里克·科尼什认为，犯罪人的所有决定都是根据期待要花费的精力和可从犯罪中得到回报，与被抓、被判刑的轻重所比较、平衡后而作出的。② 因此，理性选择论又可视为古典犯罪学的新发展。

尽管理性选择理论与古典犯罪学理论均建立在功利主义原则基础之上，但两者在以下几个方面仍存有不同：一是理性选择理论认为人的理性是有限的，而不是无限的；二是理性选择理论所框定的理性计算范围广于古典犯罪学理论，前者尚包括非正式的惩罚以及道义上的责任等；三是理性选择理论探讨了影响犯罪者或可能犯罪者的多种因素，包括情景的和环境的因素、个人自我控制能力、道德观念以及作案经验和技术等。③

罗纳德·克拉克根据理性计算法则提出了著名的"情景犯罪预防"概念。他试图通过持久有效地改变情景，例如，通过减少犯罪机会、提升犯罪风险、增加犯罪成本、减少犯罪刺激以及排除犯罪借口等五种方式来限制行为人自由选择的能力，从而达到预防与减少犯罪的目的。2003年克拉克在《机会、催化与犯罪选择：对沃特里批评情景犯罪预防论的回答》一文中提出了25项情景预防的具体措施。一是减少犯罪机会，主要包括目标物强化，例如，汽车方向盘锁、防盗阻断装置；通道入口控制；出口检查扫描；犯罪转向；控制犯罪工具等。二是提升犯罪风险方面，主要有扩大关护，例如，加强夜间

---

① 曹立群、周愫娴著：《犯罪学理论与实证》，群众出版社2007年版，第71-72页。
② Derek B. Cornish, Nonald V. Clarke, eds. The Reasoning Criminal: Rational Choice Perspectives on Offending,. New York: Spinger-Verlag. Costello, Barbara J. and Paul R. Vowell, (1986). 转引自曹立群、周愫娴著：《犯罪学理论与实证》，群众出版社2007年版，第71页。
③ 相同论述见江山河著：《犯罪学理论》，格致出版社、上海人民出版社2008年版，第26-27页。

巡逻、结伴出行、随身携带手机；邻里守望；加强自然监控，例如，改善街道照明、支持报警和举报；现场控制，例如，强化夜间两人值班、加强夜间巡逻、鼓励联防；强化监视，例如，电子警察、安全警卫、保安员。三是增加犯罪成本，例如，财产标识、瓦解黑市、超速限制装置等。四是减少犯罪刺激，例如，减少挫折与压力感、避免冲突、减少情绪冲动、化解同伴压力、阻止不良模仿。五是排除犯罪借口，例如，制定规则、张贴告示、唤醒良知、帮助守法、毒品与酒精控制等。①

对于情景预防理论的批评主要来自犯罪转移的疑问。持犯罪转引疑问的学者提出，促使犯罪行为发生的决定性因素是犯罪人的动机，而非犯罪情景；因此，情景预防只是使犯罪发生的时空范围，犯罪的目标与手段以及犯罪类型发生转换而已，而实质上无法起到预防与减少犯罪的目的。情景犯罪预防理论者则认为，尽管犯罪动机是导致犯罪发生的内驱性动因，但却不是唯一的能动性因素。美国犯罪学者沃尔夫冈则从人权保障的角度提出了对情景预防理论的担忧。在他看来，情景犯罪预防的着眼点仍然放在对外来者的防卫上，其基调是"要塞精神"，是否会因此导致一个"城堡社会"？是否将社会推入专制主义深渊的可能？对于沃尔夫冈的疑虑，克拉克则认为，生活在民主社会的人们如果感受到这类措施构成了对自由的威胁，也有机会反对这类监控手段在控制犯罪情景过程中的适用。② 犯罪兼容论认为，犯罪行为是行动的意外后果，因此，只要对于特定情景进行布控，就能阻止犯罪这一行动的意外后果，从而也就能很好地预防与减少犯罪。

三、日常活动理论

日常活动理论源于美国犯罪学者米切尔·辛德朗（Michael Hindelang）、米切尔·哥特弗雷德（Michael Gottfred）与詹姆斯·加洛法罗（James Garofalo）三人对犯罪被害人的研究，后经劳伦斯·科恩（Lawrence Cohen）与马库斯·菲尔逊（Marcus Felson）的阐发，其理论日趋成熟。

科恩与菲尔逊认为，犯罪行为是发生在特定时间与空间下的特定事件，这个特定事件的发生至少需要反映时空结构的三个要素。第一要素是有犯罪动机的犯罪人；第二要素是适当的被害目标；第三个要素是缺乏有能力的监护人。因此，解释犯罪原因的重点是分析社会活动的时空结构，研究这一特定的时空结构是怎样诱发个体的犯罪个性，从而使之转化为实际的犯罪

---

① 详细论述见周东平著：《犯罪学新论》，厦门大学出版社2006年版，第268—272页。
② 转引自周东平著：《犯罪学新论》，厦门大学出版社2006年版，第275—278页。

行为。①

  日常活动理论主要有以下三个基本观点：一是犯罪或犯罪受害与犯罪目标的易袭程度正相关。易袭程度越高，意味着犯罪成本就越小；犯罪成本越小，则犯罪或犯罪受害的可能性就越大。二是犯罪或犯罪受害与安保力度负相关。也就说，安保力度越高，犯罪或犯罪受害的可能性就越小；反之，亦然。三是犯罪或犯罪受害与高犯罪人群正相关。犯罪人群越高，犯罪或犯罪受害的可能性就越大。在后来的研究中菲尔逊更强调了非正式社会控制之于犯罪预防的作用。②

  理性选择理论的实证测量指标主要有：（1）刑罚的确定性测量，主要包括逮捕率、逮捕人数与警察记载的犯罪人数的比率、监禁率等；（2）非正式社会控制，主要包括家庭、邻里、朋友对违法犯罪行为的态度等；（3）犯罪成本测量指标，主要包括被害目标的易害程度、安保力度、家庭、邻里、朋友安保联动等。

---

① 相同论述见曹立群、周愫娴著：《犯罪学理论与实证》，群众出版社 2007 年版，第 72-73 页。
② 相同论述见江山河著：《犯罪学理论》，格致出版社、上海人民出版社 2008 年版，第 29-30 页。

学习单元四　个体生理——心理因素决定论

19世纪末以自由意志为立论前提的古典犯罪学受到了以犯罪生物学①研究为代表的实证主义②的强烈批评。早期犯罪生物学认为犯罪的发生并非行为人理性选择的结果，而是其自身无法控制的生物因素即生理缺陷所致。大约从20世纪20年代开始，现代犯罪生物学更是将生物因素的考察范围逐渐扩大到遗传基因和脑损伤等生理伤害。19世纪中后期犯罪心理学在犯罪学领域粉墨登场，其认为犯罪人之所以犯罪是由于行为人的心理异常所致。犯罪生物学与犯罪心理学均认为，行为人之所以犯罪是由于个体生理—心理因素引起的，因此，我们将犯罪生物学与犯罪心理学理论一并称为个体生理—心理因素决定论。

情景一　犯罪是由个体生理心理因素所致吗？

自从人类有了犯罪行为之后，人们就在不断地拷问："犯罪是如何产生的？"古典犯罪学派的回答是"基于个体的理性选择"。然而以龙勃罗梭（Cesare Lombroso）为代表的早期犯罪生物学③对这种回答很不满意。他说："要

---

① 在西方犯罪学著作中，犯罪生物学有广义和狭义之分。广义的犯罪生物学包括了犯罪人类学，狭义的犯罪生物学仅仅指20世纪初发展起来的应用生物学方法进行的一类犯罪学研究。（参见吴宗宪：《西方犯罪学史》，警官教育出版社1997年版，第381-382页。）为了行文方便，本书按照广义来理解犯罪生物学。

② 在西方犯罪学中，提到实证主义犯罪学时，往往有两种不同的意义：第一种强调实证主义犯罪学的理论观点与思想内容，具体指以意大利犯罪学家龙勃罗梭为代表的犯罪人类学学派，在这种意义上习惯使用"实证犯罪学学派"这一术语；第二种强调研究犯罪的实证主义方法，在这种意义上习惯使用"实证主义（犯罪学）"这一术语。（参见吴宗宪著：《西方犯罪学史》，警官教育出版社1997年版，第167页。）

③ 在中国大陆地区的犯罪学界，基本上将龙勃罗梭的理论称为"犯罪人类学"，具体可参见吴宗宪著：《西方犯罪学史》，警官教育出版社1997年版，第262页；许章润主编：《犯罪学》，法律出版社2007年版，第31-32页。吴宗宪先生强调指出："应当看到犯罪人类学与现代犯罪生物学之间有明显的差异。"参见《西方犯罪学史》第383页。中国大陆旅美犯罪学者江山河把龙勃罗梭的犯罪学理论纳入到犯罪生物学的范畴，具体可参见江山河著：《犯罪学理论》，格致出版社、上海人民出版社2008年版，第35页。中国台湾地区的犯罪学者许金春、曹立群、周愫娴也基本上将龙勃罗梭的犯罪学理论作为犯罪生物学的分支，具体可参见许金春著：《犯罪学》，三民书局1996年版，第176页；曹立群、周愫娴著：《犯罪学理论与实证》，群众出版社2007年版，第84页。存在这种分歧是因为在美国犯罪学界也有学者将龙氏划归犯罪生物学派。美国犯罪学家吉本斯（Don C. Gibbons）在《社会、犯罪与犯罪行为》一书中，将龙勃罗梭的研究放在"生物学解释"的标题下介绍。为了写作需要，本书将犯罪生物学分为早期与现代两个阶段。早期是指龙勃罗梭等人的研究；现代是指20世纪20年代至今的以生物学方法进行的犯罪问题研究。

想了解是否存在真正的犯罪自然必然性,最好把那些高尚的哲学理论放在一旁……应当直接对犯罪人进行体质和心理方面的研究。"① 在对数百名意大利犯罪人头骨进行观察、测量、解剖等大量实证研究的基础上,龙勃罗梭得出结论:"在可归罪性问题上,不仅应当注意大脑的建筑结构,而且还应当注意他们的组织构成。"②

一、案例引入

(一)谭顺诚(化名)故意杀人案

犯罪人谭顺诚为报复他人而与同伴纠集在一起,事先准备了斧头等工具,与被害人李德等发生聚众斗殴,符合持械聚众斗殴之构成要件。在聚众斗殴中,犯罪人谭顺诚先后都用斧头砍击被害人李德并致其死亡,其行为均已构成故意杀人罪。犯罪人龙银、邓发在得知犯罪人谭顺诚等人欲报复时,积极准备工具,参与持械聚众斗殴;犯罪人吴付、李富明知犯罪人龙银、邓发等人欲聚众斗殴,仍提供砍刀等工具,其行为均已构成聚众斗殴罪。依照《中华人民共和国刑法》第292条第1款第4项、第292条第2款、第232条、第25条第1款、第48条第1款、第57条第1款之规定,对犯罪人谭顺诚判决如下:犯罪人谭顺诚犯故意杀人罪,判处无期徒刑,剥夺政治权利终身。

(二)犯罪人谭顺诚自述③

谭顺诚,1981年10月21日出生,壮族,初中文化,农民,因涉嫌犯故意杀人罪,于2006年7月25日被浙江省上虞市公安局逮捕。2007年1月11日被浙江省绍兴市中级人民法院判处无期徒刑,剥夺政治权利终身。因对判决不服我特向浙江省高级人民法院上诉,被驳回。法院维持原判。2007年5月30日我被送往某监狱服刑。

我出生在广西一个穷山沟,兄妹四人。虽然家境贫寒,但是一家人生活倒也平静、和谐、快乐,父母很疼爱我们。8岁那年,我终于如愿地上小学了。开学第一天,我那高兴的样子无法形容。在小学,我的成绩经常名列班级第一,每学期都被评为"三好学生"。由于我的好学,父母对我更是疼爱,对我的期望也就高于姐姐和哥哥,希望我将来光宗耀祖。

常言道"天有不测风云,人有旦夕祸福"。1995年,刚读初一下半学期的我就染上了流行性传染病。我请假住院了,经过一个月的治疗和父母的精心照料,我的病好了。当重新回到学校,恢复学业的我突然发现自己的脑子没

---

① [意]切萨雷·龙勃罗梭著:《犯罪人论》,黄风译,中国法制出版社2005年版,第2页。
② 同上书,第16页。
③ 犯罪人谭顺诚生平自述为本书著者根据犯罪人自述报告修改而成。

有以前管用了，记忆力也严重下降，还不到原来的1/3。这个打击对好学的我来说无疑是致命的。随着记忆的下降，成绩也一落千丈，我对读书渐渐地心灰意冷。于是我就辍学了，开始走入社会这个大染缸。

2001年8月的一天，在一个朋友的带领下，我告别父母来到了广东省阳江市一家工艺刀具制品厂打工。初见都市的繁华，我眼花缭乱。一个月后，我得到了有生以来第一次辛勤劳动的收获，心中多了一份慰藉。我不能读书还是能劳动的嘛！为了能往家里多寄些钱我尽量的多干活，就这样我一干就是两年多。2004年厂里的产品销路一度不好，老板要求暂停加工。我也于年底回家和父母团圆。

2005年春节过后，在爸爸的要求下，我到叔叔在广西柳州的服装店学习推销服装。几个月后叔叔见我能够独当一面了，他自己就总是到外面赌博，最终输到资金不能周转而停业。为了生活，我决定离开柳州另谋出路。联系了几个老乡，他们声称在浙江打工，小加工厂多，工作好找，环境也不错。于是我就来到了老乡们务工的城市——浙江上虞。

2006年6月16日晚上，我和老乡们吃过晚饭，到上虞市沥东镇照明电器厂门口玩台球。我们的台球杆无意间碰到了旁边也在玩台球的贵州人，双方经过几句口角后就吵了起来。贵州人仗着人多对我老乡进行殴打，直至我老乡落荒而逃。回到住处后，我们把此事告诉了谭松，他听了之后非常气愤，提出要去报仇。第二天早上，我们两个老乡到嵩厦镇的市场购买了四把斧头，并让另外的人去看贵州人有没有出现。贵州人听说我们几个广西人在找他们，于是也准备了刀具，并将刀具藏在台球摊旁的树丛中。在探听虚实后，我们四人开了两辆摩托车到照明电器厂门口的台球摊，下车就提起斧头冲向贵州人。贵州人见状就从身后的树丛中抽出刀具与我们混战在一起，当时我们明显占优势，几下就把被害人李德砍倒在地上。我的同伙又上去补砍了几下，见李德倒在地上不动之后，骑上摩托车逃离现场。

被关押在上虞市看守所期间，通过警官的教育，我认识到自己所犯罪行的危害性，不仅给被害人的亲人带来伤害和打击，同时也给自己的家人带来了伤痛，还扰乱了社会秩序和治安，损害了和谐社会的利益。我希望在这里深挖犯罪思想根源，树立弃恶向善的正确态度，把自己改造成一个对社会有用、对国家有益、对家庭负责的人，一个知法、懂法、守法的好公民。

二、问题的提出

上述案例中，犯罪人谭顺诚1981年出生在广西一个偏僻的山村，虽然家庭贫困，但是童年生活倒也过得平静快乐。值得关注的是，他从8岁开始读书时起,就显现出聪明灵巧,学习成绩在班级一直名列前茅,而且经常获得"三好学生"荣誉称号。这样一个被村民们认为是"好苗子"、被家人引以为傲并寄予厚望的"好孩子"怎么就在25岁的时候走上了杀人的犯罪道路呢?在25年的生命历程中,是什么关键因素促使他的人生轨迹发生了重大转变,而这种转变与日后的犯罪又有很大关联呢?从犯罪人谭顺诚的自述中,我们不难发现,他刚读初一下半学期就染上流行性传染病致使脑部功能损伤从而记忆力严重下降以至于不及原来的1/3,这一"致命打击"使他过早地离开了他热爱的校园生活,生命就此发生转折。那么脑部功能损伤、记忆力严重下降与犯罪之间有关系吗?或者更进一步追问:个体的生理因素以及心理因素与犯罪之间有关系吗?如果说有关的话,那么个体生理结构与心理结构中哪些要素与犯罪相关?这些都是犯罪生物学与犯罪心理学分别要回答的问题。

情景二　问题分析——个体生理心理因素决定论研究视角

古典犯罪学派讨论犯罪原因时着眼于犯罪行为;个体生理心理因素决定论者则不同,他们将犯罪原因的研究视角聚焦于犯罪行为人。具体而言,个体生理心理因素决定论者很关心行为人的身体与心理对犯罪行为的产生所起的作用。其中,犯罪生物学关注行为人的身体,集中研究生物化学、神经学、基因和进化等方面与犯罪的关系;犯罪心理学则探讨个体的智力和人格等对犯罪的影响。

一、犯罪生物学的研究视角

一般来说,犯罪生物学建立在"结构决定功能"这个假设基础之上,即:有什么样的身体结构就应该有与之相应的功能和行为表现。个体之间之所以会有不同的行为表现,是因为他们身体结构的不同所致。[①] 据此而论,行为人犯罪的根本原因在于他具有异于常人的生理结构或特征,而这种生理结构决定了他的犯罪倾向。

其实,人类早在古希腊时代就开始了生理特征与犯罪之间关系的探讨。被西方尊为"医学之父"的古希腊著名医生希波克拉底(Hippocrates)就曾认为,人的身体的形状可以显示其人格特征。16世纪的意大利自然哲学家波尔塔(Giambattista della Porta)在对犯罪人身体形态进行大量观察之后指

---

① 许金春著:《犯罪学》,三民书局1996年版,第174页。

出:"盗窃犯具有小耳朵、浓眉毛、小鼻子、灵活的眼睛、敏锐的视力、张开而硕大的嘴唇、修长的手指等特征。"①

然而真正运用科学的方法对犯罪人身体进行观察、测量与解剖的开创者当属19世纪意大利的医生、精神病学家、犯罪学家龙勃罗梭。他从1863年管理意大利帕维亚医学院里的精神病人与犯罪人时起,就特别注意研究犯罪人的头盖骨和相貌。

运用这种科学实证的方法进行犯罪问题研究的另一位有影响的人物是英国精神病学家、犯罪学家查尔斯·格林(Charles B. Goring)。他曾长期担任英国帕克赫斯特监狱(Parkhurst Prison)的医生。在对3 000名罪犯进行测量与统计分析的基础上,格林发现罪犯与普通公民之间在身高和体重方面存在差异。具体来说,罪犯比普通公民身高低1～2英寸,体重轻3～7磅。②

此外,沿着这一路线进行犯罪问题实证研究的还有美国哈佛大学的犯罪学家欧内斯特·胡顿(Earnest A. Hooton)。他主持了著名的长达12年的哈佛研究,这项研究旨在证明龙勃罗梭理论的真实性。胡顿先后对17 077个人进行了身体测量,其中3 203人是分别来自马萨诸塞州、田纳西州、北卡罗来纳州和科罗拉多州的普通市民,其余的都是罪犯。经过比较,胡顿发现犯罪人与守法市民之间在身体方面存在重要差异。例如,犯罪人中黑眼睛和蓝眼睛不多,而蓝灰眼睛和混合色眼睛过多;眼褶过多,眉毛稀疏甚至非常稀疏者更多等。③

总之,早期犯罪生物学主要采用直接观察、身体测量以及身体解剖等方法,着重研究行为人身体的外部形状与犯罪之间的关系。

但是,大约从20世纪20年代开始,现代犯罪生物学家们就并不特别注意人体头盖骨或骨骼特征与犯罪的关联,而是将视野扩展到更为广泛的所谓的犯罪素质(predisposition)。④ 例如,他们开始考察诸如家族精神病史、家族犯罪史以及性染色体异常等不良遗传基因对犯罪所起的作用;有的犯罪生物学家甚至对激素与犯罪的关联感兴趣;"如今的犯罪生物学理论研究还关注到神经传导系统不平衡与犯罪之间的关系。"⑤

---

① 吴宗宪著:《西方犯罪学》,法律出版社2006年版,第90页。
② Charles B. Goring, *The English Convict: A Statistical Study* (1972), Montclair, Patterson Smith, New Jersey, p. 200.
③ 吴宗宪著:《西方犯罪学》,法律出版社2006年版,第150-151页。
④ Walter C. Reckless, *The Crime Problem*. New York: Appleton-Century-Crofts, Inc. (1973), p. 679.
⑤ 曹立群、周愫娴著:《犯罪学理论与实证》,群众出版社2007年版,第86页。

二、犯罪心理学的研究视角

大约从 1900 年初开始，人们对犯罪原因的研究重心逐渐从生理特征转向心理因素。① 心理是脑的机能，是人脑对客观现实的主观反映。心理是一个多维度多层次的综合系统，它由心理过程和个性心理两个子系统构成。其中心理过程又包括认识过程、情绪（情感）过程与意志过程三个子系统；而个性心理则又有个性倾向性与个性心理特征两个子系统。这些次级子系统又包含若干心理要素，例如感知、记忆、思维、想象、情绪、意志、需要、兴趣、动机、理想、价值观、气质、性格、能力等。②

与犯罪发生联系的个体心理要素复杂多样，但犯罪心理学的研究主要集中在智力、人格、性格、气质等方面。

智力（intelligence）是心理学工作者普遍关注的概念，但由于它的复杂性，至今还没有统一的定义。在西方国家，有的心理学家认为"智力是个体学习的能力"，有的则说"智力是个体抽象思维的能力"，也有的持"智力是个体适应环境的能力"这种观点。我国较多的心理学家认为，智力是个体认识方面的各种能力的综合，其中抽象逻辑思维能力是智力的核心。③

尽管智力的概念在心理学上尚未获得统一的认识，但是，早期犯罪心理学的研究就已经把智力和犯罪行为联系起来。最早可以追溯到英国的查尔斯·格林。他在 1913 年出版的《英国犯罪人：统计学研究》（The English Convict: A Statistical Study）中写道："如果在一个人的犯罪原因中心理因素起重要作用，那么这个人就有智力缺陷。"④

自从 1905 年法国心理学家艾尔弗雷德·比奈（Alfred Binet）和法国医生西奥多·西蒙（Théodore Simon）发表了第一个可靠的智力测试量表之后，心理学中的这种智力测试逐渐被应用到青少年犯罪和一般犯罪的研究中，智力也就成为解读犯罪的一个重要途径。

犯罪心理学研究的另一个主要方面是人格（personality）。中国台湾犯罪学家蔡墩铭先生曾经提道："犯罪与人格之关系早为人所注意，唯人格究对犯罪予以如何之影响，并未完全明了，此实系涉及犯罪原因之问题。"⑤ 那么究

---

① 曹立群、周愫娴著：《犯罪学理论与实证》，群众出版社 2007 年版，第 86 页。
② 叶奕乾、何存道、梁宁建主编：《普通心理学》，华东师范大学出版社 1997 年版，第 1—12 页。
③ 同上书，第 592—593 页。
④ Walter C. Reckless, The Crime Problem. New York: Appleton-Century-Crofts, Inc. (1973), p. 263.
⑤ 蔡墩铭著：《犯罪心理学》，黎明文化事业公司 1978 年版，第 20 页。

竟什么是人格？明确阐明这个概念并不是一件很容易的事情，因为心理学家从许多角度对人格进行了定义。如果把各种不同的定义总结起来，我们可以这样概括："人格是心理特征的整合统一体，是一个相对稳定的结构组织，在不同时空背景下影响人的外显和内隐行为模式的心理特征。"①

人格往往又与气质（temperament）、性格（character）等概念密切相关。现代心理学的一种看法是：气质是由生理尤其是神经结构和机能决定的心理活动的动力属性，表现为行为的能量和时间方面的特点；而性格是指人的一贯的和稳定的心理特性、思维和行为方式。二者都是人格的组成部分。气质反映人的神经、生理机能，体现了人格的生物属性；性格反映人的社会价值，体现了人格的社会属性。②

在心理学领域，向来有一种趋势，即将人格予以分类抑或订出若干人格类型（types of personality）。因学者们所持标准不同，所以各人所提出的人格分类并不一致。③ 在普通心理学中，影响较大的是5类人格分类法：外向型与内向型、求同型与对抗型、自控型与冲动型、情绪稳定型与情绪不稳定型、开放型与克制型。④ 这些具体的人格特征与犯罪之间的关系正是一些学者的考察对象。

此外，人格障碍（personality disorder）与犯罪之间的关系也是犯罪心理学研究的重要组成部分。"人格障碍是指从儿童期或青春期开始的一种以人格明显偏离正常为特征的、根深蒂固的和持久的适应不良行为模式。"⑤ 这种行为模式可以严重损害一个人在社交或职业场合的功能，造成显著的痛苦。人格障碍有很多类型，其中反社会型人格障碍者（antisocial personality disorder）⑥ 往往容易进行违法犯罪活动，因此也是心理学家们的研究重点所在。

情景三　问题解决——个体生理心理因素决定论主要分支

上文已经简要介绍了个体因素均定论的两个主要研究视角，其实也是两

---

① 孟昭兰主编：《普通心理学》，北京大学出版社1994年版，第475页。
② 同上书，第477—478页。
③ 蔡墩铭著：《犯罪心理学》，黎明文化事业公司1978年版，第15页。
④ 江山河著：《犯罪学理论》，格致出版社、上海人民出版社2008年版，第56页。
⑤ 吴宗宪著：《西方犯罪学史》，警官教育出版社1997年版，第535页。
⑥ 反社会型人格（antisocial personality）、精神病态人格（psychopathic personality）、社会病态人格（sociopathic personality）这三个术语在犯罪心理学中经常交替使用。参见［英］Ronald Blackburn著：《犯罪行为心理学——理论、研究和实践》，吴宗宪、刘邦惠等译，中国轻工业出版社2000年版，第69—70页。

个研究领域,即犯罪生物学研究领域与犯罪心理学研究领域。而在每个领域中,犯罪学家们又分别考察诸多不同要素与犯罪之间的关系。例如,犯罪生物学家们关注身体的外部特征、遗传基因、激素以及神经传导系统对犯罪的作用;而犯罪心理学家则聚焦于智力、人格等对犯罪的影响。

前述谭顺诚故意杀人案就可以运用犯罪生物学的脑损伤(brain damage)理论来进行解释。脑损伤与犯罪之间的关系很早就受到研究者的重视,意大利犯罪学家迪·图利奥(Benito di Tullio)和格利斯皮尼(Filippo Grispigni)在20世纪上半期就曾断言,许多罪犯都有间脑损伤。1982年,丹麦犯罪学家梅德尼克(Sarnoff A. Mednick)发表一项研究,认为脑损伤与暴力犯罪有明显的相关。晚近的若干研究都发现,在监狱犯人和有暴力行为的病人中,很多人患有脑功能失调,特别是他们的额部和颞叶部受到损伤。许多犯罪生物学家的研究都报告了类似的研究结果。① 谭顺诚在14岁时不幸染上了流行性传染病,尽管一个月后病愈,但他自己发现脑子明显没有以前管用,这说明,年轻的谭顺诚此次患病在一定程度上导致了脑功能失调。最好的例证就是他的记忆力严重下降,以至于不及原来的1/3。这也是使一贯成绩优异的他选择辍学的关键因素。

当发现个体生理心理因素决定论中犯罪生物学的脑损伤理论对谭顺诚故意杀人案具有解释力时,我们不禁要问:个体生理心理因素决定论具体内容到底是什么呢?下面我们来进行简要地梳理。

一、犯罪生物学

前文已经提到,从广义来理解犯罪生物学可以把它分为两个阶段,即早期犯罪生物学与现代犯罪生物学。那么二者之间有什么联系与区别呢?图4-1做了清晰地说明:两者都强调生物因素对犯罪的影响,早期生物学观主张生物因素直接决定犯罪,而现代生物学者则强调生物因素与环境因素的相互作用并且生物因素通过环境因素影响犯罪。

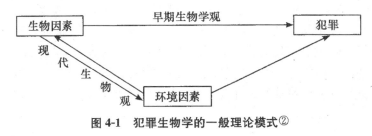

图 4-1 犯罪生物学的一般理论模式②

---

① 吴宗宪著:《西方犯罪学史》,警官教育出版社1997年版,第444页。
② 江山河著:《犯罪学理论》,格致出版社、上海人民出版社2008年版,第36页。

犯罪原因分析

(一) 早期犯罪生物学

早期犯罪生物学的杰出代表应当首推龙勃罗梭，英国犯罪学家伊恩·泰勒（Ian Taylor）等人将其视为"生物实证主义学派的创建之父"（the founding father of the biological positivist school）。①

龙勃罗梭1835年出生于意大利维罗纳的一个犹太人家庭，早年学医。1859年，意大利与奥地利之间发生战争，24岁的龙勃罗梭获得了热亚那大学外科学博士学位，并入伍担任军医。此时，他就对意大利军人的文身与犯罪问题产生极大的研究兴趣。随后，他相继对精神病人与犯罪人进行了颅相观察、身体测量、尸体解剖，发现他们具有一系列不同于正常人的解剖学特征。特别是1870年11月，当龙勃罗梭打开意大利著名匪首维莱拉（Villella）尸体的颅骨时，有两个重要发现：第一，头颅枕骨部位有一个明显的凹陷，龙勃罗梭称之为"中央枕骨窝"（median occipital fossa）；第二，"中央枕骨窝"附近的小脑蚓部肥大（hypertrophy of the vermis）。这两个特征都是低等灵长类动物（如类人猿）的特征，在低劣的人种当中都很少见。这说明维莱拉具有原始野蛮人的生理特征。由此，龙勃罗梭提出了他最重要、最有影响的犯罪学理论——生来犯罪人（born criminal）。他在其代表作《犯罪人论》中写道："在罪犯中，次小头畸形现象比在精神病人中出现得多……发现中额骨缝的频率超过了精神病人……比较多的人表现出寰椎骨接、下颌骨发展、宽颌、凸颌，等等。对所有这些情况，我们不应当感到惊奇，因为大部分精神病人不是天生如此的，而是后天形成的，而罪犯的情况则相反。"②

龙勃罗梭的生来犯罪人学说一经提出，便在理论界引起强烈反响，或支持或反对。此后，一些学者沿着同一方向来对这一学说进行检验，试图推翻或证实它。其中最重要的是英国的格林和美国的胡顿。

为了检验龙勃罗梭的理论，作为监狱医生的格林从1902年开始，先后测量了3 000名英国男性罪犯，并将他们与大学生、教授、军人以及医院里的病人进行比较，测定每个人的37类生理特征。格林发现监狱罪犯与正常人在37类生理特征上并没有明显差异。37类生理特征中，只有6类与犯罪类型相关，相关系数在0.15以上。由此他坚决反对犯罪人身体类型（physical criminal type）的观点，对龙勃罗梭的生来犯罪人学说提出了挑战。不过，如前文所

---

① Ian Taylor, Paul Walton & Jack Young, *The New Criminology: For a Social Theory of Deviance* (1973), London: Routledge & Kegan Paul. p. 41. 转引自吴宗宪著：《西方犯罪学》，法律出版社2006年版，第99页。

② [意] 切萨雷·龙勃罗梭著：《犯罪人论》，黄风译，中国法制出版社2005年版，第12页。

述，格林还是发现了罪犯与普通公民之间在身高和体重方面存在差异。他把这些差异解释为遗传性低劣（hereditary inferiority），并将遗传低劣视为犯罪行为的基础。

随后，胡顿对罪犯与普通公民进行了比较研究。根据研究结果，他认为，罪犯在体型特征上具有明显的缺陷，这种缺陷是犯罪的主要原因。从而证实了龙勃罗梭学说的真实性。

从龙勃罗梭到胡顿，尽管他们之间存在一些差异，但他们都认为生物因素对解释犯罪具有决定性或重要的作用。他们都认同罪犯具有先天的生理缺陷，这些缺陷包括体型、遗传的犯罪特质等。

早期犯罪生物学对社会环境因素的忽视遭到了社会学研究者的猛烈抨击。因其方法论上的严重缺陷以及大量实证研究对早期犯罪生物学结论的否定，该学派在20世纪50年代前后彻底衰退。①

（二）现代犯罪生物学

现代犯罪生物学主要盛行于20世纪初期，大致有两个分支：遗传生物学和体质生物学。遗传生物学侧重家族、养子女、孪生子女以及性染色体等方面与犯罪之间关系的研究；体质生物学则关注内分泌异常与中枢神经系统异常对犯罪行为的影响。

1. 遗传生物学

（1）家族研究。家族研究基于这样一个假设：如果犯罪倾向具有遗传性，那么有犯罪记录的父母的子女就比一般家庭的子女更有可能犯罪。有些学者希望能够通过罪犯家族史的研究来证明这个假设。这方面有影响的早期研究主要是，美国社会学家理查德·达格代尔（Richard L. Dugdale）对纽约朱克（Juke）家族的考察。1874年，达格代尔通过对朱克家族长达二百多年历史的研究，发现这个家族比一般家族有更多的犯罪人。"艾达·朱克（Ada Juke）的540名后代中，180人（1/4多）是在济贫院或其他福利机构领取救济的穷人；140人是犯罪人；60人是惯盗；7人是杀人犯；50人是卖淫者；40人是性病患者，并且已经将性病传染给440人；30人被指控是私生子。"② 这些数据使达格代尔相信，犯罪与遗传密不可分。达格代尔将他对朱克家族的研究结论发表以后，立即引起巨大反响。特别是进入20世纪后，犯罪学领域涌现了更多类似的家族研究。现代的犯罪学家们认为，家族研究存在着方法论的严重缺陷。首先，这些家族研究所提供的材料并不能令人相信；其次，这些

---

① 江山河著：《犯罪学理论》，格致出版社、上海人民出版社2008年版，第38页。
② 吴宗宪著：《西方犯罪学史》，警官教育出版社1997年版，第385页。

家族都是经过选择的极端例证,完全没有代表性;最后,家族研究忽视了社会环境的作用,忽略了社会学习以及社会互动的作用。它们没有严密的科学方法证明犯罪是遗传而不是社会因素影响的结果。

(2) 养子女研究。为了克服家族研究无法将先天遗传因素与后天环境因素的影响区分开来这一困难,一些学者进行了养子女研究。这种研究的逻辑推理是,由于养子女出生后与养父母生活在一起,因此,如果养子女的犯罪情况与其生父母相似或者有很高的一致率,那就说明先天遗传对犯罪的影响大于后天环境对犯罪的影响;如果养子女的犯罪情况与其养父母相似或者有很高的一致率,那就说明后天环境对犯罪的影响大于先天遗传对犯罪的影响。比较有影响的养子女犯罪情况研究是,1977年巴里·哈钦斯(Barry Hutchings)和萨诺夫·梅德尼克(Sarnoff A. Mednick)对丹麦首都哥本哈根所有被收养男童的记录进行的调查分析。他们根据这些被收养男童本身的犯罪记录将其分类,发现,"在那些没有犯罪记录的养子中,只有31.1%的人的生父有犯罪记录;在那些有轻微犯罪记录的养子中,有37.7%的人的生父有犯罪记录;在那些有刑事犯罪记录的养子中,有48.8%的人的生父有犯罪记录。"[①] 这些数字为犯罪遗传论提供了一些支持性依据。

(3) 孪生子研究。孪生子研究是比较遗传因素与环境因素对犯罪之影响力大小的另一种尝试。生物学和遗传学的研究表明,孪生子有同卵孪生和异卵孪生之分。同卵孪生子由一个受孕的卵子分裂而成,两个孪生子被认为具有相同的遗传基因;异卵孪生子由两个卵子与两个精子分别同时受孕而成,两个孪生子存在较大的遗传差异,他们之间的关系与一般的兄弟姐妹之间的关系相同。由此,孪生子研究的基本假设就是,同卵孪生子在行为方面的相似性是遗传的结果,考察卵孪生子的犯罪行为,可以判断遗传对犯罪行为的影响。自20世纪30年代以来,已经有很多关于孪生子与犯罪行为之间关系的研究。这些研究几乎一致地发现,同卵孪生子比异卵孪生子在犯罪行为方面有更大的一致性。美国学者晚近开展的"明尼苏达孪生子研究",结论是"同卵孪生子之间的相似性归因于基因而不是环境"[②]。

(4) 染色体异常研究。20世纪50年代开始,人们又发现了一个研究遗传与犯罪之关系的新方法,即研究性染色体异常者的行为。染色体(chromo-

---

① 吴宗宪著:《西方犯罪学史》,警官教育出版社1997年版,第411页。
② 江山河著:《犯罪学理论》,格致出版社、上海人民出版社2008年版,第41页。

some）是指细胞有丝分裂时出现的、易被碱性燃料感染着色的丝状或棒状小体。它由核酸和蛋白质组成，是遗传的主要物质基础。染色体有两种类型：性染色体与常染色体。性染色体决定遗传的性别；常染色体控制除性别遗传之外的所有遗传特征。在正常情况下，人体细胞有46条（23对）染色体，其中44条（前22对）是常染色体，2条（第23对）是性染色体。正常男性的两条性染色体是一个X染色体和一个Y染色体，其结构为"XY"；正常女性的两条性染色体是两个X染色体，即"XX"。

染色体异常研究的逻辑是：染色体不仅具有控制生物体外形特征的功能，而且对个体的人格特征也有所影响。因此，当染色体的数目或结构出现异常时，就会引起人的机体出现某些反常现象。人们特别感兴趣的是偏离男性染色体（46，XY）和女性染色体（46，XX）正常结构的性染色体模式。大多数研究都集中于XXY（47）型与XYY（47）型的男性。在性染色体研究中，最先受到关注的是XXY型男性。研究表明，XXY型性染色体异常者在收容酗酒者、同性恋者以及低能者的机构中占有较高的比例。而性染色体研究中最受重视的是XYY型男性。研究发现，每1 500～2 000名男子中就会出现一人具有XYY型染色体。具有这种染色体结构的男性比一般男性更经常地表现出攻击性，即XYY男性与暴力犯罪存在着较为密切的关联。不过，也有许多学者怀疑XYY型染色体与犯罪的直接联系。这种怀疑体现在两个方面：首先，如果XYY型染色体导致犯罪的话，为什么绝大多数具有XYY型的男性并没有成为犯罪人？其次，即使XYY型男性在监狱中的比例高于一般男性，这也不能排除社会（如警察、检察官以及法官等）对他们的偏见。因为XYY型男子身材高大，满脸粉刺，这些特征会给司法人员造成一种威胁感。

2. 体质生物学

（1）内分泌异常研究。人体内的内分泌腺（endocrine gland），是散布在人体各处的一些腺体，其分泌物成为激素（hormone，旧称"荷尔蒙"），激素通过血液或淋巴液输送到全身各处。不同的激素对相应的器官或组织的活动具有促进和调节作用。对激素的研究可以追溯到19世纪50年代，但是真正运用内分泌异常来解释犯罪行为的产生才开始于20世纪20—30年代。早期的研究认为内分泌腺障碍、激素失调会引起个体情绪障碍从而导致犯罪行为。在这项研究中，比较有名气的是美国学者路易斯·伯曼（Louis Berman）。他在1921年出版的《内分泌控制人格》一书中，根据内分泌腺的分泌状况划分出6种内分泌人格类型：肾上腺型、甲状腺型、垂体型、性腺型、副甲状腺型、胸腺型。这6种人格类型中，有的与犯罪的关系极为密切。

20世纪中期以后，内分泌异常与犯罪之关系的研究主要集中在月经与犯罪、性激素与犯罪两个方面。在月经与犯罪的关系当中，研究表明，女性在月经前以及月经期间实施越轨或犯罪行为，与激素分泌的变化密切相关。在月经前以及月经期间，女性激素分泌失调，使其情绪波动大，容易激动，这些因素与其他因素相结合，就可能引起越轨和犯罪行为。在性激素与犯罪关系的研究中，一些学者主要关注雄激素中睾丸酮与犯罪的关系，并获得基本一致的结论：睾丸酮的分泌状况与个体的敌意、攻击行为和暴力犯罪密切相关。

(2) 中枢神经系统异常研究。人的神经系统可以分为中枢神经系统与周围神经系统两个部分。中枢神经系统由脑和脊髓组成，其机能对人的心理与行为尤为重要。20世纪中期以来，一些学者探讨了中枢神经系统异常与犯罪之间的关系，主题集中在脑波异常与犯罪、癫痫与犯罪以及脑损伤与犯罪三个领域。

脑波（electroencephalogram，简称EEG），就是脑的电波，反映大脑皮层神经细胞的活动。正常振动次数约为每秒0.5～30赫兹（Hertz），脑波振动不正常就表明身体某部位功能异常。自20世纪40年代以来进行的大量研究表明，人的异常行为包括犯罪行为与脑电波的异常有关。

癫痫（epilepsy）是一种发作性的短暂的大脑功能失调。由于癫痫发作会伴有精神障碍，从而引发无法控制的暴力行为，所以人们往往把癫痫视为犯罪的重要原因。早在19世纪末，龙勃罗梭等人就已经研究了癫痫与犯罪的关系，并认为癫痫是犯罪的十分重要的原因。进入20世纪以来，从西方国家所做的大量研究来看，"癫痫与犯罪的关系还没有最终阐明，未来这方面的研究需要对癫痫的诊断、癫痫的种类、癫痫病人所处的社会及心理环境等方面进行考察"[①]。

脑损伤与犯罪的关系，前文已说明，此处不再赘述。

以上所述犯罪生物学不同方面的研究，在一定程度上说明犯罪或多或少与生物因素有关。但生物因素不是决定因素，它们对犯罪的影响是在与社会环境相互作用下产生的。由于犯罪生物学的实证研究受到抽样、测量以及样本局限性等方面的影响，其研究的效度和信度还有待进一步加强。

二、犯罪心理学

犯罪的心理学研究与犯罪的生物学研究密切相关，这从图4-2犯罪心理学

---

① 吴宗宪著：《西方犯罪学史》，警官教育出版社1997年版，第443页。

的一般模式中能够得到很好地说明。

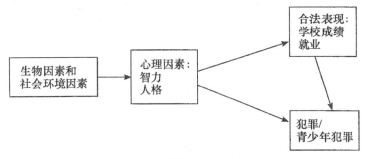

图 4-2 犯罪心理学理论的一般模式[1]

图 4-2 显示：个体的生物因素与社会环境因素共同影响着个体的心理因素。例如，生物遗传可能影响一个人的智力水平，而智力水平同时又会受到学校和家庭等社会环境因素的制约。心理因素可能直接影响犯罪，也可能通过社会（如学习的实际表现）来间接影响犯罪。

前文已经阐明，犯罪的心理学研究主要集中在智力、人格与犯罪的关系上。我们就从这两个方面来介绍犯罪心理学的内容。

（一）智力与犯罪

早期犯罪心理学研究就已经开始将智力与犯罪行为联系起来，诸如上文提到的格林。当 1905 年比奈——西蒙智力量表问世以后，智商测量的发展更是推动了智力与犯罪之间关系的考察。其中，美国心理学家亨利·戈达德（Henry Goddard）的影响较大。1906 年他在新泽西州的瓦恩兰（Vineland）创办低能儿训练学校，并运用他自己翻译成英文的比奈——西蒙智力量表对该校的低能儿进行测量，得出结论：心理年龄 12（智商为 75）是低能的最高限度，心理年龄 13 则是正常智力的最低限度。然后，戈达德又用这个标准对监狱、看守所里的服刑人员进行智力测验，结果表明，"28%～89%的服刑人员为低能儿智商"[2]。

不过，戈达德的低能儿标准受到了一战中对美国陆军士兵智力测量结果的挑战。因为，根据戈达德的标准，美国陆军士兵中大约 38%的白人士兵、89%的黑人士兵为低能。这一结果显然不能被绝大多数人所接受。所以，低能标准被调整到心理年龄 8（智商 50）。受戈达德的影响，很多心理学家对智力与犯罪的关系展开了大量研究。研究结果并不能显示智力与犯罪的确切关

---

[1] 江山河著：《犯罪学理论》，格致出版社、上海人民出版社 2008 年版，第 50 页。
[2] 同上书，第 52 页。

系，导致智力与犯罪关系的研究走向衰落。①

1969年，美国心理学家阿瑟·詹森（Arthur Jensen）在《哈佛教育评论》上撰文指出："大约80%的人在智商方面的差异都是由遗传而非环境所决定。"② 由此，智商与犯罪的关系再次引起大规模争论。

1976年，罗伯特·戈登（Robert Gordon）考察了青少年犯罪盛行的问题，就用智力差异来解释不同种族间青少年犯罪率存在的差异。"尽管日本人、中国人和犹太人在美国处于较低的社会经济地位，同时也是少数民族，但由于他们的平均智商高于白人，因此，他们一直保持着相当低的犯罪率。相反地，由于墨西哥人和黑人的平均智商均较低于白人，因此，他们的犯罪率也较白人高。"③

1977年，特拉维斯·赫希（Travis Hirschi）与统计学家迈克尔·欣德朗（Michael Hindelang）联合发表文章，支持智力与少年犯罪有关的主张。不过他们认为，智力对犯罪的影响是间接的而非直接的。具体来说就是，智力低下的孩子可能导致他们在学校表现差，例如，厌恶学习甚至逃学，并在社会上寻求支持伙伴，从而大大增加他们犯罪的可能性。另外，赫希与欣德朗反对将智力与种族、社会阶层联系起来。他们认为，在预测或解释青少年犯罪时，智力与种族、社会阶层一样，都是重要的测量变量。

由于智力的概念本身就难以界定，智力测量方法上存在差异，智力与遗传以及环境之间的关系复杂，所以智力与犯罪的关系目前还有许多问题尚待澄清，这方面的争论仍将可能持续下去。

(二) 人格与犯罪

人格理论是对个体人格结构和功能的假设性说明。它们可以帮助我们达成心理学的两个主要目标：(1) 理解人格的结构、起源以及与此相关的特点。(2) 根据对人格的理解预测行为和生活事件。不同的理论对人在一定条件下如何作出反应或是适应有不同的预测。④ 正是人格理论可以实现心理学的这两

---

① 美国犯罪学家特拉维斯·赫希与统计学家迈克尔·欣德朗从另一个角度指出了20世纪中期智力与犯罪关系的研究走向衰落的原因。他们认为，在第一次世界大战和第二次世界大战期间，很多社会学家开始从事犯罪学研究，并逐渐在犯罪学领域取得支配地位。社会学家们更热衷于研究社会条件对犯罪/青少年犯罪所起的作用，有意降低智力对预测少年犯罪的意义，以便将犯罪学家们的研究重心转移到他们认为更直接影响犯罪行为的那些社会条件上来。参见吴宗宪著：《西方犯罪学史》，警官教育出版社1997年版，第393页。

② Arthur Jensen, *How Much Can We Boost IQ and Scholastic Achievement*? (1969), in 39 Harvard Education Review, pp. 1—123.

③ 许金春著：《犯罪学》，三民书局1996年版，第194页。

④ [美]理查德·格里格、菲利普·津巴多著：《心理学与生活》，王垒、王甦等译，人民邮电出版社2003年版，第386页。

个目标才使其具有犯罪学上的重要性——在预测行为的基础上控制行为。

谈到人格理论就不得不提及奥地利精神分析学家弗洛伊德（Sigmund Freud）的精神分析理论。因为"当代所有心理学人格理论的形成，不外乎两个途径：一个途径是反对弗洛伊德的学说另立门户，另一个途径就是尽力把弗洛伊德的思想发扬光大。"① 在无意识（潜意识）② 等概念的基础上，弗洛伊德创立了他的人格结构理论。该理论认为，人格由本我（id）、超我（superego）、自我（ego）三个部分组成。在弗洛伊德看来，人格的差异是由于人们处理自身基本驱力的方式不同而引发的。为了揭示这种差异，他描绘了一场人格的两个不同部分——本我和超我——之间无休止的战斗，这种战斗由"自我"来调和。

"本我"是原始的本能，包括性、攻击等，是基本的驱力源，完全处于无意识之中。"本我"遵从快乐原则，寻求不受约束的性、躯体和情绪快感。婴儿的整个心理都是由"本我"组成的。

"超我"是个人价值观的源泉，是从社会习得的道德态度，包括良心（conscience）和自我理想（ego ideal）。当儿童开始将父母或其他成年人对于某些社会禁忌作为他自己的价值观的一部分时，"超我"便逐步发展起来。"超我"按照道德原则行事，是人的社会性的代表。

这样，"超我"与"本我"就经常出现矛盾。"本我"想要做感觉上快乐的事情，而"超我"则坚持做那些正确的事情。于是出现了调和者——"自我"。

"自我"是人格中现实性的一面，它来调和"本我"冲动与"超我"需求之间的冲突。"自我"在判断哪些行为既能满足"本我"又不违反"超我"中起到协调作用。它按照现实性原则行事，当"本我"与"超我"发生矛盾时，"自我"会进行折中以尽量满足两者的需要。然而，当"本我"与"超我"之间压力非常紧张时，"自我"很难制定出最优的折中。

---

① S. Giora Shoham & Mark C. Seis, *A Primer in the Psychology of Crime* (1993), New York: Harrow and Heston Publishers. 转引自曹立群、周愫娴著：《犯罪学理论与实证》，群众出版社2007年版，第87页。

② 无意识（unconscious）是弗洛伊德理论中最重要的概念之一。他认为，人的心理是由意识（conscious）和无意识构成的。意识是人能够直接感知到的心理部分；无意识是人无法直接感知到的心理部分，它包括个人的原始冲动和本能欲望以及出生后产生的与本能有关的欲望。意识和无意识就像水中的一座冰山，在水面上的是意识，在水面下的是无意识。尽管个人平时无法感知无意识的内容，但它并没有消失，而是潜伏在人的内心深处，并且时刻寻找机会，不自觉地追求满足。因此，一些中国学者将unconscious又翻译为"潜意识"。参见孟昭兰主编：《普通心理学》，北京大学出版社1994年版，第498页；吴宗宪著：《西方犯罪学史》，警官教育出版社1997年版，第487页。

犯罪原因分析

弗洛伊德就是用这种人格理论来分析犯罪问题。他认为，个体心理发展中，某些无意识的驱力（本我）如男孩的恋母情结①，不能为社会所接受，使个体在"超我"的作用下产生强烈的罪恶感。当个体具有这种罪恶感时，就希望通过犯罪来接受惩罚，以消除罪恶感，达到心理解脱。弗洛伊德这种对犯罪原因的分析方法被后来的学者们广泛地进行了发展。同时，弗洛伊德的理论也引发了人们对人格理论的研究，尤其是对人格障碍的研究。

人格障碍的提出和发展，始终都与犯罪有着密切的联系，是精神病学家和心理学家们解释犯罪行为、对犯罪人进行司法鉴定和矫治的产物之一。美国《精神病诊断和统计手册》第四版（Diagnostic and Statistical Manual of Mental Disorders-IV-TR）将人格障碍分为10种类型，"应引起犯罪学关注的是反社会型人格障碍"②。这类人格障碍者除了具有一般人格障碍者的共同特征外，还具有其他一系列具体特征。加拿大精神病学家罗伯特·黑尔（Robert D. Hare）对反社会型人格障碍进行了广泛的研究，结果显示，反社会人格障碍具有以下特征：(1) 大脑皮层神经系统可能成熟得不完全；(2) 病态的自我中心和夸张的自我价值；(3) 圆滑善辩，外表迷人；(4) 缺乏责任感，对自己的行为不负责，对子女不负责；(5) 对自己的伤害行为无后悔之心，无耻辱之感；(6) 情绪易于波动，缺乏稳定性；(7) 缺乏对人的忠诚态度；(8) 性生活轻浮，乱伦；(9) 有病理性说谎或欺骗行为；(10) 冷酷而缺乏同情心；反社会规范的行为从小就开始了，例如，扰乱课堂秩序、参与打架斗殴、离家出走等。③

对于反社会人格障碍与犯罪之间的关系，应当予以客观地分析。一方面，在大体相同的外部环境条件下，反社会人格障碍者实施犯罪行为的倾向性比人格正常者无疑要大，并且也更难以矫正；另一方面，也应看到，多数的犯罪行为并非人格障碍者所为。因为人格障碍者在社会中毕竟只占少数，并且有反社会人格障碍的人，也不一定都使用暴力或其他手段去实施犯罪。④

另外，需要说明的是，自从1939年明尼苏达大学哈瑟韦（Starke R. Hathaway）教授设计出明尼苏达多相人格量表（Minnesota Multiphase Personality In-

---

① 恋母情结，又称为"俄狄浦斯情结"（Oedipus Complex）。简单地说，就是男性爱上母亲，并对母亲的伴侣——父亲产生憎恨之情。弗洛伊德相信，每一个年轻的男孩都有一种将父亲视为自己追求母亲的性竞争对手的内在冲动。于是，他借用希腊神话人物俄狄浦斯（在不知情的情况下弑父娶母）来表达这种情形。参见[美]理查德·格里格、菲利普·津巴多著：《心理学与生活》，王垒、王甦等译，人民邮电出版社2003年版，第394—395页。
② 张远煌著：《犯罪学原理》，法律出版社2008年版，第356页。
③ 吴宗宪著：《西方犯罪学史》，警官教育出版社1997年版，第545—546页。
④ 张远煌著：《犯罪学原理》，法律出版社2008年版，第356—357页。

ventory，简称 MMPI）以来，学者们对人格与犯罪的相关性进行了大量的实证研究。这些研究结果并不能达成一致。尽管长期的研究使与犯罪相关的人格理论有了一定的发展，但由于其方法论上的缺陷，该理论一直不被犯罪学主流所接受。

学习单元五　个人环境决定论

就环境一词最广泛的意义而言，一般是指某一中心事物所处的外部世界。我们通常所说的环境是人类环境，是指以人类为中心事物的外部世界，包括自然环境和社会环境。自然环境是人类赖以生存和发展的物质基础，主要包括大气、水、土壤、生物和各种矿物资源等。社会环境有广义上与狭义上的区分，前者是整个人类活动所及活动范围内社会物质条件和政治经济文化体系的综合，包括城市、农村、社会意识、社会文化、政治经济制度等，是间接影响个人的外部事物；狭义上的社会环境仅指个人所处的环境，包括社区、村落、家庭、学校、婚姻、职业等，是直接影响个人的外部事物。本书中的社会环境是广义上的，而个人环境则是狭义上的。环境决定论认为，各种自然环境因素、价值观、规范、理念等社会环境因素以及个人环境因素对行动者的行动具有支配与决定作用；为寻求目标实现的行动者的主观决定均受制于自然环境、个人环境与社会环境。本单元主要是从个人环境因素对犯罪的影响这一视角来阐述个人之所以犯罪的原因。

情景一　犯罪是因个人环境所致吗？

人的犯罪果真是由于人的理性选择的结果，抑或是由于个体生物——心理结构异常所致呢？基于事实层面分析，人的理性选择不是无限的，而是有限的；这种有限性主要体现为环境对个人理性行为的影响与约制。同时，个体生物——心理结构的异常除了基于遗传因素之外也不是天生的，而是基于环境的影响后天形成的。就此而论，若要发现个人之所以犯罪的原因，我们就有必要学习个人环境决定论对有关犯罪原因的论述。

一、案例引入

（一）犯罪人杨峰（化名）盗窃案

犯罪人杨峰，1982年11月29日出生，苗族，小学文化，未婚。2006年12月14日，因涉嫌盗窃被萧山区刑警大队刑事拘留；2007年1月13日被依法逮捕；2007年5月14日杭州市中级人民法院依法认定其行为构成盗窃罪，判处有期徒刑10年6个月，剥夺政治权利2年。2007年6月5日送浙江省某监狱服刑。犯罪人杨峰主要犯罪事实有：

（1）2006年4月28日凌晨，犯罪人杨峰在杭州市萧山区新湾镇某印染厂职工宿舍内，窃得CECT手机和诺基亚手机各1部、人民币500元，共计价值人民币1779元。

（2）2006年5月份的一天凌晨，犯罪人杨峰爬窗进入杭州市萧山区戴村镇某村委会办公室内，窃得电脑CPU 2块、内存条2条、软壳中华牌香烟两包，共计价值人民币1656元。

（3）2006年5月11日凌晨，犯罪人杨峰伙同他人，翻墙进入杭州市萧山区戴村镇某小学内，窃得液晶电脑显示器2台、电脑CPU 5块、内存条4条、索尼数码相机1部、夏新手机1部，共计价值人民币6570元。

（4）2006年5月13日凌晨，犯罪人杨峰伙同他人，在杭州市萧山区所前镇某初中内，窃得联想电脑3台，价值人民币4050元。

（5）2006年5月24日凌晨，犯罪人杨峰伙同他人，在杭州市萧山区河上镇某村委会内，窃得电脑内存条1条、人民币100元，共计价值人民币220元。

（6）2006年6月份的一天凌晨，犯罪人杨峰伙同他人，在杭州市萧山区党山镇某村委会内，窃得电脑显示器1台、CPU 1块、内存条1条、中华香烟1条，共计价值人民币2609元。

（7）2006年6月份的一天凌晨，犯罪人杨峰在杭州市萧山区党湾镇某公司内，窃得电脑CPU 1块、内存条1条、多普达手机1部，共计价值人民币3012元。

（8）2006年6月中旬的一天凌晨，犯罪人杨峰伙同他人，在杭州市萧山区瓜沥镇一村民家，窃得人民币4800元、小灵通1部、旱冰鞋1双、利群香烟8包，共计价值人民币56081元。

（9）2006年6月13日凌晨，犯罪人杨峰伙同他人，撬窗进入绍兴县马鞍镇某小学内，窃得电脑CPU 26块、内存条26条，共计价值人民币8329元。

（10）2006年6月14日凌晨，犯罪人杨峰伙同他人，在杭州市萧山区党湾镇某公司内，窃得电脑液晶显示器4台、电脑CPU 4块、内存条4条，共计价值人民币6991元。

（11）2006年6月18日凌晨，犯罪人杨峰伙同他人，在杭州市萧山区益农镇某公司内，窃得电脑液晶显示器2台、CPU 3块、内存条3条，共计价值人民币4193元。

(12) 2006年6月21日左右的一天凌晨，犯罪人杨峰伙同他人，在杭州市萧山区瓜沥镇某厂内，窃得人民币1 200元。

(13) 2006年6月24日凌晨，犯罪人杨峰伙同他人，在杭州市萧山区瓜沥镇某村民家内，窃得摩托罗拉手机和三星手机各1部、人民币5 000元，共计价值人民币6 498元。

(14) 2006年6月29日凌晨，犯罪人杨峰伙同他人，在杭州市萧山区瓜沥镇某卫生院挂号室内，窃得人民币1 700元。

(15) 2006午7月14日凌晨，犯罪人杨峰伙同他人，在杭州市萧山区新湾镇某厂内，窃得电脑CPU 1块、内存条1条、人民币700元，共计价值人民币1 378元。

(16) 2006年7月14日凌晨，犯罪人杨峰伙同他人，在杭州市萧山区新湾镇某村委会内，窃得电脑CPU 3块、内存条3条，共计价值人民币219元。

(17) 2006年7月18日凌晨，犯罪人杨峰伙同他人，在杭州市萧山区新湾镇某公司内，窃得T618型手机1部，价值人民币948元。

(18) 2006年7月18日凌晨，犯罪人杨峰伙同他人，在杭州市萧山区新湾镇赤龙水泥厂内，窃得手机、剃须刀、随身听、衬衫等物，共计价值人民币1 594元。

(19) 2006年7月21日凌晨，犯罪人杨峰伙同他人，在杭州市萧山区新湾镇某村民家内，窃得诺基亚1110型手机一部，价值人民币361元。

(20) 2006年7月21日凌晨，犯罪人杨峰伙同他人，在杭州市萧山区新湾镇某村民家内，窃得诺基亚2300型手机一部，价值人民币519元。

(21) 2006年7月26日凌晨，犯罪人杨峰伙同他人在杭州市萧山区新湾镇某公司办公室及职工宿舍内，窃得电脑主机、小灵通、手机、香烟等物，共计价值人民币6 884元。

(22) 2006年8月4日凌晨，犯罪人杨峰伙同他人，在杭州市萧山区益农镇某中学内，窃得电脑液晶显示器2台、CPU 2块、内存条2条，共计价值人民币2 898元。

(23) 2006年8月8日凌晨，犯罪人杨峰伙同他人在杭州市萧山区瓜沥镇某小学内，窃得电脑CPU 27块、内存条27条、照相机2只、人民币1 000元，共计价值人民币80 130元。

(24) 2006年8月21日凌晨，犯罪人杨峰伙同他人在杭州市萧山区瓜沥镇某村委会内，窃得电脑CPU、内存条、香烟、皮带等物，共计价值人民币2 361元。

(二) 犯罪人杨峰生平自述①

我出生在一个农民家庭，家里兄弟三人，我排行老二，所以很多人称我二娃。我的父母都是农民，家里兄弟多，同年出生的堂哥堂姐好几个，所以我的童年很快乐。1988年9月开始读小学。小时候我玩心太重，期末考试分数都很差。小学六年级期末，我们学校包车组织学生到镇里参加小学升初中统一考试。在乘车途中我晕车呕吐；由于那时体质很差，车上还出现头痛的感觉。考试结果出来了，我没能考上初中。由于太小，我又重新读了一个小学六年级，结果初中总算考上了。我13岁时辍学在家。

1996年，父母帮我找了一个做砖瓦的师傅；第二年我就没去了。1998年1月，我到广东某厂打工，后因该厂被法院查封，我也就回家了。1999年9月，我跟我表哥学石工手艺，学了半年后我开始做石工，但没挣到什么钱；后来也就不做了石工了。2001年8月18日，我到萧山打工。由于工资低，先后曾换过好几家工厂。后来在一家工厂上班还算比较稳定，工资也不错，大约每月有1 800~2 000元。2006年回家过春节，同年4月返回萧山。在萧山党湾镇玩了几天，认识了从别处来的老乡。他们是混社会的，经常跟我说："人无横财不富，马无夜草不肥，富贵险中求，上班一个月才几块钱累死累活，还不如我们一个月的烟钱多。"当时我对他们的生活方式很崇拜。我与他们的认识与接触为今后的犯罪埋下了祸根。我跟他们一起玩，他们会经常说起怎样作案等话题。2006年4月28日晚上我跟他们一起作案，窃得两部手机和500元钱现金。后来我兴奋了好几天，正像我现在同案犯所说的，"赚钱要走无本生意路"。2006年我先后作案达24起。2007年5月14日杭州市中级人民法院依法认定我行为构成盗窃罪，判处有期徒刑10年6个月，剥夺政治权利2年，2007年6月5日投送浙江省某监狱服刑。我下定了决心：一是服从；二还是服从；三是绝对服从。以此为动力，时刻不忘自己的身份，积极改造，争取得到政府的减刑奖励，能够早一天出去做个对社会有用的人。

二、问题的提出

根据犯罪人杨峰自述，其主要的生平可简单概括为：五口之家，有三个兄弟姐妹，排行老二；早年时期学习成绩差；初中文化程度；成年早期工资收入较低，工作极不稳定；与违法的同辈伙伴有密切交往；多次盗窃，2006年被法院判处盗窃罪。那么，犯罪人之所以犯罪是否与其生平发展之历程存在着一种因果上的联系呢？根据诸多犯罪学者之研究，个人之所以犯罪与其

---

① 犯罪人杨峰生平自述为本书著者根据犯罪人自述报告修改而成。

犯罪原因分析

早年时期的不良行为存在高度相关性。

诸多犯罪学者认为，低劣的学习成绩是预测犯罪风险的一种重要测量指标。学习成绩越差的孩子，犯罪的风险就越高，而且其更可能犯严重的犯罪与持续犯罪。[1] 另一些犯罪学者则持反对意见，他们认为尽管差劲的学习成绩与犯罪存在一定的联系，但差劲的学习成绩，应归咎于行为人的低智能。换言之，差劲的学习成绩与犯罪在一定程度上存在相关性，但行为人的低智能才是导致犯罪的直接原因。就行为人的低智能与差劲的学习成绩两者与犯罪风险预测来看，究竟何者对研究犯罪风险预测的贡献较大仍缺乏一个科学的结论。因此，犯罪学者常常将上述两项指标结合起来预测行为人的犯罪风险。

除了差劲的学习成绩可预测个体后来的犯罪行为，个体早年时期的逃学（truancy）、酗酒（alcohol consumption）、吸毒（drug consumption）等早年反社会行为被诸多犯罪学者用来预测犯罪的风险。逃学是另一个重要的预测犯罪的风险因素。犯罪学者对于逃学与犯罪之间的联系并无异议，有异议的是如何解释这种联系。逃学与犯罪之间的联系可能仅仅是由于差劲的学习成绩所导致，但有调查表明，当控制差劲的学习成绩这一变量因素时逃学仍然是引起犯罪的相关风险因素。[2] 就此而论，逃学是引起犯罪的一项重要风险测量指标，这可能是由于逃学的青少年因缺乏学校的监督与监控而使其暴露于犯罪机遇的概率明显增大所致。

大量的证据表明，酒类销售在某种情形下直接提高了暴力犯罪的风险。首先，行为实验已经证明酒精具有增加攻击性的作用；[3] 其次，醉酒的人更可能比轻度酗酒或不喝酒的人容易犯罪；[4] 再次，暴力性犯罪基本发生在经特别许可经营的企业周围；[5] 最后，酒类销售率高的地区，其暴力犯罪率亦高。[6]

---

[1] Maguin, M. & Loeber, R., *Academic Performance and Delinquency*, in *Crime and Justice: An Annual Review of Research* (1996), vol. 20, ed. M. Tonry, The University of Chicago Press, Chicago, pp. 145—264.

[2] Baker, J., *Juveniles in Crime-Part 1: Participation Rates and Risk Factors* (1998), NSW Bureau of Crime Statistics and Research, Sydney, p. 44.

[3] Boynum, D. & Kleiman, M. A. R. 'Alcohol and Other Drugs', in *Crime* (1995), eds J. Q. Wilson & J. Petersilia, ICS Press, San Francisco (1995), pp. 295—326.

[4] Makkai, T., *Alcohol Disorder in the Australian Community: Part 2-Perpetrators*, Trends and Issues in Crime and Criminal Justice (1998), no. 77, Australian Institute of Criminology, Canberra.

[5] Jochelson, R., *Crime and Place: An Analysis of Assaults and Robberies in Inner Sydney* (1997), NSW Bureau of Crime Statistics and Research, Sydney.

[6] Stevenson, R. J., *The Impact of Alcohol Sales on Violent Crime, Property Destruction and Public Disorder* (1996), NSW Bureau of Crime Statistics and Research, Sydney.

吸毒对犯罪的影响引起犯罪学者的广泛关注,但实际上吸毒与犯罪之间的关系却较为复杂。尽管许多犯罪的人也非法吸食毒品,但其对犯罪的影响却不如酗酒那般强烈。许多证据表明,吸食海洛因、可卡因以及吗啡并不具有引起个人趋向犯罪的药理作用。事实上,许多已经卷入犯罪的人才会逐渐染上毒瘾;① 就此而论,吸毒并非是引起行为人犯罪的原因,而是行为人犯罪后所导致的一个结果。非法吸食毒品对犯罪的影响可以从以下两个方面来予以考察:首先,许多已经卷入犯罪的人一旦染上毒瘾会进一步实施犯罪,究其原因是犯罪人需要通过实施财产犯罪来为其提供消费毒品的资金;② 其次,一些证据表明,为控制非法毒品黑市的供货渠道而引起暴力犯罪。③

如上所述,个体之所以犯罪与其早年反社会行为存在密切关联。我们需要追问的是:如果人的犯罪行为与其早年的反社会行为具有一种持续的稳定性,质言之,个体的早年的反社会行为导致了犯罪,那么究竟是什么样的风险因素导致了个体早年的反社会行为及后来的犯罪行为呢?接下来的问题是为什么个体早年的反社会行为会导致后来的犯罪行为呢?

情景二 问题分析——个人环境决定论分析视角

为回答上述所提之问题,本单元主要从个人所处的家庭、学校及同辈伙伴交往等环境因素来寻求个人之所以犯罪的原因。一般地,个人环境与犯罪风险因素的研究主要考量以下几方面的因素:

一、家庭环境

导致个体犯罪的个人环境因素主要包括:家庭环境、与违法的同辈团体交往、公众对犯罪的容忍度等。犯罪学者经统计调查确信,某种形式的父母对子女的养育行为或家庭环境是预测青少年犯罪最重要的风险指标。无数的实验毫无例外地证明犯罪学者这一判断的正确性。④ 美国匹兹堡大学教

---

① Dobinson, I. & Ward, P., *Drugs and Crime* (1985), NSW Bureau of Crime Statistics and Research, Sydney.
② Stevenson, R. J. & Forsythe, L. M. V., *The Stolen Goods Market in New South Wales* (1998), NSW Bureau of Crime Statistics and Research, Sydney.
③ Kleiman, M. A. R., *Against Excess: Drug Policy for Results* (1992), BasicBooks, Harper Collins, New York.
④ oshikawa, H., *Prevention as Cumulative Protection: Effects of early family support and education on chronic delinquency and its risks*, in *Psychological Bulletin* (1994), Vol. 115, pp. 28-54.

授卢波尔（Rulf Leober）将导致青少年犯罪的父母不良养育因素区分四种不同的类型：一是父母的疏忽（parental neglect），例如，大家庭、差劲的父母监督、父母子女之间不充分的交流等；二是父母与子女之间的冲突与父母对子女的惩戒（discipline），例如，辱骂、唠叨、苛刻、古怪，或反复无常的惩戒等；三是父母的越轨行为与态度，例如，父母的犯罪、父母的暴力或对暴力的容忍等；四是家庭分裂，例如，父母婚姻破裂、持续的家庭冲突等。[1] 按照一般的规则，就上述四种不同风险因素对青少年犯罪的作用力来说，父母的疏忽是最重要的一项预测青少年犯罪的指标；父母的越轨行为及其态度与价值取向以及父母与子女之间的冲突两项风险因素处于中性；家庭分裂这一风险对青少年犯罪的作用力相较于其他因素来说最弱。[2] 同时具有上述三种以上风险因素的孩子比仅具有一项或两项的孩子更有可能犯罪。[3]

二、同辈伙伴交往环境

犯罪学者认为，与违法的同辈群体长期交往更可能导致犯罪。[4] 但犯罪学者亦认为，如果家庭因素能施加良好的影响，则违法同辈团体对参与犯罪的影响就会明显减弱，甚至降为零。[5] 与违法的同辈团体交往与犯罪之间的紧密联系常常可以理解为"物以类聚，人以群分"（birds of a feather flocking）。当父母对子女的控制力减弱或父母与子女之间依恋关系减弱时，青少年更容易强烈依附于违法的同辈团体；此意味着与违法的同辈团体的长期交往是导致犯罪的直接原因，而父母家庭因素则为间接原因。犯罪学者过去常常认为，与违法的同辈团体长期交往更可能导致犯罪是因为违法者之间相互学习越轨行为的态度与价值取向。最近的研究发现，其导致犯罪的原因是学习犯罪与从犯罪谋取利益的技巧与方法，[6] 因为要使犯罪顺利实施就必须具备实施犯罪

---

[1][2] Loeber, R. & Stouthamer-Loeber, M., Loeber, R. & Stouthamer-Loeber, M., *Family Factors as Correlates and Predictors of Juvenile Conduct Problems and 'Delinquenc'*, in *Crime and Justice: An Annual Review of Research* (1986), vol. 7, eds M. Tonry & N. Morris, The University of Chicago Press, Chicago, pp. 29-149.

[3] Stouthamer-Loeber, M. & Loeber, R, *The Use of Prediction Data in Understanding Delinquency*, in *Behavioural Sciences and the Law* (1988), vol. 6, no. 3, pp. 333-354.

[4] Glueck, S. & Glueck, E. T., *Unravelling Juvenile Delinquency* (1950), Harvard University Press, Cambridge.

[5] Hirschi, T., *Causes of Delinquency* (1969), University of California Press, California, p. 140.

[6] Bruinsma, G. J. N., *Differential association theory reconsidered: An extension and its empirical test*, in *Journal of Quantitative Criminology* (1992), vol. 8, no. 9, pp. 29-49.

的某种相关的知识与技巧。毫无疑问，这一理由用来解释帮伙犯罪被认为是最恰当不过的。

三、公众对犯罪的容忍度

人们并不怀疑以下观点，即对于个人犯罪的容忍使得犯罪实施的门槛有所降低从而更可能引起犯罪。西方诸国中家庭暴力、保险诈骗、偷盗税款以及醉酒驾车的频繁发生与公众对以上犯罪的容忍度不无关系。英国新南威尔士郡犯罪统计与研究局1992年的一项调查表明，妇女被男性配偶杀害的案件占全郡所有杀人案件的约16%；[1] 其中，一个重要的原因要归咎于公众对于针对女性暴力犯罪的容忍。澳大利亚的一项调查显示，约占总人口20%的澳大利亚人对于家庭暴力犯罪持接受态度。[2]

四、贫穷与失业

多数研究表明，贫穷与失业是预测犯罪率的一项重要风险指标。莫根·凯利（Morgan Kelly）通过统计发现，贫穷与犯罪之间存在正相关。他指出，生活在贫穷中的人们比一般人更容易犯财产犯罪。[3] 贝克尔假定，如果犯罪的成本低于犯罪所获得的收益，则更可能促使人们犯罪。[4] 美国有学者经过统计发现，2002年由于燃料供应短缺以及总统选举等原因，马达加斯加州高原地区的大批人群陷入暂时的贫困；随着贫穷人口的增加，盗窃农作物的犯罪亦随之增多。由此，他们认为，盗窃犯罪是由于人们为应对贫穷这一危机所作出的一种理性策略。[5] 现在亦有研究表明，处于社会经济低层地位的特定个体更可能实施犯罪。[6]

尽管犯罪学者将贫穷、失业与犯罪之间的关系用来预测犯罪率的高低，但贫穷与失业却也是个体重新犯罪的一项重要预测指标。目前至少有一项主

---

[1] Devery, C., *Domestic Violence in NSW: A Regional Analysis* (1992), NSW Bureau of Crime Statistics and Research, Sydney.

[2] Mugford, J., *Domestic Violence*, *Violence Today* (1989), no. 2, National Committee on Violence, Australian Institute of Criminology, Canberra.

[3] M. Kelly, *Inequality and Crime*, in The Review of Economics and Statistics (2000), pp. 530-539.

[4] G. S. Becker, *Crime and Punishment: An Economic Approach*, in Journal of Political Economy (1968), pp. 169-217.

[5] Marcel Fafchamps and Bart Minten, *Theft and Rural Poverty: Results of a Natural Experiments*, Proceedings of the 25th International Conference of Agricultural Economists (IAAE),.

[6] Belknap, J., *The economics-crime link*, Criminal Justice Abstracts (1989), March, pp. 140-157.

要的纵向研究成果表明,有犯罪偏好的犯罪人在失业期间更可能实施犯罪。[①]贫穷与失业常常被认为是犯罪的预测因素是因为它们会刺激一个人去实施犯罪,以克服目前的经济困顿。最近的研究更多地表明,父母由于贫穷与失业可能引起其他不良后果。例如,由于父母贫穷与社会地位低下可能导致其对子女的疏忽,监控减弱与持续的家庭冲突等。由此看来,贫穷与失业至少可以视为导致犯罪的间接风险因素,而这一点目前亦被经验的证据所支持。但一般来说,贫穷与失业相对于其他风险因素而言,其对犯罪的影响力相对较小。[②]

情景三 问题解决——个人环境决定论主要分支

个人环境主要是指首属群体成员之间的互动交往模式,具体包括家庭、学校及同辈团体等结构因素。个人环境决定论认为,人就如同一块白板;在人的生命整体发展历程中,家庭、学校、同辈团体等环境结构因素深深地留下了浓墨重彩的划痕。低劣的父母监管、微弱的学校依恋及与违法同辈团体的密切交往等个人环境结构因素决定了个体早年的反社会行为与青少年时期的犯罪行为(图 5-1)。

个人环境决定论主要包括了社会学习理论、社会控制理论以及发展理论;其中,发展理论被认为是目前犯罪学研究中最具活力的理论之一。兹就个人环境决定论的以上三种主要分支分述如下。

一、社会学习理论

社会学习理论中的"学习"意指行为者通过相互联系的方式学习有关犯罪的观念、知识与技术。相互联系的学习方式主要源自巴普洛夫(Pavlova)的古典条件反射说及斯金纳(B. F. Skinner)的操作条件反应论。古典条件反射说认为,在生物体没有任何先前训练的条件下,某些刺激可以确定性地导致某种反射。操作条件反应论在古典条件反射学说基础上引入行为强化机制,认为通过奖惩措施可以强化某些行为。例如,在试验中,当老虎根据驯兽师某一指令向行人伸出前掌时,它就会得到一块肉作为奖励;那么,反复试验后,老虎就会遵循驯兽师指令作出相应的行为。

---

① Farrington, D. P., Gallagher, B., Morley, L., St. Ledger, R. J. & West, D. J., *Unemployment, school leaving, and crime* (1986), in British Journal of Criminology, vol. 26, no. 4, pp. 335-356.

② Braithwaite, J., *Crime, Shame and Reintegration* (1988), Cambridge University Press, Cambridge.

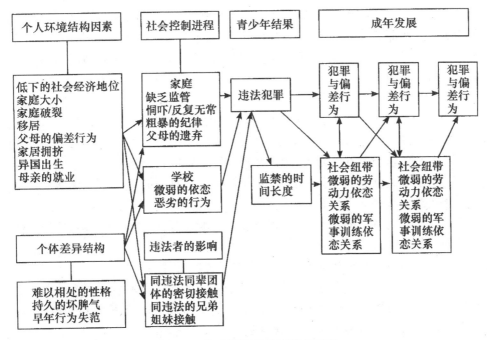

图 5-1 个人环境结构因素与犯罪

社会学习理论的集大成者当推埃德温·萨瑟兰（E. H. Sutherland），其早期模态可追溯至塔尔德（G. Tatde）的模仿理论。在萨瑟兰之后，米勒（W. Miller）提出了下层阶级亚文化理论；沃尔夫冈（M. E. Wolfgang）与费拉柯蒂（F. Ferracuti）提出了暴力亚文化；安德森（E. Anderson）在研究贫穷社区基础上提出了著名的"街头法则"；艾克斯（Ronald L. Akers）提出了不同交往强化理论。

（一）塔尔德的模仿理论

塔尔德的模仿理论是社会学系理论的早期形态，其认为犯罪不是天生的，而是人们在特定环境中相互模仿形成的。塔尔德论及了模仿的三大法则：

（1）人们相互模仿的程度与其相互接触的程度呈正向关系。人们接触的强度越强，则相互之间模仿的程度也就越高；反之，亦然。

（2）模仿的传导方向是自下而上。塔尔德认为，人们相互之间的模仿往往表现为社会地位较低的人模仿社会地位较高的人。

（3）模仿的潮流表现为推陈出新。塔尔德认为，人们相互之间模仿又体现为一种较旧的时尚被一种较新的时尚所取代。

（二）萨瑟兰的不同交往理论

不同交往理论由美国著名犯罪学家埃德温·萨瑟兰创立。埃德温·萨瑟兰是20世纪最具影响力的犯罪学者之一,其于20世纪30年代创立的犯罪社会学范式对于犯罪原因的解释至今仍有着不同寻常的意义。正如美国著名犯罪学者格波恩(Don C. Gibbons)所指出的:"毋庸讳言,萨瑟兰是迄今为止对美国犯罪学贡献最大的学者。"他进而预言:"在未来的几十年没有任何人能超越萨瑟兰在这一领域的研究。"① 曼海姆(Hermann Mannheim)亦有类似关于萨瑟兰学术地位的评价,他认为:"萨瑟兰应该获得犯罪学领域中的诺贝尔奖。"②

萨瑟兰认为,犯罪行为如同其他行为一样不是天生的,而是通过学习得来的。萨瑟兰指出,当特定情境中的个人接触赞同违法的解释强于合法的解释时,犯罪行为就会产生。萨瑟兰在著名的《犯罪学原理》一书中提出了关于犯罪行为习得的9个命题:

(1)犯罪行为是通过学习而得来的。也就是说,犯罪行为不是天生的,而是如同其他行为一样是通过后天学习得到的。

(2)犯罪行为是在与他人的相互交往过程中习得的。

(3)犯罪行为的习得通常发生在密切接触的交往群体中。这意味着新闻媒体、电视、电影等非人与人之间直接沟通手段对犯罪行为的影响相对微小。

(4)学习犯罪行为的内容除犯罪技巧外,尚包括犯罪动机、驱力、合理化技巧与犯罪态度。

(5)犯罪动机与驱力的特定指向取决于赞同违法与不赞同违法的强度。

(6)一个人之所以犯罪是因为他接触到的赞同违法的强度大于赞同守法的强度。

(7)"不同交往"取决于接触赞同违法的频率、持续性、重要性、强度。这意味着与赞同违法群体的交往及于不赞同违法群体的交往频率、持续时间、优先程度及强度等方面会有所差异。

(8)犯罪的学习过程与其他一般行为的学习过程无异。

(9)虽然犯罪行为是一般需求和价值的体现,但一般的需求与价值却不能用来解释犯罪行为的原因。③

萨瑟兰从密切接触群体的互动过程中提出了赞同违法与否的价值观对于犯罪的决定性影响,一旦人们产生赞同违法的定义,就会从事犯罪行为。萨

---

① Don C. Gibbons, *The Criminoligical Enterprise: Theories and Perspectives* (1979), Englewood Cliffs, N.J.: Prentice-Hall, p.65.

② Hermann Mannheim, *Comparative Criminology* (1965), Boston: Houghton Mifflin, p.470.

③ 相关论述参见谢勇著:《犯罪学研究导论》,湖南人民出版社1992年版,第189-192页;曹立群、周愫娴著:《犯罪学理论与实证》,群众出版社2007年版,第142-143页;吴宗宪著:《西方犯罪学史》,警官教育出版社1997年版,第571-572页;江山河著:《犯罪学理论》,格致出版社、上海人民出版社2008年版,第65-66页。

瑟兰的不同交往理论具有极强的解释力与穿透力，几乎可用来解释所有犯罪行为的原因，其《犯罪学原理》一书被视为犯罪学领域中最有生命力的著作。

（三）伯吉斯与艾克斯的不同交往强化理论

美国犯罪学家伯吉斯（Robert L. Burgess）和艾克斯（Ronald L. Akers）对萨瑟兰的不同交往理论进行了修正，提出了不同交往强化理论（differential association reinforcement theory）。在萨瑟兰关于犯罪学习的9个命题中，对于犯罪学习的具体过程只略微提及所谓的"直接模仿"，但却从未解释过犯罪的"学习机制"。艾克斯的社会学习理论则弥补了这一方面的不足，从而使得社会学习理论更加丰满。他将行为主义学习理论引入社会学习理论，例如，操作行为，即一种有意识、有目的、自发的行为。这类行为主要通过对行为的奖惩机制来不断得以强化。艾克斯指出，犯罪一开始是由于模仿而产生的，但行为人是否继续从事犯罪则取决于行为获得奖惩结果的比例，即犯罪行为是行为人因犯罪而获得奖赏与避免惩罚的作用不断增强所导致的。换言之，亚群体成员之间的不良行为互动模式因交往而不断得到强化，而刑法中的犯罪行为则正是由于不良行为模式不断得以强化的结果。

艾克斯对斯金纳白板理论的引入使得社会学习理论更具决定论色彩，英国学者莫里森指出，"这种理论版本比萨瑟兰自己的社会学习理论更具有决定论色彩和实证主义特点。不过，正是由于萨瑟兰的理论具有决定论倾向，才允许进行这样的修改。"① 艾克斯的社会学习理论强调，"行为来自认知、行为、环境等因素之间的因果互动关系。"②该理论主要有以下四个核心概念：

（1）多元化交往。多元化交往是指与赞同违法与反对违法行为态度与定义的群体的互动交往类型。在这些群体中家庭与同辈团体对行为的影响最为重要，其交往延续的时间越长，关系越密切，交往频率越高，则对行为的影响也就越大。

（2）定义。定义是指一个人给予某个行为的态度或取向，即对某个行为对与错、值得与不值得、好与坏，以及正当与不正当的道德观念与态度。当个人接触到赞同违法的定义强于守法的定义时，犯罪行为就会产生。

（3）多样强化。多样强化指的是想象的或实际的行为后果即奖惩的平衡。当个人认为某个行为会带来奖励时，则其投入该行为的可能性就会提高；反之，则就会降低。当个人犯罪行为能带来想象的或实际的奖励时，其实施犯罪的可能性就相应增加；反之，就会减少。

---

① ［英］韦恩·莫里森著：《理论犯罪学》，刘仁文等译，法律出版社2004年版，第141页。
② 行为理论区分了操作行为与条件反射行为，前者是指一种有意行为，或者是指一种不加思考的自动反应行为。

（4）模仿。所谓模仿是指在观察某一行为所带来的奖励之后决定投入类型行为的一种学习过程。对犯罪行为的模仿取决于该行为获得奖励的程度，即某一犯罪行为获得想象的或实际的奖励程度越高，则模仿的强度也就越强。

（四）亚文化理论

根据萨瑟兰的思想，社会中的文化、价值观念及对违法与合法行为的定义决定着某个人是否投入犯罪。据此，研究社会中的文化是如何影响犯罪这一问题亦成为社会学习理论的重要话题；其中，米勒的下层阶级亚文化、沃尔夫冈与费拉柯蒂的"暴力亚文化"及安德森的"街头法则"较具代表性。

米勒认为，下层阶级具有一种区别于中产阶级的独特的文化。这种独特的文化主要表现为下层阶级的一些"焦点关心"（focal concerns），具体包括：（1）制造事端。下层阶级给予打架斗殴、酗酒、寻求性刺激等越轨行为高度关注，而且他们还学会了在制造事端的同时如何逃避责任。（2）崇尚男子气概。男子气概主要体现为一种体力的力量及强悍，而这些特征往往通过文身、勇猛、无情及性技能表现出来。（3）街头小聪明。（4）寻求刺激。（5）相信投机与命运。（6）蔑视权威的个人武断。

沃尔夫冈与费拉克蒂认为，激情犯罪（passion crimes）可以用暴力亚文化来解释。暴力亚文化与主流文化的一个显著差异在于，前者更加重视名誉，但却较少珍惜生命；后者重视名誉，但更加珍惜生命。暴力亚群体成员即便遭遇到极为琐碎的小事或冲突，他们亦崇尚诉诸暴力手段来解决。

安德森的"街头法则"（the code of the street）为暴力亚文化提供另类视角的描述性解释。安德森用"尊重"取代沃尔夫冈与费拉克蒂的"名誉"，认为赢得尊重是理解下层阶级文化的一个重要法则。在街头法则指引下，下层阶级为捍卫所谓的尊严，宁愿以死相搏。换言之，在街头法则中，如果人活着不受尊重，还不如死了的好。

二、社会控制理论

社会控制理论在犯罪原因理论中占据着极为重要的位置。迄今为止，在犯罪原因的科学测量方面尚无任何其他理论可望其项背。社会控制理论认为，人人都有犯罪的可能，因此，犯罪原因理论的主要任务就是创造性发现促使人们不去犯罪的那些因素。社会控制理论所追问的是：为什么社会中有些人犯罪，而有些人尽管贫穷却仍然选择合法行为？为回答这一问题，社会控制理论从个人与社会环境之间的连接方式来发现犯罪行为产生的原因。社会控制理论的基本观点可简单概括为：当社会对个人控制力减弱时，个人就有可能犯罪。就社会控制因素而言，社会控制理论家主要集中于非正式社会控制方面的研究。

(一) 早期的社会控制理论

雷斯（A. J. Reissue）被公认为早期社会控制理论犯罪学家之一。雷斯的研究主要集中于学校环境对个人行为的控制方面。雷斯区分了两种不同的控制，即"个人控制"与"社会控制"，前者是指个人控制自己采取违法行为来满足其需求的能力；后者是指外在的正式或非正式社会惩罚对人的行为的约束。他通过对1110名11~17岁之间男性缓刑犯的考察，发现精神上具有较弱的自我控制能力、经常逃课及被学校认为是问题少年等三项因素与犯罪之间存在关联。

早期社会控制理论家弗朗西斯·伊凡·奈（Francis Ivan Nye）在其《测定少年犯罪行为》一文中提出了"以家庭为核心的社会控制论"。奈将社会控制区分为直接控制、间接控制与内在控制三种类型。外在的正式或非正式的惩罚对个人的控制为直接控制；个人对社会规范的认同产生间接控制；行为人的道德感产生内在控制。奈通过实证调查发现，个人的偏差行为可以通过父母对子女直接控制、间接控制以及发展未成年人的罪责感来控制。

美国著名犯罪学者沃尔特·凯德·雷克利斯（Walter Cade Reckless）被认为是早期社会控制理论最具影响的学者之一。他在分析与总结犯罪研究相关文献基础上首次提出了著名的遏制理论。他归纳了两种遏制犯罪的力量：一是外部遏制，即个人所处的社会环境对个人犯罪行为的遏制，它期待个人遵循群体中占优势的行为规范；二是内部遏制，即个人将群体中占优势的行为规范内化于自己的内心中，从而形成一个良好的自我概念。同时，他还提出了诱使犯罪的三种力量：一是内在推力，即个人心中的不满、不安、敌意、自卑感以及原始的本能欲望；二是外在压力，即缺乏获得成功的手段、贫穷、相对剥夺感等；三是外部拉力，即犯罪亚群体、结交的犯罪同辈伙伴对个人行为的影响。当内在推力、外在压力与外部拉力的强度大于外部遏制与内部遏制力量时个人就会选择犯罪行为。

(二) 社会控制理论的发展

真正使社会控制理论占据犯罪学研究领域主导地位的犯罪学家当推美国著名的社会学家、犯罪学家特拉维斯·赫希（Travis Hirschi）。1969年赫希在其名著《少年犯罪原因探讨》一书中首次提出了极具解释力的社会纽带理论。他以人人均有犯罪的欲望为假定，提出了控制个人不犯罪的四大因素：一是依附，包括对父母的依附、对学校的依附以及对同辈团体的依附，其中对父母的依附对于控制犯罪最为重要；二是投入，个人越愿意投入到传统的活动当中，就越不容易犯罪，因为犯罪会使其失去"功成名就"的机会；三是参与，个人越积极参与诸如体育运动、娱乐工作、与学校有关的传统活动等，就越不容易犯罪；四是信念，个人相信社会的中心价值与主流文化观念，遵纪守法，就不容易犯罪。

赫希设计了一份涉及家庭、学校、同辈伙伴交往、青少年越轨及犯罪等因素的调查问卷。通过对来自于美国加州大约4 000名初中生和高中学生所填问卷的调查分析，他得出以下结论：（1）当男生与其父母联系较为紧密时，即便他们最好的朋友有违法犯罪记录，其亦比那些与父母联系不太紧密的男生有较少的犯罪记录。（2）那些自我报告有较多违法行为的学生在校学习成绩较差，不服从老师的意见与学校的管教，也不喜欢学校。（3）那些与赞同违法的同辈伙伴有密切接触的青少年，其违法犯罪记录明显高于那些与赞同违法的同辈伙伴接触较少的青少年。

综合上述，社会控制理论所给出的个人之所以犯罪的原因的解释可简单概括如下。人类从根本上讲是自私的动物，个人往往根据特定的情景通过潜在的利益和可能带来的麻烦与风险的理性计算来决定自己的行为。一旦连接个人的纽带不足以强大到控制个人谋取私利的欲望时，个人就可能选择犯罪来获取非法利益；犯罪因而也被视为个人社会化不充分，从而不足以提升个人抵制犯罪诱惑的自控能力所致。

三、犯罪发展理论

传统犯罪学一般关注不同生理、心理与社会诸因素与犯罪之间的关系，而不考虑年龄之于犯罪的影响。犯罪发展理论（Developmental Theory of Crime）假定对于不同年龄阶段的犯罪人来说，不同因素将产生不同的结果。犯罪发展理论家发现，犯罪数据事实上表明反社会行为这一因变量与年龄这一自变量之间呈负向关系。他们在实证调查中得出以下三点结论：一是所有反社会行为均集中于青少年晚期；二是前述反社会行为与个体年龄之间关系在个体方面、同伴方面、历史方面或文化差异方面并不存在任何实质的差异；三是随着年龄的增长，个体所有反社会行为在其整个生活历程中均直线或连续下降。[1]

犯罪发展理论则试图通过年龄与犯罪曲线图的实证分析来建构个体之所以犯罪的生命历程图景。犯罪学研究领域中最具建树的犯罪发展理论家主要有格特弗雷得逊（Gottfredson）、赫希（Hirschi）、格鲁克夫妇（Sheldon

---

[1] Robert J. Sampson and John H. Laub, *Understanding Variability in Lives Through Time: Contributions of Life-Course Criminology*, in 4 Studies on Crime and Crime Prevention (1995), pp. 143–158.

Glueck and Eleanor)、罗伯特·萨姆逊（Robert J. Sampson）与约翰·劳波（John H. Laub）等，兹就其主要论述作如下述评。

（一）格特弗雷得逊与赫希

格特弗雷得逊与赫希被认为是在年龄（自变量）与犯罪（因变量）理论建树方面最具贡献的理论家。在他们看来，年龄因素在解释犯罪方面是如此强有力，以致其他任何社会因素均无从与之相提并论，因此，寻找解释犯罪的理论均应无可争辩地考虑到年龄因素对于犯罪的影响。他们发现，随着年龄的增长，个体犯罪可能性随之下降；同时，他们还发现，导致个体违法与犯罪的自变量大多是在个体的早年生活过程中产生的。[1] 他们假定，年满10岁的个体在其之后的生活过程中，其自我控制水平或犯罪倾向几乎没有任何变化；质言之，个体在其10岁之后的自我控制水平与犯罪倾向表现出了一种持续的稳定性。但个体在其10岁之前，其自我控制水平却不断发展，并在父母的社会化行为中上下振动。

格特弗雷得逊与赫希虽然并没有完全排除行为变化的可能，但其理论却无疑忽视了行为变化之间的因果关系，诸如累积经验、意外事件、变化中的生活环境以及终止犯罪因素之于行为的影响。他们认为，当个体人格在生活过程中保持稳定时，生命历程理论就可以通过不同年龄阶段中犯罪的频率与犯罪变化轨迹来得到证明，而没有必要考虑个体自我控制与犯罪之间的因果关系。在他们看来，只有在某些诸如行动、机会、敌意、被害人以及利益相关必要条件均满足的前提下，低劣的自我控制水平才将导致犯罪或其他偏差行为。在寻找解释为什么随着年龄增长，犯罪可能性随之下降这一现象时，他们抛弃了成熟性变化、自发终止犯罪以及亲社会纽带强化这些概念，而是将其归咎为生物体不可动摇的年龄变化（inexorable aging of the organism），因而这一现象也就无法予以解释。[2]

（二）格鲁克夫妇

格鲁克夫妇则关注各学科之间综合知识的应用，诸如法学、精神病学均可应用于犯罪学研究之中，然而犯罪社会学家对法学、精神病学在犯罪学研究中的应用却素怀敌意。相较于萨瑟兰的传奇人生，格鲁克夫妇则有着显著的差距。格鲁克夫妇致力于犯罪学研究四十余年，其不仅为犯罪原因的研究提供了至关重要的知识框架，而且在犯罪学原理与科学的研究方法方面开创

---

[1] Michael Gottfredson, Travis Hirschi, *Control Theory and the Life-Course Perspective* (1995), in 4 Studies on Crime and Crime Prevention, pp. 131–142.

[2] Michael Gottfredson, Travis Hirschi, *A General Theory of Crime* (1990), Stanford, Calif.: Standford University Press, p. 141.

犯罪原因分析

了一个成功的的范例。尽管他们对这一学科领域有着与萨瑟兰一样的贡献，但却遭遇到诸多学者，尤其犯罪社会学者的忽视或批评。随着时间的推移，格鲁克夫妇之于年龄与犯罪、犯罪职业以及社会控制等基本问题的研究逐渐被犯罪学者广泛认同，而其建立的跨学科研究方法亦成为当代犯罪研究中的主要方法。①

格鲁克夫妇采用多因素分析视角来发现犯罪的原因，强调犯罪人与未犯罪的人之间的差异，而较少关注生物学、社会学或心理学某一单方面的因素。他们不仅关注家庭因素，而且还关注学校、犯罪机会（朋辈群体与闲暇时间的利用）、正式的惩罚（例如逮捕、缓刑与监禁）、人格发展、气质以及诸如身体结构方面的结构因素（例如有强劲肌肉之体格）。正如格鲁克夫妇所指出的，将分散的发现独立整合成一个动力模型，其不排除生物学方面的因素，也不排除社会文化方面的影响。在格鲁克夫妇看来，影响犯罪的因素是由于身体的、气质的、智力的以及社会文化诸因素相互作用结果。② 由此，格鲁克夫妇建立了犯罪研究的多因素分析视角。

在哈佛大学法学院40年的研究生涯中格鲁克夫妇创立了关于犯罪与违法行为方面四个主要的数据库。一是对1911—1922年间马萨诸塞州矫正局510名男性罪犯的研究；二是对羁押于女子矫正局500名女性罪犯的类似研究；三是对波士顿少年法庭所判决的1 000名少年罪犯的研究；四是始于20世纪40年代关于犯罪职业形成与发展的研究，这项研究包括了500名违法犯罪人样本与500名未有违法犯罪行为样本的对照，对照的维度主要包括了所有影响犯罪与官方反应方面的典型犯罪学思想，例如年龄、种族、一般知识和低收入居民等因素。

格鲁克夫妇的研究揭示了犯罪行为之生命周期模式的稳定性。格鲁克夫妇指出，数据显示的结果是毋庸置疑的，因为所有调查的样本中组成男性青少年犯罪人的实验组与未有犯罪行为的青少年控制组有着持续的与明显的不同。③ 格鲁克夫妇发现，犯罪青少年与未犯罪青少年早年生活中一个最重要而显著的差别是家庭因素方面的差别。由此，格鲁克夫妇建立一个以家庭因素为变量的预测青少年犯罪的量表，这些家庭方面的因素包括家庭纪律状况、

---

① John H. Laub, Robert J. Sampson, *The sutherland-Gluck Debate: On the Sociology of Criminological Knowledge*, in The American Journal of Sociology, Vol. 96, No. 6（1991）, p. 1402.

② Sheldon Glueck and Eleanor, *Unraveling Juvenile Delinquency*（1950a）, New York: The Commonwealth Fund, p. 281.

③ Sheldon Glueck and Eleanor, *Delinquents and Nondelinquents in Perspective*（1968）, Cambridge, Mass.: Harvard University Press, pp. 169-170.

父母的监控以及父母与子女之间的亲密程度。详言之,以下情形最可能导致犯罪行为的发生:(1)那些家庭纪律松懈,且常常伴随着突然的和恫吓的惩罚;(2)低劣的监控;(3)父母与子女之间微弱的情感纽带。

(三) 罗伯特·萨姆逊与约翰·劳波

罗伯特·萨姆逊与约翰·劳波认为,重新犯罪可以由社会控制缺乏来解释;同样地,终止犯罪亦可由社会控制的汇聚(confluence)来解释。[①] 在萨姆逊与劳波看来,这些社会控制主要包括了建制化的日常行为和有目的的人类组织两个方面。尽管一些人开始犯罪与停止犯罪有着不同的原因(pathways),但所有实施犯罪的人,其犯罪的基本原因(cause)是一致的。他们假定,个人的生命历程中存在同一种类的解释犯罪形成方式的偶然机制。质言之,尽管重新犯罪的原动力与终止犯罪的原动力不尽相同,但两者可以从逻辑上解释为社会控制的一般过程,即日常的行为与人类组织。简言之,他们试图通过绘制个人早期学习阶段中的功课状况来发现成年生活经历的一般方式,从这一视角出发罗伯特·萨姆逊与约翰·劳波提出了著名的逐级年龄非正式社会控制理论及其相关命题。

1. 整体发展理论

格鲁克夫妇的卓著《揭开青少年犯罪的面纱》(Unraveling Juvenile Delingquence)及其后来的研究无疑是犯罪学历史上最具影响的成果之一。罗伯特·萨姆逊与约翰·劳波在格鲁克夫妇研究基础上,经过长达6年(1987—1993年)的研究重建之后增加与分析了由格鲁克夫妇所收集的所有数据群,并将之置于哈佛大学拉德克利夫(Radcliffe)技术研究院默利(Murray)研究中心。这些数据包括了极为广泛的同老师、邻居、雇主方面的访谈记录、详细的心理评估、照片以及大量机构记录等。

罗伯特·萨姆逊与约翰·劳波通过建立这一庞大数据群的方式型构了个体逐级年龄非正式社会控制理论模型。这一模型能够解释犯罪与儿童时期、青春期(一般指成年以前由13~15岁的发育期)与成年时期的偏差行为之间的关系。他们发展了一种不同年龄层次的非正式社会控制理论来解释儿童时期的反社会行为、少年时期的违法行为以及成年早期的犯罪行为。根据该理论,个人连接社会的纽带越弱,则个体越可能实施犯罪;此显然不同于格鲁克夫妇对于个体心理动力因素的强调,亦有别于传统犯罪学对于贫穷与法律制裁的关注。

[①] Robert J. Sampson and John H. Laub, *A General Age-Graded Theory of Crime: Lesssons Learned and the Future of Life-course Criminoligy*, in Advances in Criminology Theory, Vo. 14, Edited by David P. Farrington, pp. 165-181.

该理论的框架主要有以下三个方面的内容：一是家庭与学校非正式社会控制在维持系统结构的交换关系中起基础作用，其可以用来解释儿童与少年时期个体的违法犯罪行为；二是儿童时期的反社会行为通过不同的生活领域延续至成年时期；三是成年时期的非正式社会控制解释了生活世界中犯罪行为的变化，这种非正式的社会控制并不因个体犯罪倾向的差异而有不同。详言之，早年的违法犯罪行为预示着成年时期社会控制的减弱，而社会控制的减弱则又预示着后来的犯罪与偏差行为的发生。也就是说，儿童时期的反社会行为与少年时期的违法犯罪行为导致了社会纽带的弱化，而后者又导致了成年时期的犯罪与偏差行为。

罗伯特·萨姆逊与约翰·劳波从非正式社会控制视角建立一种年龄级别的整体发展犯罪理论。他们认为，儿童时期的犯罪行为与其他各种形式的反社会行为通过不同生活领域的转换，最终将导致成年时期诸种不良行为，例如，犯罪、军事犯罪、经济依赖以及婚姻破碎等。那么，为什么儿童时期的不良行为会影响到成年时期的不良行为呢？他们认为，是由儿童时期的违法犯罪行为削弱了社会控制的连接纽带，从而使得持续犯罪的可能性明显提高所致。

就成年时期的发展变化与非正式社会控制而言，工作稳定与婚姻同犯罪的变化有着极为密切的联系。通过对有犯罪行为的实验组与没有犯罪行为的控制组抽样调查，他们发现成年时期个体的工作与婚姻越是稳定，则犯罪与偏差行为的可能性就越低。他们发现，除了配偶自己有越轨行为外，强烈的婚姻纽带是终止犯罪与偏差行为的重要因素。同时，除了酗酒这一情形外，稳定的工作亦为成年时期终止犯罪与偏差行为的重要因素。他们还发现，直接影响个体工作稳定性是他们少年时期或成年时期因犯罪而遭遇监禁这一事实；由此，他们在以后的生命历程中又不断卷入犯罪。

2. 整体发展理论的基本命题

通过定性与定量分析，罗伯特·萨姆逊与约翰·劳波发现镶嵌于成年时期生命历程中的社会纽带有助于解释以下现象，即个体在儿童时期那种无法说明的犯罪倾向的变化。易言之，成年时期的个体如果有一个稳定的职业与强烈的婚姻纽带，则个体犯罪风险随之降低，而个体的犯罪倾向亦因此发生改道；相反，如果成年人的工作不稳定，或由于婚姻纽带破裂，则他们犯罪的可能性就相应增加。根据实证调查与统计分析，他们提出整体发展理论如下4个命题。

（1）成年生命历程的重要性。萨姆逊与劳波通过定性分析发现，年龄增长曲线同个体的行动轨迹并不一样；质言之，成年时期终止犯罪进程并非如同格鲁克夫妇所说的那样是由于年龄增长的生理因素所导致。他们认为，终止或持续犯罪的轨迹不能依据儿童时期一种类型化了的报告以及个体之间的生理差异来解释，而是必须依据儿童时期、青少年时期以及成年时期各种经历的相互作用来予以解释。他们始终坚持，对于预测二十几岁的行为人的犯罪轨迹来说，儿童时期的行为诊断是准确的；但对于个体之整个生活过程中的行为轨迹来说，其并不具有合理的解释力。他们认为，所有不同类型的犯罪人在中年时期终止犯罪，是由儿童时期与青少年时期引起犯罪的风险因素在成年的生活经历中得到了一种有效的非正式社会控制所致。在萨姆逊与劳波看来，如果排除孩子天赋方面的偶然资质，预测麻烦男孩（troubled boys）成年时期的犯罪轨迹并非一件容易的事情。他们认为，植根于我们文化中的一种主流偏见往往带来以下一种主观判断，即将个体成年时期的不同行为结果强行归咎于儿童时期不同生活领域之中。因此，他们声称，成年人生活经历中的事件与儿童时期的原因模型是极为不充分的。

（2）犯罪人分类理论是不可接受的。分类问题可能是今天发展犯罪学的一个问题。从犯罪职业的研究诸要素来看，学者一般将持续犯罪的个体视为一个特殊的群体，该群体无法终止犯罪。莫费特（Moffit）之犯罪发展理论的一个基本观点是，生命历程中的持续犯罪者是一个特殊的群体，他们随着年龄的增长，其持续犯罪可能性仍然很高。[①] 纳基恩（Nagin）依据一种假定建立了一种犯罪人分类的方法，即假定存在一些特殊的犯罪人类型，每组特殊的犯罪人类型均有一种特殊的偶然机制。[②] 然而，问题是犯罪职业的研究一般仅以个体生命历程中确定的事件为对象，然后依据结果进行回归分析，以此来确定犯罪人的犯罪轨迹；而不是依据一种区分犯罪人类型所假定的因果关系来进行预期性的分析。换言之，根据事后的结果对犯罪人所作的分类对于预测犯罪来说是没有任何意义的；唯有根据预期的分类模型来区分犯罪的类型才是有效的。

他们发现，犯罪年龄曲线实质上同他们所预期界定的犯罪人类型之犯罪轨迹相一致。现有犯罪理论及大量儿童时期与青少年时期的风险因素理论显示，随着年龄的增加，所有不同类型犯罪人之犯罪行为随之下降。无论他们是否为智力低劣者、具有攻击性人格倾向者，还是较早实施反社会行为者，即便对于那些所谓的高风险犯罪人与被界定为持续犯罪的犯罪人来说，其均

---

① Terrie E. Moffit, *Adolescence-limited and Life-course-persistent Antisocial Behavior: A Developmental Taxonomy*, in 100 Pshchological Review, p. 674701.

② Daniel S. Nagin, *Group-Based Modeling of Development* (2005), Harvard University Press.

存在着终止犯罪进程。因此,儿童时期的诊断尽管可以预测同一平面上的差异,即一种横向比较视角中的犯罪人类型,但却不能从纵向层面划定一种关于麻烦少年(troubled kids)未来发展过程中的预期类型。正如劳波与萨姆逊所指出的,这样的犯罪人类型一旦置于长期观察的大视野中,也就失去了一种类型学的意义。①

他们认为,从社会本体的视角,依据犯罪人犯罪之因果关系理论来对犯罪人进行分类才是有意义的。那种将犯罪人区分为"生命历程中的持续性犯罪人"(life-course persisters)与"非持续犯罪人",仅仅是一种病源学意义上的理论复制而已,其对于刑事政策的制定没有任何意义。这种分类方法被摒弃后,有学者却又区分了常习犯(chronic-offender groups)与非常习犯两组类型,实际上这一类型划分同前述分类并无实质性不同,因此,该种分类仍无助于科学的刑事政策的制定。

(3) 制度上的转折点在因果关系上的重要性。为什么说个体成年时期犯罪轨迹的重要变化不能依据儿童时期的生命历程来预测?萨姆逊与劳波通过追踪格鲁克夫妇原始资料中的犯罪人发现,一些犯罪人事实上持续犯罪一段时间,一些犯罪人则在经过青少年时期后不久就终止犯罪。因此,从事实上来看,儿童时期的生活经历是无法解释成年时期的犯罪轨迹的。萨姆逊与劳波试图从机制的变化,即一种非正式社会控制的变化来对之进行解释。这些机制包括诸如婚姻、工作、军事记录、短期内引诱犯罪的情景、长期的促进遵循规则的监禁生活。萨姆逊与劳波将以上机制称之为成年生命历程中的转折点,因为他们能够通过时间的沉积来改变个体的行为轨迹。②

萨姆逊与劳波的统计调查目的是检测个体犯罪轨迹中的变化,而非个体人格方面的变化。因此,他们将个体性格作为一个稳定常量,而将个体的社会情景,例如婚姻作为自变量来检测个体犯罪轨迹的变化。当他们控制年龄这一变量,即将年龄作为一个常量时,他们发现同一个体在已婚状态下,其犯罪的倾向低于未婚状态。这一结论同样适于服兵役与稳定的职业两种情形。通过定量模型的建构,他们发现个体生命历程中的变化,例如稳定的婚姻状况、服兵役以及稳定的职业极可能有助于个体终止犯罪。③ 他们指出,从更一

---

① Robert J. Sampson and John H. Laub, *Life-course desisters? Trajectories of Crime Among Delingquent Boys Followed to Agew* 70, in 41 Criminology, pp. 301-339.

② Robert J. Sampson and John H. Laub, *Crime in the Making: pathways and Turning Points Through Life* (1993), Cambridge, MA: Harvard University Press.

③ Robert J. Sampson and John H. Laub, *Life-course desisters? Trajectories of Crime Among Delingquent Boys Followed to Agew* 70, in 41 Criminology, pp. 301-339.

般意义上来说，当控制个体性格这一变量时，非正式社会控制的各项指标因素直接同个体每一阶段的生活相联系。①

那么，究竟如何解释犯罪人为何因为婚姻、职业而终止犯罪呢？一种可能的解释是"终止犯罪飘移假说"，即犯罪人终止犯罪并非出于其深思熟虑的考虑（with great forethought），而仅仅是由于其不经意而终止犯罪（desisiter by degfault）。也就是说，个体并没有意识到到他将要犯罪，但一旦他们意识到要去犯罪，则他们就会冒失去工作与婚姻的风险，因此他们就这样不经意地终止了犯罪。

(4) 行为与选择的重要性。机制或曰生活中的转折点并非理论的全部，因为社会中的个体尽管受制于社会中的特定情景，但他并非一个消极的被动适应环境的生物体，而是一个积极主动建构社会世界的能动者。因此，犯罪终止进程中另一个重要的因素就是人的行为，即个体的有目的的行为与个体的自由意志选择。例如，从犯罪人的自我叙述中我们可以发现，随着个体从青少年时期向成年时期转变，个体的动机亦随之发生变化；而个体关于过去与未来的观念以随着个体动机的变化而变化。随着个体青少年时期向成年时期的转变，个体的一种自我与身份概念随之提高，而先前的一种反射行为（projective action）逐渐变成一种反思性行为（reflective action）。通过一种反思性行为，个体不断检测自己行为的对与错，从而自觉地选择终止犯罪。

因此，我们认为，人类行为对于理解持续犯罪是极为重要的。有学者指出，一些人坚持犯罪的生活方式并非出于一种被动的接受或缺乏对于未来结果的认识，而是出于犯罪自身所带来的奖赏②或自愿抵制已感知到的控制③，意即以未来作为代价来换取当下的犯罪行为。通过对犯罪人生活历史中自我叙述的定性分析，我们发现筹划与明白无误地反抗权威是一些持续性犯罪人生命历程中的常言主题。人类的反抗似乎由一种可感受得到的不正义所激起，这种不正义源自于官方刑事司法制度的腐败及精英统治中的工人阶层的边缘化。许多持续犯罪的人认为官方的刑事司法制度及其运作机制是腐败的与不公正的。④

---

① Robert J. Sampson and John H. Laub, *A General Age-Graded Theory of Crime: Lesssons Learned and the Future of Life-course Criminology*, in Advances in Criminology Theory, Vo. 14, Edited by David P. Farrington, pp. 165-181.

② Jack Katz, *Seductions of Crime*, (1988), New York: Basic Books.

③ Lawrence W. Sherman, *Defiance, Deterence, and Irrelevance: A Theory of the Criminal Sanction*, in 30 Journal of Research in Crime and Delinquence, pp. 445-473.

④ Paul E. Willis, *Learning to Labouir: How Working Class Kids Get Working Class Jobs* (1977), Farnborough, England: Saxon House.

发展犯罪理论将生命历程中的转折点与结构支持作为理论成立的必要条件，仅关注一种非正式社会控制对于人类行动的决定作用，从而将人类自由选择的意志置于边缘地位。个体的行动与自由选择暗示了发展犯罪理论的不稳定性，因为仅依凭这些必要条件而建构起来的犯罪理论是不充分的。

学习单元六 社会环境决定论

犯罪作为一个客观事实是与人类社会相伴而生的。① 然而，把犯罪作为一种社会现象来研究始于 19 世纪 30 年代左右。一些欧洲学者把犯罪看成是主要受社会环境因素影响的社会现象，因此，社会环境因素也就成为解释犯罪现象的一个重要变量。② 正如法国犯罪学者拉柯沙尼（Alexander Lacassagné）所言："社会环境，是发育犯罪者之热，犯罪者是发酵母。"③ 失范理论、冲突理论、标签理论等均是从社会环境决定论视角来解释与求解犯罪的原因的。

情景一 犯罪是因社会环境所致吗？

马克思曾言："人的本质并不是单个人所固有的抽象物。在其现实性上，它是一切社会关系的总和。"④ 任何人都生活在一定的社会环境中，都要受到社会环境的影响和制约，人的社会化的过程就是不断适应社会环境的过程。然而，社会环境总是随着社会的发展而不断变化，个人要适应这种不断变化的环境，就要不断地社会化，否则就会与客观世界发生冲突，出现行为偏差甚至违法犯罪行为。在社会环境决定论看来，犯罪不是天生的，而是社会环境的必然产物。诚如比利时社会学家阿道夫·凯特勒（Lamber

---

① 英国著名人类学家马林诺夫斯基通过对居住在新几内亚东北部的特罗布里安德群岛的原始部落进行长达 15 年的田野调查，认为人类自原始社会就存在犯罪，只是"犯罪行为只能含糊其辞地予以定义——有时是个人情感的爆发，有时是对特定禁忌的违反，有时是对他人人身和财产的（不良）企图（如杀人、偷窃、突然袭击），有时是太沉迷与传统所无法制裁的、但却与首领和某些显要的特权相冲突的野心或财富。"参见［英］马林诺夫斯基著：《原始社会的犯罪与习俗》，原江译，法律出版社 2007 年版，第 68 页。

② 吴宗宪著：《西方犯罪学》，法律出版社 2006 年版，第 65 页。

③ 转引自孙雄著：《犯罪学研究》，谭淼勘校，北京大学出版社 2008 年版，第 51 页。

④ 中共中央马克思恩格斯列宁斯大林著作编译局：《马克思恩格斯选集》（第一卷），人民出版社 1972 年版，第 18 页。

犯罪原因分析

Adolphe Jacques Quetelet)所说:"社会制造犯罪,犯罪人仅仅是社会制造犯罪的工具。"①

一、案例引入

表6-1 1950—2005年中国刑事犯罪统计一览表(不包括港、澳、台地区)②

年份	人口数（万）	立案数（起）	立案率（起/10万人）合计	比上年+/−
1950	55 196	513 461	93.02	—
1951	56 300	332 741	59.10	−33.92
1952	57 482	243 003	42.27	−16.83
1953	58 796	292 308	49.71	+7.44
1954	60 266	392 229	65.08	+15.37
1955	61 465	325 829	53.01	−12.07
1956	62 828	180 075	28.66	−24.35
1957	64 653	298 031	46.09	+17.43
1958	65 994	211 068	31.98	−14.11
1959	67 207	210 025	31.25	−0.73
1960	66 207	222 734	33.64	+2.39
1961	65 859	421 934	64.07	+30.43
1962	67 295	324 639	48.24	−15.83
1963	69 172	251 226	36.32	−11.92
1964	70 499	215 352	30.55	−5.77
1965	72 538	216 125	29.79	−0.76
1972	86 727	402 573	46.42	—
1973	88 761	535 820	60.37	+13.95
1974	90 409	516 419	57.12	−3.25
1975	91 970	475 432	51.69	−5.43
1976	93 267	488 813	52.41	+0.72
1977	94 524	548 415	58.02	+5.61
1978	95 809	535 698	55.91	−2.11
1979	97 092	636 222	65.53	+9.62
1980	98 256	757 104	77.05	+11.52
1981	99 584	890 281	89.40	+12.35
1982	101 557	748 476	73.70	−15.70

---

① 转引自吴宗宪著:《西方犯罪学》,法律出版社2006年版,第68页。
② 数据来源于张小虎著:《当代中国社会结构与犯罪》,群众出版社2009年版,第208-210页。

续前表

年份	人口数（万）	立案数（起）	立案率（起/10万人）	
			合计	比上年＋/－
1983	101 746	610 478	60.00	－13.70
1984	103 079	514 369	49.90	－10.10
1985	104 031	542 005	52.10	＋2.20
1986	105 417	547 115	51.90	－0.20
1987	105 402	570 439	54.12	＋2.22
1988	106 910	827 594	77.41	＋23.29
1989	108 650	1 971 901	181.49	＋104.08
1990	110 353	2 216 997	200.90	＋19.41
1991	112 806	2 365 709	209.71	＋8.81
1992	114 159	1 582 659	138.64	－70.07
1993	115 155	1 616 879	140.41	＋1.77
1994	116 231	1 660 734	142.88	＋2.47
1995	117 491	1 690 407	143.87	＋0.99
1996	118 437	1 600 716	135.15	－8.72
1997	120 435	1 613 629	133.98	－1.17
1998	120 601	1 986 068	164.68	＋30.70
1999	121 579	2 249 319	184.98	＋20.30
2000	122 581	3 637 307	296.73	＋111.73
2001	123 678	4 457 579	360.42	＋63.69
2002	120 548	4 336 712	359.75	－0.67
2003	125 958	4 393 893	348.84	－10.91
2004	126 143	4 718 122	374.03	＋25.19
2005	126 113	4 648 401	368.59	－5.44

二、问题的提出

根据表 6-1 以及图 6-1，我们可以清晰地看到，新中国成立以来刑事立案数与刑事立案率呈现出"三个平台、两次大幅度阶位上升"的走势。所谓"平台"是指不同年份的刑事立案数与刑事立案率都维持在大致相同的范围内；"阶位上升"即有升无降的层次攀高。① 就刑事立案率而言，三个平台分别是：1950—1988 年，每 10 万人 100 起以下；1989—1999 年，每 10 万人 130～200 起之间；2000—2005 年，每 10 万人 360 起左右徘徊，唯有 2000 年 296.73 起。两次大幅度阶位上升则是 1989 年与 2000 年。从刑事立案数来看，

---

① 张小虎著：《当代中国社会结构与犯罪》，群众出版社 2009 年版，第 208 页。

犯罪原因分析

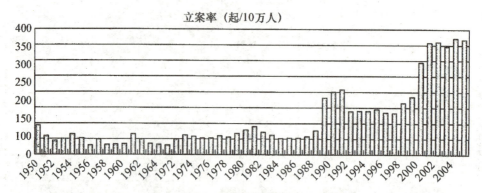

图 6-1　1950—2005 年中国刑事立案率波动图（不包括港、澳、台地区）

1989 年由 1988 年的 82.7 万起突然猛增到 197 万多起；1999 年保持着 224.9 万起，2000 年一下就跃至 363.7 万起。

新中国成立以来，我国大陆犯罪率所呈现出的这个走势特征与社会制度的改革以及社会环境的变化有关吗？如果无关，我们又如何来解释这个走势特征呢？如果有关，那么社会环境中的哪些因素在影响着这个走势？这些因素又是如何影响这个走势的呢？让我们来听听社会环境决定论者的回答。

情景二　问题分析——社会环境决定论的研究视角

社会环境因素解释犯罪现象原因的研究视角主要有：（1）侧重应用统计资料和统计学方法研究犯罪问题的统计学派；（2）侧重探讨经济因素特别是私有制、经济不平等、贫穷、失业等与犯罪的关系以抨击资本主义经济制度为重要特色的马克思主义犯罪学；（3）用一种超然的态度研究社会变迁、社会失范与犯罪的关系的社会学理论。①

犯罪统计学派开启了科学犯罪学的智慧之门，其所倡导的统计方法时至今日已成为犯罪学研究的一种重要方法。犯罪学领域中的政治经济学思想主要见于马克思、恩格斯及其追随者的论述；其中，冲突理论在解释犯罪现象原因方面具有极强的穿透力。法国著名社会学家埃米尔·迪尔凯姆（Emile Durkheim，又译为"涂尔干"、"杜尔克姆"）开启了犯罪社会学研究的成功范例。在他看来，社会中的犯罪是由旧道德规范失效及新规范尚未形成而造成的社会"失范"（Anomie）所致。承继迪尔凯姆的研究路径，芝加哥学派的社会解组理论（social disorganization）和默顿（Robert Merton）的失范/压力

---

① 吴宗宪著：《西方犯罪学》，法律出版社 2006 年版，第 65 页。

理论（strain theory）成为解释犯罪现象原因的重要理论支撑。

迪尔凯姆认为，既然失范导致社会组织丧失了控制力，从而产生大量犯罪，那么就应该再造具有凝聚力的社会组织。职业团体就是这样的社会组织，它无处不在，几乎渗透到生活的方方面面。把职业团体与社会大众的生活紧密结合起来，增强人们对职业团体产生持久的感情依恋，并协调好各职业团体之间的关系，就可以形成凝聚力，防止失范，降低犯罪率。

芝加哥学派的肖与麦凯也秉承了该学派的传统，认为犯罪率特别是青少年犯罪率与社区的控制功能相关。为了加强社区的控制功能，1932年，肖发起了芝加哥区域工程（Chicago Area Project）。这项工程先后在芝加哥青少年犯罪率最高的6个区域建立了22个邻里中心（neighborhood centers）。邻里中心的主要职能就是发挥教堂、学校、工会、公司、俱乐部以及其他社会群体的作用，改善社区的环境与设施，主办多种活动，为出狱人提供教育、就业、住宿等方面的帮助。总之，芝加哥区域工程的目的就是要增强社区各种正式与非正式控制能力。这个工程持续了25年，直到1957年肖去世为止，在美国引起了广泛关注。尽管芝加哥工程的效果并不明显，但还是获得了很高的评价，有学者称之为"将犯罪学理论转化为预防犯罪的实际行动的典范"[1]。

社会环境决定论的以上研究视角又分别如何阐明它们各自的观点的呢？下面我们就来进行具体介绍。

情景三 问题解决——社会环境决定论的主要分支

社会环境决定论的主要理论分支有失范理论、冲突理论及标签理论；其中，失范理论主要包括迪尔凯姆开创的失范理论、肖亨利·麦凯的社会解组理论及墨顿的失范/压力理论，兹就上述理论分述如下。

一、失范理论

（一）迪尔凯姆的失范理论

迪尔凯姆是19世纪后期法国著名的社会学家，他在其社会学著作中对犯罪作了大量的研究。迪尔凯姆对犯罪学最大的贡献在于"社会失范（social anomie）"这一概念的提出。"失范（anomie）"是迪尔凯姆社会学理论中用来解释自杀、犯罪等越轨行为的重要概念之一，这个概念最早出现在他的《社

---

[1] 吴宗宪著：《西方犯罪学史》，警官教育出版社1997年版，第629页。

会分工论》(the Division of Labour in Society) 中。① 所谓"失范",是指社会或团体的一种无规范 (normlessness) 或规范丧失的状态。失范是社会的一种状态和特征,而不是指个人的一种状态。

在迪尔凯姆看来,有两种类型的"失范":即"动乱型失范"与"繁荣型失范"。"动乱型失范"是指由自然或人为的灾害(如地震、洪水、战争、饥荒、经济危机等)而引发的社会秩序失调;"繁荣型失范"是指社会财富的急速增加、幸运的突然降临,从而摧毁个体的行为规范。②

在《社会分工论》中,迪尔凯姆把社会的发展分为两个阶段:"机械社会"(mechanical society) 和"有机社会"(organic society)。与之相适应,他将法规也主要分为两类:一类是有组织的压制性制裁,包括刑法;另一类是纯粹的恢复性制裁,包括民法、商法、诉讼法、行政法和宪法等。③

"机械社会"中的个人和群体相互独立、自给自足,人们在相似的环境下做着相似的工作,具有相似的道德价值取向,社会的稳定建立在其成员的相似性上。法规的作用是压制违反社会规范的个人行为,而强化社会成员之间的一致性。④

在"有机社会"里,由于专业化程度提高,社会分工精细,其成员之间相互依存。这时的法规表现出一种积极的作用,即规范和协调社会不同成员、不同群体之间的关系———一种基本上从劳动分工产生出来的协作。⑤

迪尔凯姆指出,人类在从传统的"机械社会"向"有机社会"的过渡中,传统的道德观念和规范会逐步失去作用。"随着社会的不断进步,个人与家庭之间、个人与祖国之间、个人与历史留传给他的传统之间以及个人与群体的共同习俗之间的纽带渐渐地松弛了。"⑥ "转眼之间,我们的社会结构竟然发生了如此深刻的变化……而新的道德还没有迅速成长起来,我们的意识最终留下了一片空白,我们的信仰也陷入了混乱状态。"⑦ 这就是"失范"状态。

---

① 迪尔凯姆在《社会分工论》中写到"在任何情况下,如果分工不能产生团结,那是因为各个机构间的关系还没有得到规定,它们已经陷于了失范状态。"参见埃米尔·涂尔干著:《社会分工论》,渠东译,三联书店 2000 年版,第 328 页。
② 许金春著:《犯罪学》,三民书局 1996 年版,第 235 页;张小虎著:《当代中国社会结构与犯罪》,群众出版社 2009 年版,第 347 页。
③ [法]埃米尔·涂尔干著:《社会分工论》,渠东译,三联书店 2000 年版,第 32 页。
④ 同上书,第 33—72 页。
⑤ 同上书,第 83 页。
⑥ 同上书,第 358 页。
⑦ 同上书,第 366 页。

这种失范状态削弱了社会的控制功能,社会对个人的影响作用急剧下降甚至暂时消失,个人的欲望也因此而迅速膨胀,在这种情况下,遵纪守法变得更为困难,犯罪成为一种必然的选择。

4年之后,迪尔凯姆在其最著名的著作《自杀论》中,扩大和推广了"失范"的概念。他通过对19世纪不断上升的自杀率进行分析,进一步论证了自己的推断,即:社会的快速变迁包括工业化和随之而来的城市化会导致社会失范进而导致越轨或犯罪。

(二) 社会解组理论

"社会解组"的概念指两个层面:正式、非正式的常规和制度上的约束已经崩溃;社区结构无法使居民形成一个共同的价值体系。[①] 社会解组理论主要用城市环境中有缺陷的社会经济条件来解释犯罪的原因,[②] 是由美国芝加哥大学社会学家克利福德·肖（Clifford R. Shaw）和亨利·麦凯（Henry D. McKay）等通过对芝加哥城区内犯罪特别是青少年犯罪的研究而发展起来的。该理论明显地受到迪尔凯姆的失范论、罗伯特·帕克（Robert E. Park）和欧内斯特·伯吉斯（Ernest W. Burgess）的社会生态学的影响。[③]

1. 帕克与伯吉斯的社会生态理论

20世纪10—20年代,美国大都市芝加哥不断高涨的犯罪浪潮证实了迪尔凯姆的社会失范理论。帕克与伯吉斯遵循迪尔凯姆的研究路径,试图揭示环境因素对犯罪的影响。帕克首先将生态学的理论和方法引入对人类社区的研究之中。生态学（Ecology）是研究生物体与其周围环境（包括生物环境与非生物环境）之间相互关系的科学。生态学理论认为,任何生物的生存都不是孤立的,一个生物群落中任何物种都与其他物种存在着相互依赖和相互制约的关系。每个生物体都在动态平衡的环境中为自己的生存而斗争。帕克认为,人类社区也类似于这种生物生态。1926年,他将这种生态学的观点引入社会学和犯罪学时,提出了作为其人类生态学理论（theory of human ecology）的两个关键性概念:社区及其"共生现象"（symbiosis）；"侵入、统治、接替"（invasion, dominance, succession）过程。[④]

帕克指出,人类社会与自然界生物一样,由于相互依赖、共同生存的需要会自发地形成一个个特定区域,即"自然区域"（natural areas）,不同的人住在不同的区域。当一个新的群体进入到某一区域时,该群体可能成为一种

[①] 曹利群、周愫娴著:《犯罪学理论与实证》,群众出版社2007年版,第107页。
[②] 王牧主编:《新犯罪学》,高等教育出版社2005年版,第99页。
[③] 江山河著:《犯罪学理论》,格致出版社、上海人民出版社2008年版,第83页。
[④] 吴宗宪著:《西方犯罪学史》,警官教育出版社1997年版,第622页。

犯罪原因分析

主导群体，然后将其他群体挤出该区域。这种"侵入、统治、接替"的过程促进大城市内形成不同的群体集中圈，如唐人街、意大利人小区以及黑人地带等。不同的区域会有不同的犯罪率。①

伯吉斯在帕克的基础上，对芝加哥市发展中的"侵入、统治、接替"过程进行深入研究，发现芝加哥市在发展过程中形成了5个界限分明的同心圆地区，从而提出了城市发展同心圆理论（theory of concentric circles），即城市的发展有一种按照同心圆模式从中心呈放射状向外逐步扩展的趋势，而这个过程与侵入、统治和接替的过程是一致的。伯吉斯用图6-2描述了这个同心圆发展模式：

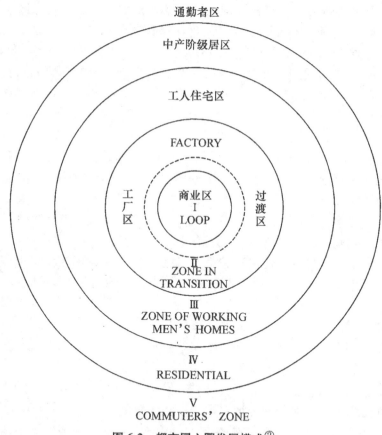

图6-2 都市同心圆发展模式②

---

① 江山河著：《犯罪学理论》，格致出版社、上海人民出版社2008年版，第83页。
② 吴宗宪著：《西方犯罪学史》，警官教育出版社1997年版，第623页；许金春著：《犯罪学》，三民书局1996年版，第262-263页。

区域Ⅰ是中心商业区，位于城市中心，这里有市政府、博物馆、影剧院、大型超市、摩天大楼、大饭店、火车站等，是整个城市的政治、经济与文化活动中心。区域Ⅱ被称为"过渡区"（zone in transition），包括最靠近商业中心的"工厂区"（factory zone）。这个区域呈环状围绕中心商业区，是城市中最古老的部分。该区域不断受到工商业的入侵、统治和接替，正因为如此，人们会预测到该区域的房屋迟早会被拆迁而疏于管理，住房环境不断恶化，从而变成人们最不愿居住的区域。这个区域居住的这个城市中最贫穷的人和那些新移民。区域Ⅲ是工人住宅区，居住着那些为摆脱第二个区域中的恶劣环境而搬来的工人，这里的房屋都比较小而且古老。区域Ⅳ为中产阶级居住区，是城区内最外围的一个区域，主要由单门独户的住家以及较为昂贵的公寓组成。区域Ⅴ是伯吉斯划分的最后一个区域，可以说是郊区或卫星城，伯吉斯称为"通勤者区"（commuters' zone），即住在这个区域的人一般开车或乘公交车到市内上班。

每个区域因为居住的种族相同，所以生活习惯与价值观念也相近，从而构成一个个不同的自然区域。由于城市中不断地扩张成长，因此这些自然区域通过侵入、统治、接替的过程而不断地更新。一些从某一自然区域迁出的居民侵入到其他自然区域，而使被侵入区域原有的居民不断地迁出搬到更令人满意的区域。这种不断由新的居民迁入而旧的居民迁出的区域为"间隙区域"（interstitial areas），这个间隙区域，因为不断地被侵入，其社会传统和社会控制被削弱，从而产生大量的社会问题。①

2. 肖与麦凯的社会解组理论

肖与麦凯运用伯吉斯的城市发展同心圆理论，对芝加哥官方的青少年犯罪数据进行分析，发现了一个比较有规律的现象：青少年犯罪率随着同心圆区域外移而逐步下降。具体而言，离中心商业区越近（主要是"过渡区"），犯罪率越高；反之，则越低。肖与麦凯的研究进一步发现，"过渡区"青少年犯罪率高与以下三大因素密切相关：

（1）物理因素：青少年犯罪率最高的区域大多数位于或毗邻商业区、重工业区。这些地区的建筑物被大量废弃，人口也逐渐减少。肖和麦凯认为，人口的减少与工业侵入这个区也有关，工业侵入导致适合居住的建筑越来越少，原有的居民被迫迁出。

（2）经济因素：青少年犯罪率最高的区域其经济状况也最差，主要体现在这些区域接受福利救济的家庭比较多，很多家庭没有自己的房子而是住在低价的出租房内。

---

① 张小虎著：《当代中国社会结构与犯罪》，群众出版社2009年版，第356页。

（3）人口结构：青少年犯罪率高的区域，与外国移民、黑人的高度集中相关，如表 6-2 所示：

表 6-2　区域内父母是国外移民、黑人的百分比与青少年少年犯罪人比率的关系①

父母为国外移民、黑人的百分比：1930 年	青少年犯罪人比率：1927—1933 年
70.0 和更多	8.2
60.0～69.9	4.8
50.0～59.9	3.9
40.0～49.9	2.8
40.0 以下	1.7

肖与麦凯用充分的经验性证据推断，青少年犯罪与青少年犯罪人在发育期所处的社会条件有关，这些社会条件概括起来就是"社会解组状况"：离中心商业区比较近，经济上贫困，更重要的是"人口组成的不断变化，外来文化的解体，不同的文化标准，以及该区域的逐渐工业化等已造成区域文化及组织的解体。区域的传统及机构的连续性断了，因此邻里当作社会控制及道德标准传递之媒介的功效已大大降低"②。

肖和麦凯的社会解组理论在美国的其他城市（费城、波士顿、丹佛、西雅图等）也得到了证实，因此一时间引起了很多学者的关注。

（三）默顿的失范/压力理论③

以肖和麦凯为代表的芝加哥学派将迪尔凯姆的失范理论应用到解释社区解组、失范如何影响犯罪。而默顿则不同，他在继承发展其导师帕森斯（Talcott Parsons）的社会结构理论的基础上，运用迪尔凯姆的失范理论来解释整个美国社会的犯罪。1938 年，他在《美国社会学评论》（American Sociological Review）第 3 期上发表了《社会结构与失范》（Social Structure and Anomie）一文，④ 提出了他自己独特的失范理论。

---

① 转引自吴宗宪著：《西方犯罪学史》，警官教育出版社 1997 年版，第 627 页。
② 许金春著：《犯罪学》，三民书局 1996 年版，第 264-265 页。
③ 在很多犯罪学理论专著与教科书中，默顿的失范理论被冠以"紧张理论"的头衔，这与默顿失范理论的一个重要派生理论（科恩的青少年犯亚文化理论）被重新命名为"紧张理论"有关。伯纳德、卡伦认为，这个命名基于赫希等人对默顿失范理论的理解。参见曹利群、周愫娴著：《犯罪学理论与实证》，群众出版社 2007 年版，第 122 页。
④ 该文不长，仅有 10 页篇幅，但对美国犯罪理论的影响至为深远，可能是 20 世纪至今社会学和犯罪学中被引用最多的论文之一。Robert K. Merton, Social Structure and Anomie (1938), in 3 American Sociological Review, pp. 672-682. Stephen Cole, The growth of scientific knowledge: Theories of deviance as a case study (1975), in the Idea of Social Structure: Papers on Honor of Robert K. Merton, edited by L. A. Coser. New York: Harcourt Brace Jovanovich. pp. 175-220.

迪尔凯姆和默顿都认为越轨/犯罪的根源是失范，在失范状态下，人由于无法控制自己的需求和欲望而产生越轨行为和犯罪行为。所不同的是，迪尔凯姆认为，人的欲望是自然产生、与生俱来的；而在默顿看来，人的许多欲望并不一定是"自然的"，而是受后天的文化影响而引起的。①

默顿认为，任何社会的文化都有两个共同要素：②

第一，确立目标（establishment of goal）。任何社会的文化都确立一些它认为值得追求的目标，鼓励每个社会成员为追求这样的目标而奋斗。在美国社会，最为广泛接受的文化目标是取得物质上或金钱上的成功。

第二，规定手段（provision of means）。任何社会的文化都以规范、制度等形式规定了达到目标的手段。所有的人都应该利用这样的手段去达到目标。在美国文化中，达到社会共同认可的目标的手段主要是辛勤劳动、诚实、接受教育，这一般是美国中产阶级的文化。这种在文化中规定的手段被称为"制度性手段"（institutionalized means）。

默顿相信，任何社会的文化中这两个要素（文化上确定的社会目标和社会所允许获取目标的手段）相交都会产生压力与紧张。③ 具体而言，从个人角度来看，当个人无法利用制度性手段或合法手段去达到目标时，就会在目标与制度性手段之间产生不协调或不平衡状态，默顿称之为失范。

在这种失范状态下，个人会体验到心理压力或失范性紧张，然后就会采取一些社会适应方式来缓解这种压力或紧张。默顿认为，个人缓解压力或紧张的社会适应方式主要有五种，如表6-3所示：

表6-3 个人适应社会方式的类型④

适应方式	文化目标	制度性手段
Ⅰ．遵从（Conformity）	＋	＋
Ⅱ．革新（Innovation）	＋	－
Ⅲ．礼仪（Ritualism）	－	＋
Ⅳ．颓废（Retreatism）	－	－
Ⅴ．反叛（Rebellion）	±	±

注：表中"＋"表示"接受"，"－"表示"拒绝"，"±"表示拒绝社会主体所接受的目标和手段并用新的目标和手段取而代之。

---

① Nikos Passas, Continuities in the anomie tradition (1995), in the Legacy of Anomie Theory, edited by F. Adler and W. S. Laufer. New Brunswich, NJ: Transaction Publishers, pp. 91–112.
② 吴宗宪著：《西方犯罪学》，法律出版社2006年版，第342—343页。
③ 曹利群、周愫娴著：《犯罪学理论与实证》，群众出版社2007年版，第119页。
④ 转引自张小虎著：《当代中国社会结构与犯罪》，群众出版社2009年版，第476页。

遵从，表明个体既接受社会文化所认可的共同目标又接受社会所规定的达到目标的手段。在稳定的社会环境中，大多数人都会选择这种方式去适应社会。

革新，代表个体接受社会所认同的目标，但拒绝采用社会所规定的制度性手段去实现目标的行为模式。这种行为模式与犯罪行为密切相关。例如，商人可能会通过垄断或欺诈的手段从事犯罪活动；工人可能会从工厂里偷窃来获取财富；穷人可能会进行赌博、贩毒、抢劫等。

礼仪，是指个体拒绝传统的文化目标但是却接受社会认可的制度性手段的行为方式。这种人不会因为没有达到目标而感到有压力，因为他们已经放弃了目标，他们并不希望获取大量的财富。同时，他们也不会惹麻烦，因为他们辛勤工作，为人诚实，接受过比较好的教育，能够克制自己的欲望。

颓废，意味着个体既排斥社会中的文化目标，又否定那些制度性手段。这种适应模式的人是所谓的"双重失败者"，他们既被剥夺了实现成功目标的制度性手段，又不能用越轨和犯罪行为去达到文化目标，于是采取颓废的态度，试图通过酒精、毒品等来使自己精神上、肉体上消沉，以逃避社会现实。

反叛，这类个体拒绝认同社会目标及实现目标的手段，同时又创造出自己独特的目标和达到目标的手段。选择这种适应模式的人比较少，典型的例子就是革命家，如果成功他们就是英雄；如果失败，他们常常受到一般罪犯的相同待遇。[1]

默顿的失范理论包括宏观与微观两个不同的层次，宏观方面关注社会文化目标的设定与制度性手段的建构，微观方面侧重个人和小群体的行为模式解释。20世纪50—60年代，该理论曾为犯罪学界广泛接受。此后，默顿的追随者沿着宏观与微观两个不同的方向对其进行发展。在宏观方面，被梅斯纳（Steven F. Messner）和罗森菲尔德（Richard Rosenfeld）发展为制度失范论；在微观方面，被科恩（Albert K. Cohen）、克洛沃德（Richard A. Cloward）、奥林（Lloyd E. Ohlin）等人在青少年犯亚文化方面的研究得以发展，20世纪90年代，并有阿格纽（Robert Agnew）等人发展为一般压力/紧张理论。限于篇幅，这里就不一一介绍了。

---

[1] 相同论述参见吴宗宪著：《西方犯罪学史》，警官教育出版社1997年版，第640—641页；江山河著：《犯罪学理论》，格致出版社、上海人民出版社2008版，第90—91页；张小虎著：《当代中国社会结构与犯罪》，群众出版社2009年版，第475—477页；曹立群、周愫娴著：《犯罪学理论与实践》，群众出版社2007年版，第120—121页。

二、冲突理论[①]

冲突理论的起源一般追溯到卡尔·马克思（Karl Marx）。马克思本人对犯罪问题并无太多的研究，但他与恩格斯（Frederich Engles）的政治经济学思想对社会学以及犯罪学领域的冲突理论产生了重要影响。

马克思的政治经济学理论认为，资本主义社会的物质生产方式在资本主义社会内部产生了两大对立的阶级——资产阶级和无产阶级。资产阶级控制着生产资料，无产阶级除了自由时间与劳动力以外一无所有。资产阶级的目标是利润的最大化，因此他们会千方百计地剥削无产阶级，例如，降低生产成本（压低工资、无视生产环境的恶劣）、延长劳动时间等。无产阶级为了自己的利益必须斗争，因此，这两大对立的阶级存在着根本利益的冲突。

"值得说明的是，马克思本人并没有系统地将两个阶级之间的斗争与犯罪联系起来。"[②] 开始这项工作的是荷兰社会学家威廉·邦格（William A. Bonger），他也是马克思主义犯罪学的真正创始人。[③]

邦格在其博士论文《犯罪与经济条件》（Criminality and Economic Condition）中论述了经济和社会环境比遗传、种族特质更能引起人们的犯罪倾向，社会环境在犯罪原因中起着主要作用。他认为资本主义的社会结构决定了"利己主义"的价值取向，而犯罪就是一种利己主义的表现形式。邦格以及另外两位德国著名的社会学家韦伯（Max Weber）、齐美尔（Georg Simmerl）丰富了现代犯罪学冲突理论的思想渊源。

（一）达伦多夫的辩证冲突论

1958年，德国社会学家拉尔夫·达伦多夫（Ralf Dahrendorf）在《美国社会学杂志》上发表了一篇题为《走出乌托邦：论社会学分析的新方向》（Out of Utopia: Toward a Reorientation of Sociology Analysis）的论文。虽然这是一篇专门论述一般社会学问题的论文，但是达伦多夫在文中也谈到了犯罪社会原因的问题，并强调应当用冲突模式来解释犯罪原因。

同年，美国社会学家乔治·沃尔德（George B. Vold）出版了《理论犯罪学》（Theoretical Criminology）教科书。这本教科书首次运用社会学冲突理

[①] 犯罪学中的冲突理论是用社会中存在的冲突来解释犯罪行为产生原因的一组理论。冲突理论家认为，几乎在任何社会都存在着冲突（表现为利益冲突、文化冲突、价值冲突等），犯罪是社会中存在的冲突的产物。犯罪是对社会中存在的财富和权力分配不公的一种反应。参见吴宗宪著：《西方犯罪学》，法律出版社2006年版，第405—406页。

[②] 江山河著：《犯罪学理论》，格致出版社、上海人民出版社2008版，第142页。

[③] 参见许金春著：《犯罪学》，三民书局1996年版，第307页；吴宗宪著：《西方犯罪学》，法律出版社2006年版，第78页。

论的基本思想来解释犯罪原因，被誉为犯罪原因冲突理论形成的标志。①

因此，可以把1958年作为现代冲突理论产生的确切时间。② 这里仅简要介绍达伦多夫与沃尔德的冲突理论。第二次世界大战以后，以美国社会学家帕森斯（Talcott Parsons）为代表的结构功能主义在西方社会学中一度处于优势地位。结构功能主义者建构起以秩序、均衡为特征的一致性社会分析模式。达伦多夫则转换视角，更多地关注现实社会生活中变迁、冲突的一面，并提出要建立冲突性社会分析模式。但是，他的冲突性模式并不排斥一致性模式，而是要将两者结合起来。他强调，社会具有两面性，一面是一致性，另一面是冲突性。所谓充满和谐一致的社会，只是空想的"乌托邦"。因此，达伦多夫的冲突理论被称为"辩证冲突理论"③。

美国当代犯罪学家西格尔（Larry J. Siegel）在其很有影响力的教科书《犯罪学》（Criminology）中，将达伦多夫冲突理论的主要假设概括为以下四点：④

（1）社会变迁是每个社会普遍存在的基本现象。

（2）社会冲突是普遍存在的，冲突可以加以疏导，也可以暂时被压制，但无法彻底消除。

（3）社会中的每一要素都对社会分化与变迁起促进作用。

（4）每个社会都以其内部一部分成员压制其他成员为基础。

如同马克思一样，达伦多夫对犯罪并没有做系统的分析，他的贡献主要集中在社会学的理论发展中。因此，犯罪学教科书中一般很少提及达伦多夫。

（二）沃尔德的利益群体冲突论

真正运用冲突理论分析犯罪原因的是沃尔德，他在《理论犯罪学》中阐述了利益群体冲突理论。该理论建立在"人类必须践行群体生活"这个假设基础之上。由于共同的利益及需要，人们不得不结合成各种各样的群体。群体内部和群体之间的行为受不同的个人和群体利益的影响，群体必须能够维护其成员的利益。

沃尔德认为，当不同群体所追求的利益重叠时，群体之间就会有竞争从而产生冲突。这种群体冲突的解决也与国家的法律活动相一致：首先，冲突双方要通过立法来寻求妥协，法律更多地反映的是获胜一方的群体利益。这些法律，特别是刑法，在认定和惩罚犯罪方面是以牺牲失败一方的利益为代

---

① 张小虎著：《当代中国社会结构与犯罪》，群众出版社2009年版，第401页。
② 吴宗宪著：《西方犯罪学》，法律出版社2006年版，第406页。
③ 吴宗宪著：《西方犯罪学史》，警官教育出版社1997年版，第738页。
④ Larry J. Siegel, Criminology. Belmont, CA: Thomas Wadsworth (2006). p.261.

价。其次，获胜一方要求严格执法。新法律产生以后，那些反对新法律的利益群体自然更容易作出违法的行为。而那些支持新法律的利益群体就会要求警察、法院以及监狱等司法部门严格执行法律，逮捕、拘留、审判、监禁那些违法者。于是，那些处于劣势的利益群体及其成员往往会有更高的犯罪率。对这种群体冲突，沃尔德这样进行评价："立法、违法和执法的整个政治过程，都成了对利益群体之间的根深蒂固的、基本的冲突的直接反映。"[1]

沃尔德的利益群体冲突理论，是第一种真正犯罪学的冲突理论，它为当代西方犯罪学冲突理论的发展，提供了直接的基础和样本。[2] 但沃尔德的理论无法解释与群体利益无关的冲动性、非理性的犯罪行为，如强奸、激情杀人等。

三、标签理论[3]

标签原本是个商业概念，它是用来标明物品名称、规格、用途、价格之类的卡片，多出现在各类商场超市。"赋予'标签'以犯罪学的内涵并应用到解释犯罪现象的是美国犯罪学家弗兰克·坦南鲍姆（Frank Tannenbaum）。"[4] 与以往的犯罪学理论不同，标签理论在解释犯罪时分析视角发生了转变。标签论者"集中讨论了越轨的过程而不是越轨的原因。他们并不强调犯罪行为本身，而是着重调查那些被称为犯罪行为或犯罪的人是如何被认定为犯罪的。"[5]

（一）标签理论的产生

从社会学的角度看，标签理论是以符号互动理论为基础发展起来的。美国社会学家库利（Charles H. Cooley）的"镜中自我"（looking-glass self）以及默顿（Robert K. Merton）的"自我实现预言"（self-fulfilling prophecy）都是标签理论的重要思想源泉。所谓"镜中自我"指的是我们对自己的认识（或自我感觉）并非凭空而降，而是在与他人交往中由他人反映或评估的结

---

[1] George B. Vold., Theoretical Criminology. New York: Oxford University Press (1958), pp. 208-209.

[2] 吴宗宪著：《西方犯罪学》，法律出版社 2006 年版，第 410 页。

[3] 标签理论认为，犯罪人是由社会制造的，犯罪人的产生过程，是一个社区对有不良行为的人给予消极反应，使其对这种消极反应产生认同，从而逐渐走上犯罪道路的互动过程。诚如美国标签理论的代表人物贝克尔（Howard S. Becker）所言："社会群体通过制定规范来界定谁的行为越轨/犯罪，并通过这些规范将某些人标签为异类人，从而创造越轨/犯罪。"（Howard S. Becker, Outsiders: Studies in the Sociology of Deviance. New York: Free Press (1963), p. 9.）正是从这个视角出发，本书将标签理论放在"社会环境决定论"这个单元来介绍。

[4] Lamar T. Empey & Mark C. Stafford, American Delinquency: Its Meaning and Construction, 3rd ed., Belmont, CA: Wadsworth Publishing Company (1991), p. 396.

[5] 张远煌著：《犯罪学原理》，法律出版社 2008 年版，第 136 页。

犯罪原因分析

果。所谓自我实现预言，就是一个接受他人或社会对自己的评价并以此来影响自我概念以及行为方式，最终使先前的评价变为现实。

坦南鲍姆首先将社会学的符号互动理论引入犯罪学领域。1938年，他在《犯罪与社区》(Crime and Community)一书中第一次使用符号互动理论来描述越轨或犯罪的形成过程，提出了"邪恶行为的戏剧化"(dramatization of evil)概念。坦南鲍姆认为，少年儿童的违法行为在刚开始的时候，往往都是很轻微的、偶尔进行的，例如，打碎窗户上的玻璃、盗窃、逃学等。他们自己可能会把这些行为看成是"游戏、冒险、有趣、调皮捣蛋的事情"。① 而社区却把少年儿童的上述行为看成是邪恶的行为，甚至是违法犯罪的行为。于是，在社区民众的眼中有上述行为的孩子就是"坏孩子"。这样就相当于给孩子贴上了"邪恶"的标签，这个标签就像烙印一样深深地刻在孩子的身上。它所产生的严重后果就是，社区里的家长让自己的孩子远离这些被贴上标签的所谓的"坏孩子"。更为可怕的是，这些"坏孩子"就在周围人对自己的消极反应中对"坏孩子"这种标签和说法产生认同，他们的"镜中自我"就是"坏孩子"，于是就变得越来越坏，最后真的成为人们所描述的那种"坏"人。这也是一个使"自我实现预言"发挥作用的过程。所以坦南鲍姆说："制造犯罪人的过程，就是一个给他贴标签的过程。"②

（二）标签理论的发展

1951年，美国犯罪学家埃德温·利默特（Edwin M. Lemert）在《社会病理学》(Social Pathology)一书中更清晰地表述了标签理论。他的重要贡献在于提出了"未受标签影响的越轨行为"(primary deviance)和"受标签影响的越轨行为"(secondary deviance)③ 这个两个概念，从而将越轨行为进行分类。

---

① Frank Tannenbaum, Crime and Community, New York: Columbia University Press (1938), p. 17.

② Ibid., p. 19.

③ primary deviance 与 secondary deviance 目前主要有三种汉语翻译：第一种是"初次越轨行为"与"继发越轨行为"。参见吴宗宪著：《西方犯罪学史》，警官教育出版社1997年版，第720页。第二种是"原生越轨行为"与"衍生越轨行为"。参见曹立群、周愫娴著：《犯罪学理论与实证》，群众出版社2007年版，第207页。第三种是"未受标签影响的越轨行为"与"受标签影响的越轨行为"。参见江山河著：《犯罪学理论》，格致出版社、上海人民出版社2008年版，第127页。利默特在使用 primary deviance 时，原意是指"既没有被权威的人发现，也没有受到惩罚从而没有给行为人贴上标签，行为人也就没有受到标签的影响的越轨行为"，这种越轨行为对于行为人来说可能有多次。从这个角度来说，将一个多次发生的越轨行为译为"初次越轨行为"容易产生误解；而"原生越轨行为"的译者在解释 primary deviance 时，也把它理解为"初次违法行为"，也是不妥的。而"未受标签影响的越轨行为"之翻译符合"primary deviance"的原意，所以本书采用第三种翻译。

· 108 ·

坦南鲍姆似乎没有注意到存在着大量尚未被人们发觉的少年犯罪行为的现象。利默特认为，这些大量未被人们发觉的少年犯罪行为，就属于"未受标签影响的越轨行为"。这类越轨行为可能由许多不同的因素造成，是各种类型不一的不符合规范或法律的行为，其特征是未被社会标签为越轨行为，也未对行为人的身份认同造成主要影响。例如，一个大学生抽大麻数次，但他的行为未被社会特别是官方机构发现并确定为越轨或犯罪行为。该学生也将自己认定为一个普通正常的大学生，而不是一个吸毒者或违法者。①

"受标签影响的越轨行为"是指行为人被社会贴上"坏"的标签，行为人自我认同这个标签后所发生的越轨行为。这类越轨行为是被标签者与贴标签者或社会互动的结果。利默特将这种互动过程描述如下：②

（1）未受标签影响的越轨行为；（2）社会惩罚；（3）更多的未受标签影响的越轨行为；（4）更强烈的惩罚和拒绝；（5）更进一步的可能对惩罚者有敌意和反抗的越轨行为；（6）越轨者和惩罚者之间的对抗达到危险程度，惩罚者或社会采取正式行动给越轨者贴上耻辱性标签；（7）加强越轨行为，将越轨行为当初对耻辱性标签和惩罚的一种反应手段；（8）受标签者最终接受越轨者的社会身份，并根据被标签的角色继续从事越轨活动。

尽管利默特区分了两种类型的越轨行为，并向世人分析了"受标签影响的越轨行为"的形成过程，但真正使标签理论走上犯罪学历史前台的是美国社会学家霍华德·贝克尔（Howard S. Becker），标签理论在20世纪60—70年代为人们所重视，与他的努力密不可分。1963年，贝克尔在他的《局外人：对越轨行为的社会学研究》（Outsiders: Studies in the Sociology of Deviance）一书中，通过对"谁在制造越轨标签、越轨标签是如何运用的、贴上该标签的结果是什么"等问题的回答，建构了标签理论的典型学说。

为什么有些行为被视为犯罪行为而其他一些行为则被认为是合法的？在贝克尔看来，越轨或犯罪是相对的。"越轨并非行为人自身的品质，而是别人将规则和制裁适用于他的结果，越轨行为只是人们如此标定的而已。"③贝克尔认为，对越轨行为进行标定的过程，就是一个制定规则并将规则加以应用的过程。那么谁是规则的制定者呢？他们往往是那些处在社会结构上层、有影响有权势并自以为有道德的人。这些规则制定者应用规则时，在适用对象

---

① 江山河著：《犯罪学理论》，格致出版社、上海人民出版社2008年版，第127-128页。
② Edwin M. Lemert, Social Pathology. New York: McGraw-Hill (1951), p. 77.
③ Howard S. Becker, Outsiders: Studies in the Sociology of Deviance, New York: Free Press (1963), p. 9.

上是有选择的。究竟哪些人被贴上越轨者的标签,这要取决于与他们的行为本身无关的许多其他因素,如:身份、种族、社会地位等。同时,贝克尔也认为,越轨标签影响受标签者的自我认同,并切断了他们与社区的联系,从而导致更多的越轨或犯罪行为。

标签理论因缺乏实证研究的支持,在 20 世纪 70 年代后期逐渐淡出犯罪学界。但是 20 世纪 80 年代末,由于澳大利亚犯罪学家约翰·布雷思韦特(John Braithwaite)等人的努力,标签理论又重新受到人们的重视。

在介绍了几种主要不同类型的社会环境决定论之后,本书认为,失范理论对于新中国成立以来中国大陆犯罪率所呈现的"三个平台、两次大幅阶位上升"走势具有相当的解释力。虽然两次大幅阶位上升的时间点是 1989 年与 2000 年(都是中国改革开放进入深化时期的时间),但是犯罪浪潮高涨的暗流在 20 世纪 80 年代初期就已初露端倪。1981 年中国大陆犯罪率出现波峰就是最好的例证。当年的刑事立案总数是 890 281 起,创新中国成立以来的历史新高;刑事立案率为 89.4 起/10 万人,仅次于 1950 年的 93.02 起/10 万人。另外,虽然 1981—1987 年,刑事立案总数与立案率总体趋稳甚至下降(与 1983 年我国政府对犯罪的"严打"政策紧密相关),但是社会治安状况并不乐观。例如:青少年犯罪逐年增长,杀人、强奸等特定暴力犯罪趋于上升。①

中国大陆犯罪率的这种波动与 1978 年以来中国政府坚持不懈地推行改革开放政策给中国社会政治、经济、文化等各方面所带来的变化是分不开的。改革使中国从计划经济走向市场经济;开放使中国从封闭疆界到敞开国门。根据迪尔凯姆的看法,社会转型时期极容易出现社会"失范"现象从而存在大量犯罪。处于社会转型期的中国就是如此,因城市化、人口流动、失业、贫富差距逐步拉大等社会因素导致犯罪率不断攀升。②

---

① 参见张小虎著:《当代中国社会结构与犯罪》,群众出版社 2009 年版,第 193-196 页。
② 关于"中国社会转型与犯罪之间的关系"请参见胡联合著:《转型与犯罪:中国转型期犯罪问题的实证研究》,中共中央党校出版社 2006 年版;张小虎著:《当代中国社会结构与犯罪》,群众出版社 2009 年版;陈鹏忠著:《转型中国:农村弱势群体犯罪问题研究》,浙江大学出版社 2010 年版。

学习单元七 犯罪原因的调查与分析方法

犯罪原因的调查与分析方法,即收集犯罪及其相关信息并建立影响犯罪的相关因素和犯罪之间的联系的方法。与此相应,本单元需要分析和解决两个问题:1. 如何收集犯罪原因资料;2. 如何分析犯罪原因资料。如何收集犯罪原因资料涉及收集哪些资料和用什么方法收集;如何分析犯罪原因资料,指建立影响犯罪的相关因素和犯罪之间的联系的方法,包括逻辑推理方法和统计分析方法两大类。

情景一 如何收集犯罪原因资料

一、问题引入

某高校今年发生大量自行车盗窃案件,如果要掌握盗窃案成因,我们需要收集哪些资料?通过什么方式收集?要掌握盗窃案的成因,必须找出与盗窃案有关的因素,而这些因素都要通过调查获得。我们需要通过询问相关人员(如失窃者、保卫人员、作案人)、查阅案件记录、实地观察(如校内建筑布局、重点部位和周边环境等)形成对案件整体情况的把握。必要时,可设计问卷大规模地收集资料,以发现其中蕴涵的稳定联系。现在的问题是:与该高校相关的信息或该高校地理区域范围内的信息非常庞杂,到底应该收集哪些资料才算适当:不多余又无遗漏?应该向哪些部门和人员索取或调查这些资料?访谈、观察、问卷调查所获得的信息是否真实?如何制定一份有效的访谈提纲或调查问卷?

二、问题分析

一般地,犯罪学家收集犯罪问题资料主要有以下四种方法:一是社会调查(social surveys),其所强调的是样本、问卷与统计分析。二是实验(experiments)方法,即研究者事先搜寻实验组中导致犯罪的数个变量(自变量),然后将之与对照组相对照,最后通过统计的方法来提取相关因子。三是访谈(interviews),即一种收集个体目前的经历与过去生活历史资料与信息的方法。一般地，访谈是一种非正式、灵活、详细的获取个人生平经历相关信息的重要途径。四是官方统计数字（official statistics），即官方有关犯罪的记录、数据。

(一) 什么是"事实"

以托马斯·阿奎那为代表的唯实论者认为在人类思想的世界与外部现实世界之间存在着一种严格的对应，一般观念独立存在于它们在经验世界的具体事物之中。唯实论者相信人类有认识事物真实本质的可能性，并且有可能经由推理能力的运用而洞见在自然界中起作用的一致性及规律。以邓斯·司各脱为代表的唯名论者则认为自然界中唯一实在的物质就是人们通过观察而认识的那些单个的事物和对人的感觉的认知。人们用以描述外部世界的一般概括和分类只是称谓，其在客观自然界没有直接、忠实的副本和对应物，如只有正义之举而无正义。唯名论者怀疑人有探明事物本质的能力，而且不承认那些不能被即时性感觉和有关个别事实具体观察所证实的命题。

由于记忆的自然遗忘和选择性，"表达"和"想表达"的距离，犯罪的利害性和悖德性，使我们获得的关于犯罪的"事实"和实际发生的"事实"有相当的差距。即使当事人对事实的感受，也不一定真实。如一个平时很爱吃香肠但不吃羊肉的人，有一天，突然得知：包裹香肠的肠衣是羊肠。从此，她对香肠就像对羊肉一样反感。在这个事件中，到底哪个更"真实"？

(二) 实证研究中的主观性

社会学的创始人孔德赋予实证这样的意义：真实——注重研究我们的智慧真正能及的事物，而非虚幻——关心无法渗透的神秘；有用——为了不断改善我们个人和集体的现实境况，而非无用——徒然满足那不结果实的好奇心；肯定——善于自发地在个体中建立合乎逻辑的和谐，在整个群体促成精神的一致，而非犹疑——引起无穷的疑惑和无尽的争论；精确——处处都要赢得与现象的性质相协调并符合我们真正需要所要求的精确度，而非模糊——只有凭借基于超自然权威的经常强调才构成一个不可缺的科目；确立——组织，而非否定——破坏①。今天所说的实证主义，其基本原则是：本体论和方法论的自然主义，认识论的经验主义，"价值中立"，社会知识本质上的实践取向。逻辑和观察是实证的基本要求。② 实证研究包含了归纳和演绎，其基本逻辑是假设检验。广泛意义上，只要有系统的观察都可以叫实证

---

① [法] 孔德：《论实证精神》，商务印书馆 1996 年版，第 29-30 页。
② [美] 艾尔·巴比：《社会研究方法》（第十版），华夏出版社 2005 年版，第 12 页。

研究，如苏力的《送法下乡——中国基础司法制度研究》，严景耀的《中国的犯罪问题与社会变迁的关系》；严格意义的实证研究仅仅指采用抽样调查方法和统计分析技术的调查研究，如涂尔干的《自杀论——社会学研究》，英克尔斯的《从传统人到现代人——六个发展中国家的个人变化》。

实证主义本体论和方法论的自然主义假设并非十分可靠，由自然科学与社会科学的比较中我们可以清楚地看到这一点：（1）自然科学研究"物"，物的种类繁多（如动物、植物、微生物、矿物质，等等），但同类的物却有很高的同质性。物物放在一起，除非发生化学反应，否则就只是构成"堆"或"群"，并没有新的，特别是看不见的东西产生；社会科学研究"人"，人虽只有一种，但人人各不相同，异质性很高。而几个人在一起，则会产生"关系"、"结构"、"系统"，这种新的关系、结构和系统是一种"场"，可以被感知，但不可见，难以触摸，这就是社会。（2）正是由于"物"的很高的同质性，自然科学的研究对象可以高度符号化，进而可以进行数学运算。（3）两种科学的中心内容都是建立事物之间的联系。自然科学研究实体—实体间的关系，社会科学研究实体—非实体—实体间的关系。非实体指意义、价值和精神。（4）自然科学的研究对象不关涉意义、价值和精神等主观要素，因此，是非伦理关联的，可以用客观的理解方法进行研究。社会科学则涉及，甚至主要涉及意义、价值和精神，因此，是伦理相关的，必须借助主观的解释方法进行研究。（5）研究对象的客观（主导因素），方法的客观和高度符号化，使自然科学的研究更容易程序化和标准化，因此，更可能形成自己的"范式"。有助于知识的累积和学科的进步。社会科学则一再地出现"诸神大战"和回归经典的景象，原因就在于对象和方法的主观与易变。

即使强调"纯粹客观"和"价值中立"的实证研究也不可避免地包涵了主观性。这种主观性来自于研究命题的选择，概念界定中信息的舍弃，类型划分中人为的分割，研究假设的形成和确定，解释中中介变量和既有理论的选择，结论时的抽象方式和层次。

（三）犯罪研究中的伦理

实证犯罪研究中更多的是和犯罪人打交道，无论是观察还是访谈都涉及伦理和科学的冲突。在访谈时能不能隐蔽拍摄或录音？完全涉入犯罪人的生活世界，会不会危及研究者的精神和生活？在损害事实和违背法律之间如何选择？这是实证研究中最基本的伦理困境。我们认为：（1）诚实比真实重要。在韦伯看来有人格的学者是诚实和一贯的。从最一般的日常伦理讲，一个人为我们提供了帮助，我们应当感谢他，绝不可以伤害他——而未经受访者同意暗中录音或录像违背了这一基本原则。这是以牺牲资料的准确性和丰富性为代价的，但作为研究者（访问者）必须承担；（2）更高价值是最好的解毒剂。如果不深入甚至介入犯罪人的生活世界和精神世界很难理解犯罪人，如果不参与或卷入犯罪活动，近距离观察，就很难理解犯罪行为及其互动的过程与机制。但如果有太多的同情共感，则可能深陷其中或触犯刑律。如为体验吸毒者的感受和生活而吸毒，为了取得贩毒者或销赃者的信任而参与犯罪。面临这种价值和规范冲突所引起的内心紧张，只有增进人类福祉的理想才能消解；（3）为了科学甘冒风险。深入犯罪人生活或犯罪场景，可能使我们身陷其中不能自拔，也可能受到犯罪人的威胁或司法机关的惩罚，但为了犯罪研究的事业，我们必须担待。

三、问题解决

（一）资料收集的内容与途径

所有可能影响到犯罪的事件、信息、情景、状态、态度、信念都在收集之列，还有犯罪人生活的社会环境和社会关系。这些资料围绕犯罪人的生活史展开。

准确完备的资料是分析变量关系的前提，不能建立有效的变量联系则不可能产生恰当的犯罪解释模式。因此，犯罪资料的收集非常重要，直接关系到认识犯罪的信度和效度。首先应明确资料的内容和范围，其次是选择适当的收集资料方法。

1. 犯罪人生活区域的基本状况

犯罪人生活区域的基本状况是分析犯罪的因果模型的背景资料，有时候也是影响犯罪率或公众安全感的"远因"①。目标区域的背景资料对于理解资料、揭示变量关系往往有决定性的影响。关于这一点本土方法论的代表者加芬克尔曾举过一个有趣的例子：Mike（丈夫）高兴的对刚下班回家的妻子Jane说："Bill（儿子）今天自己把硬币投进了售货机"，Jane 听了也非常高兴。如果我们缺乏对这个家庭基本情况的了解，就可能无法对 Jane 的"高兴"作出正确的解释。原来 Mike 夫妇经常带 Bill 买东西，Bill 喜欢往售货机里投币，但因为他只有 3 岁个子很小，总够不着投币口。这次投进了说明他们的"儿子长高了"。这才是 Jane 高兴的真正原因。

(1) 社区类型：城市、乡镇、农村；
(2) 经济水平；

---

① 远因，即通常人们所说的间接原因，但它比间接原因的描述能力更强。它可以用中间变量的层次的数量反映某一自变量（x）与因变量（y）关系的远近或联系的密切程度。

(3) 文化传统；

(4) 人口的规模、密度、分布、结构、职业分层、流动性等；

(5) 区域的功能，如旅游区、商业区、工业区等；

(6) 交通，包括道路、车辆、站点等；

(7) 政府和公众的联系；

(8) 警察机构及其效率（如接警反应速度、破案率等）；

(9) 公众安全感，是评价犯罪严重程度的主观指标，也是犯罪预防的目标之一；

(10) 犯罪规模（率）；

(11) 犯罪的时空分布；

(12) 犯罪趋势，即对未来犯罪发展变化的预测；

(13) 犯罪损失，犯罪所造成的物质和精神的损害后果；

(14) 犯罪类型及其结构；

(15) 目标，金钱、权力、声望还是性；

(16) 犯罪技术与犯罪工具；

(17) 犯罪组织化程度，个体犯罪、越轨亚文化群体、犯罪者的临时聚合、累犯组织、职业犯罪集团还是黑社会组织；

(18) 社会反应，人们对于犯罪的态度和已经采取的行动。

2. 犯罪人的常规资料

常被人提及的用于解释的因素，即解释犯罪的指标有几十种。我们可以把这些因素分为环境和个体原因两大类：环境因素又可以分为自然环境和社会环境，个体因素可以分为个体的社会属性、生理和心理因素。请见图 7-1。

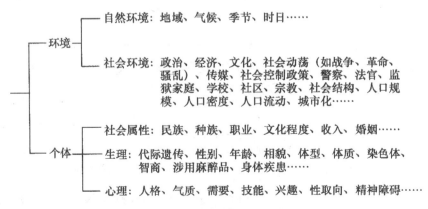

图 7-1 解释犯罪的指标分类图

犯罪原因分析

犯罪学试图用上述因素来说明犯罪现象或行为,这种说明必须是合乎观察和逻辑的。如默顿(Merton)用目标和手段之间的紧张(strain)来解释传统犯罪。①(1)社会为人们规定了应追求的目标和实现目标的手段;(2)目标和手段根据中产阶级的价值观来确定——物质成就依赖于自律和勤奋;(3)目标总体上是稀缺的,手段对不同阶层的人来说是不均衡的——下层阶级拥有的手段是有限的;(4)当合法手段不能实现大众所认同的文化目标时,就会产生挫折和愤怒感(紧张 strain)。对这一理论的批评者指出:全社会是否存在统一的、以核心价值观念为基础的共同目标?不同阶层的人是否渴望同等的成功?同一地区的人为什么会选择不同的适应方式?紧张是否只存在于下层阶级之中?特权阶层中有没有特殊类型的紧张?只有解决了以上质疑,才会使解释更加可信和有效。

3. 官方资料的收集途径

这些资料除可以通过出版物,如书籍、报刊、政府报告收集外,还必须借助于实地调查。实地调查的调查对象、调查方式、调查方法见下表7-1:

表7-1 调查方法列表

调查对象	调查方式	调查方法
刑事司法机构	查找官方犯罪记录 (official statistics)	访问有关网站、电话咨询、到资料收藏地查阅
公众	被害调查② (victimization survey)	问卷、电话访问
青少年	自罪报告③ (self report of crime)	问卷

这三种调查方法各有利弊,应在明确其对于具体的犯罪研究项目的长处和不足的基础上恰当选择,现比较如下,请见表7-2:

---

① [美]默顿:《社会理论与社会结构》,译林出版社2006年版,第260-299页。
② 如全美犯罪被害调查(NCVS)是从1972年推行的一项每年两次的家庭犯罪被害调查。调查每次抽取43 000个家庭80 000名12岁(含12岁)以上的成员进行访问。参见孔一:《美国的指标犯罪》,载《青少年犯罪研究》2002年第4期。
③ 一般认为,自罪报告是美国学者Austin L. Porterfield在德克萨斯沃恩堡地区首先使用的关于青少年犯罪隐案研究的调查方法。参见郭建安:《犯罪被害人学》,北京大学出版社1997年版。

表 7-2 三种调查方法的比较

调查方式	优点	缺点
官方犯罪记录（official statistics）	1. 便于获得。 2. 资料丰富。（如积累多年的犯罪率）	1. 适用性差，这些资料并非是为某一犯罪研究项目专门收集的。 2. 警察由于顾及部门声望、利益或低估犯罪损失而未能立案的案件在官方犯罪记录中得不到反应。 3. 有的案件由于犯罪人毁尸灭迹而未能被发现而没有进入官方记录。 4. 有的案件被害人出于利害权衡没有报案而没有反应在官方记录中
被害调查（victimization survey）	使那些警方未立案或被害人没有向警方反映的案件得到一定程度的反应。	对被害人死亡或已离开目标区域者难以调查
自罪报告（self report of crime）	使没有被发现或被害人没有意识到的案件一定程度上得到反应	1. 调查对象由于顾及到可能的风险而不愿意承认所犯的特别是那些未能发现的罪行。 2. 样本代表性差，如只调查青少年而没有包括成年人。

无论采用哪种方法，获得政府部门尤其是警察机构的支持是非常重要的。官方犯罪记录是直接取自于政府机构的，即便是被害调查或自罪报告如果能从政府部门直接获得人口资料，对于确定随机化样本无疑会提供很多方便。一般来说，资料的收集者和资料的掌管者并不是同一个（部门）人，因此如何与资料的掌管者建立良好的合作关系就对资料的获得相当重要。如何与资料的掌管者建立友好关系？（1）说明研究的意义；（2）表明研究者的研究能力；（3）取得资料的掌管者的身份认同。

（二）问卷调查法

问卷是实证研究中最常用的资料收集工具。下面对问卷设计的步骤，问卷的结构和问卷信度（reliability）和效度（Validity）检验加以说明。

1. 问卷设计的步骤

（1）明确研究目的。探索性研究、描述性研究和解释性研究分属于不同的研究类型。探索性研究目的在于弄清研究对象的概况，描述性研究在于通过调查明确研究对象的规模、结构、分布等具体情形，与探索性研究一样、描述性研究也没有明确的研究假设。解释性研究意在通过调查所获数据建立自变量与因变量之间的因果联系，所有问题的设计都围绕基本假设展开。
（2）建立问题库。问题可以出自案例的归纳、理论的演绎、专家座谈和借鉴其他同类研究。问题的数量应以恰好能实现调查目的为限，尽可能精简，问卷设计者应当以研究者和受访者的角度分别问下列问题：①这个询问是否确实需要？②这个询问是否能达到收集信息的目的？③受访者能不能准确回答这个问题？④受访者愿不愿如实回答这个问题？（3）设计问卷初稿。基本问题确定后，应按一定顺序编排，一般以时间为线索进行排列，便于受访者回忆和填答。同一时点的问题排列一般应先易后难：先问基本情况，再问行为，最后问态度。（4）试用和修改。试用和修改的方法有客观检查法（试调查）和主观评价法（专家评价）。应特别注意那些应答率低和未按要求回答的问题。

2. 问卷的一般结构

（1）问卷题目。（2）封面信：介绍调查目的和调查人。（3）指导语：即填写说明。（4）问题和答案。（5）编码。在建立调查表时即可建立编码，应答实际上就提供了编码——预编码，也可在调查表已回收和各反应已被评判以后才进行编码——后编码。（6）调查证明的记录。在调查表结尾或开头，需要附上调查员的姓名、访问日期、时间等，以明确调查人员完成任务的情况。下面以《回归社会调查问卷》为例，分析问卷制定的逻辑与方法。为了不影响问卷的完整性，本部分采用同页注释的写作体例。

问卷编号（各调查单位自行编号）＿＿＿＿＿
调查单位名称（如浙江省第六监狱，浙江省义乌市司法局）：＿＿＿＿＿
调查具体地点（如第二监区第一分监区，义亭镇司法所）：＿＿＿＿＿
调查时间：＿＿＿＿年＿＿月＿＿日
调查员姓名（直接组织实施调查的）＿＿＿＿＿

回归社会调查问卷[①]

朋友/学员：

你好！

为了更好地帮助大家回归社会，减少失足违法的行为，我们设计了这份问卷向你收集有关信息。从长远看，本调查对国家制定更好的政策和法律会有一定作用，这对你以后可能会有些帮助；从现在看，本调查对你今天的服刑或生活不会有任何不好的影响。请你不要有什么顾虑，请如实准确地填写

[①] 问卷的名称应当能够明确表示调查的主题。按照这一要求，本问卷的题目比较含糊。但是，对本研究来说，如果表明是关于重新犯罪预测的调查，犯罪人可能会担心跟自己服刑有利害关系，而心存顾虑或隐瞒事实。正是出于对调查信度的考虑，问卷采用了一个比较宽泛的名称。本调查的中心是，通过重犯组和未重犯组的比较，分析影响重新犯罪的因素，并将这些因素编制成重新犯罪预测表。

学习单元七 犯罪原因的调查与分析方法

每一道题目，答案无所谓对错，符合你真实情况的答案就是最好的。题目答完我们就把问卷带走，并且会为你保密。

有些事情可能过去很长时间了，你一下想不起来，但符合真实情况的回答是本调查成功的前提。因此，还是请你能仔细回想一下，如实准确地填写。①

感谢你的帮助！
浙江警官职业学院犯罪问题研究所

填答说明②：

1. 请在符合你情况的项目代号上打"√"
2. 没有特别说明的题目只选一个答案
3. 不清楚的地方可以随时向调查员提问

特别提醒：本问卷共有 14 页，121 个问题。

基本情况③

Q1. 你的性别④

(1) 男　　　　　　　　　　(2) 女

Q2. 你的出生年月_____年_____月⑤

Q3. 你的民族_____

早年家庭、学校情况

Q4. 14 岁以前你爸爸妈妈的情况是

(1) 爸爸妈妈都在

(2) 爸爸在，妈妈去世了

---

① 封面信的目的在于说明调查的意图和诚意，使调查对象了解调查的意义，产生对调查和调查者的信任感。因此，封面信一般应当包括调查主旨说明、选样方法、保密措施和调查机构或调查者。权威机构（如盖洛普调查公司，知名大学的研究机构）或知名专家（如做大学生性调查的潘绥铭教授，做同性恋调查的李银河教授）更容易取得调查对象的信任。封面信（包括问卷主体问题和答案部分）要尽可能用通俗的、口头化的语言，以获得调查对象最大范围和最大程度的理解。

② 填答说明相当于产品的使用说明书，应当简单、明确的告诉调查对象如何填写问卷。

③ 问卷的内容一般包括三类：背景资料、行为和态度。出于对调查信度的考虑，很多研究者建议先行为，后态度，最后是背景资料。但是，由于本调查涉及内容的时间跨度很大，为了便于调查对象回忆，我们按照时间顺序排列了绝大部分问题，并给同类问题添加了标题，包括基本情况、早年家庭、学校情况、早年行为、第一次犯罪情况、第一次逮捕前情况、第一次受刑情况、第一次出狱时情况、第一次出狱后情况、第二次出狱后情况等 8 部分。

④ 问卷中的任何一个问题必须都是有意义的，要么是自变量，要么是因变量，它们都与一个或一组明确假设相关。问卷中不能有多余的题目，多余题目不仅浪费调查资源，如调查者和调查对象的时间，还会降低其他有效问题的信度。试想谁会认真填答一份 300 道题目的问卷中的所有问题。

⑤ 本道题目要测量调查对象的年龄。在我国不同地区年龄有不同的算法，如实岁与虚岁。如果直接问年龄就可能会出现误差。如果利用出生年月进行计算，则比较准确。

（3）妈妈在，爸爸去世了

（4）妈妈爸爸都去世了

Q5.（14岁以前爸爸妈妈都在的学员/朋友填写本题）你爸爸妈妈的关系是

（1）一直住在一起（a. 从来不打架或争吵 b. 有时会打架或争吵 c. 经常打架或争吵）

（2）没有离婚，但长期分居

（3）离婚了

Q6. 总的来说，14岁以前你爸爸（注意："14岁以前爸爸去世"或者"父母离异后跟母亲生活"的学员/朋友不用填写本题）

（1）经常在家

（2）很少在家

（3）几乎不在家

Q7. 总的来说，14岁以前你爸爸（注意："14岁以前爸爸去世"或者"父母离异后跟母亲生活"的学员/朋友不用填写本题）

（1）遇事会问问你的意见，和你讲道理

（2）对你比较严格，很多事都由爸爸说了算

（3）对你的事很少过问，很多事都由你做主

（4）都听你的，你的要求爸爸都想办法满足你

（5）对你比较严厉，经常会打骂你

Q8. 总的来说，14岁以前你妈妈（注意："14岁以前妈妈去世"或者"父母离异后跟父亲生活"的学员/朋友不用填写本题）

（1）经常在家

（2）很少在家

（3）几乎不在家

Q9. 总的来说，14岁以前你妈妈（注意："14岁以前妈妈去世"或者"父母离异后跟父亲生活"的学员/朋友不用填写本题）

（1）遇事会问问你的意见，和你讲道理①

（2）对你比较严格，很多事都由妈妈说了算②

（3）对你的事很少过问，很多事都由你做主③

---

① 这是"民主"教育方式的操作化。

② 这是"专制"教育方式的操作化。

③ 这是"冷漠"教育方式的操作化。

(4) 都听你的,你的要求妈妈都想办法满足你①
(5) 对你比较严厉,经常会打骂你②

Q10. 在你放弃上学前一年时间,你的学习成绩怎么样
(1) 较好　　　　　(2) 一般　　　　　(3) 较差

Q11. 在你放弃上学前一年时间,你是否在学校受过处分
(1) 没有　　　　　(2) 受过一两次　　　(3) 受过多次

早年行为③

	Q12. 14岁以前,你是否④有过下列行为:	从来没有	一两次	多次
1	抽烟⑤			
2	喝醉酒			
3	吸毒			
4	赌博			
5	嫖娼			
6	在网吧玩通宵			
7	说谎			
8	因别人惹你生气而打别人			
9	使用武器(如刀子、棍棒等)打伤别人			
10	趁人不在拿别人东西			
11	没有买票偷偷溜进电影院、公园或其他地方			
12	买毒品(如摇头丸、大麻、海洛因等)			
13	向别人借东西或钱故意不还			
14	强行拿走别人东西			
15	离家出走			
16	逃学			
17	故意破坏他人或公共财物			
18	为了好玩,放火烧人家房子或其他东西			
19	编谎话跟家长要钱			

---

① 这是"溺爱"教育方式的操作化。

② 这是"粗暴"教育方式的操作化。有意思的是,调查结果显示在中国"专制"和"民主"两种教育方式和孩子犯罪行为相关程度都很低。

③ "大部分严重犯罪行为是轻微的悖德、违轨行为积累的结果",本部分就是对这一假设的检验。理论、操作化与设计技巧是问卷设计的三个要素。边燕杰、李路路、蔡禾编著:《社会调查方法与技术:中国实践》,社会科学文献出版社2006年版,第2页。

④ 在这一组问题中,设问"是否",答案却是"多次"、"一两次"和"从来没有"。按照通说,这个问题犯了"问题和答案不匹配"的错误。但是,在日常生活中,这个错误时常发生并不被人觉察。这个"将错就错"的问题,反而很简洁又不会带来费解和歧义。

⑤ 吸烟对成年人来说,只涉及健康,而无关道德和法律。但对未成年人,社会把吸烟建构成一个道德问题(question),于是,这种行为就真的会有"问题"(trouble)。

犯罪原因分析

第一次①（如第一次被捕前盗窃5次，"第一次"指5次中的第一次）犯罪情况

Q13. 第一次犯罪是_____年_____月

Q14. 第一次犯罪时，你的文化程度
(1) 大专或大专以上　　　　　　(2) 高中（含中专职高）
(3) 初中　　　　　　　　　　　(4) 小学或文盲②

……

Q24. 第一次你犯了什么罪
(1) 杀人　　(2) 伤害　　(3) 强奸　　(4) 抢劫
(5) 绑架　　(6) 盗窃　　(7) 诈骗　　(8) 贩毒
(9) 贪污或受贿　(10) 其他（请写下来）_____

Q25. 第一次犯罪你是否做了准备
(1) 是　　　　　　　　　　　　(2) 否

Q26. 第一次犯罪的动机③是
(1) 为了报复　　　　　　　　　(2) 为了钱财
(3) 为了满足性欲　　　　　　　(4) 觉得好玩
(5) 为了帮朋友　(6) 其他（请写下来）_____

Q27. 第一次犯罪后，你对自己的行为感到后悔吗？
(1) 后悔　　　(2) 有点后悔　　(3) 不后悔

Q28. 第一次犯罪前，在你结交的朋友中有没有曾经违法犯罪的
(1) 没有　　　(2) 有1个　　　(3) 有2个以上

Q29. 第一次犯罪前，你有没有见过别人吸毒
(1) 没有　　　(2) 见过一两次　　(3) 见过多次

Q30. 第一次犯罪前，下列哪些不幸事件在你和你家人（包括爷爷、奶奶、父母、兄弟姐妹、丈夫/妻子、子女、孙子孙女）身上发生过（有几项勾

---

① "第一次犯罪"指最早实施的那次犯罪行为，而不是最早被发现或被惩罚的行为。一般来说，犯罪行为被发现前，犯罪人可能已经实施了多次犯罪。但是，在实际调查中，很多犯罪人并不清楚自己的哪次行为最早触犯了法律，因为，法律所界定的犯罪和犯罪人认识中犯罪并不总是一回事。

② 本问卷的初稿中，答案(6)用了含蓄的"识几个字"，在试调查中，很多囚犯问"识几个字"是什么意思。后来改为"文盲"。其实，罪犯在狱中会填写很多表格，这些表格都明确的使用"文盲"的说法。这说明试调查的重要性。

③ 根据韦伯的研究，人类的行为可以分为理性行动、传统行动和情感行动。理性犯罪的动机围绕争夺稀缺社会资源展开，稀缺资源包括：权力、金钱、声望和美色。而由于遵循传统习惯而实施了与现行法律抵牾的行为，在实际中比较少见。"为了帮朋友"而犯罪，是很典型的情感行动，它并不符合理性选择的逻辑。值得注意的是，近年来，娱乐性犯罪出现较多。这种犯罪不遵循任何行动类型的规则，犯罪既是手段也是目的，相当多的网络犯罪都属于这种类型。

几项）

(1) 死亡　　　　　　(2) 重病　　　　　　(3) 重大事故
(4) 父亲违法犯罪　　(5) 母亲违法犯罪　　(6) 离婚
(7) 失业　　　　　　(8) 被人伤害（打伤、抢劫、偷盗、诈骗等）
(9) 孩子休学（或辍学、退学、开除）　　(10) 孩子违法犯罪
(11) 其他（请写下来）_____

第一次被逮捕前情况

Q31. 第一次被逮捕是_____年_____月

……

Q45. 第一次服刑期间你是否有过自杀行为[①]

(1) 没有　　　　　　(2) 一两次　　　　　(3) 多次

Q46. 第一次服刑期间你是否有过脱逃行为

(1) 没有　　　　　　(2) 一两次　　　　　(3) 多次

Q47. 第一次服刑期间你是否有过其他（除脱逃以外）犯罪行为

(1) 没有　　　　　　(2) 一两次　　　　　(3) 多次

Q48. 第一次服刑期间共获得几次"省改积"_____次

Q49. 第一次服刑期间共获得几次"改积"_____次

Q50. 第一次服刑期间共获得几次"记功"_____次

Q51. 第一次服刑期间共获得几次"表扬"_____次

Q52. 第一次服刑期间你有没有被减过刑

(1) 减过　　　　　　　　　　　　　　　(2) 没有减过

Q53. （没有减过刑的，不用填本题）第一次服刑期间你一共减过几次刑
_____，累计减刑多长时间_____年_____月

Q54. 第一次服刑期间你的通信（包括家人、亲戚、朋友）情况是

(1) 经常有　　　　　(2) 很少有　　　　　(3) 几乎没有通信

Q55. 第一次服刑期间你的接见（包括家人、亲戚、朋友）情况是

---

① 在监狱中，自杀、脱逃、暴力是严重安全事件。有这三种倾向的罪犯，都被监狱称为"危险分子"。自杀在有些改造条件比较艰苦的地区的监狱始终是一个难以解决的难题；由于现在监狱很少再有野外劳动，脱逃很少发生。有意思的是，根据对浙江省1991年1月1日至2000年12月31日发生在监所的178起脱逃案件（见黄兴瑞、孔一、曾赟：《在囚风险预测——对浙江省10年狱内案件的实证研究》，载《犯罪与改造研究》2005年第6期。）的分析表明：逃跑后没有被捕回的仅占7.1%，其余82.1%逃跑后48小时后（可长达数年）被捕回，5.4%逃跑后48小时内被捕回，5.4%逃跑后48小时后（可长达数年）自首；近些年，随着罪犯人权意识和保障力度的强化，暴力袭警案件大量增加，使监狱当局和干警措手不及。这类似实施审讯全程监控后"枉然不供"的现象。国家安全、罪犯权利、被害人情感和利益，总是处于纠缠冲突之中。

犯罪原因分析

(1) 经常有　　　　　(2) 很少有　　　　　(3) 几乎没有接见

Q56. 第一次服刑期间你收到汇款和包裹（包括家人、亲戚、朋友）的情况是

(1) 经常有　　　　　(2) 很少有　　　　　(3) 几乎没有收到

Q57. 第一次服刑期间你最多一次扣过几分

(1) 1分　　　　　　(2) 2分　　　　　　(3) 3分

……

Q64. 第一次释放前你的管理级别①是

(1) 一级宽管（A）　(2) 二级宽管（B）　(3) 普通管理（C）

(4) 预进级（D）　　(5) 严管（E）

(6) 其他（请写下来）_____

Q65. 第一次服刑期间，下列哪些不幸事件在你和你家人（包括爷爷、奶奶、父母、兄弟姐妹、丈夫/妻子、子女、孙子孙女）身上发生过（有几项勾几项）

(1) 死亡　　　　　　(2) 重病　　　　　　(3) 重大事故

(4) 父亲违法犯罪　　(5) 母亲违法犯罪　　(6) 离婚

(7) 失业　　　　　　(8) 被人伤害（打伤、抢劫、偷盗、诈骗等）

(9) 孩子休学（或辍学、退学、开除）　　(10) 孩子违法犯罪

(11) 其他（请写下来）_____

第一次出狱时的情况

Q66. 第一次出狱是什么时间_____年_____月；

Q67. 第一次出狱前你实际关押了_____年_____月

Q68. 你第一次出狱是什么形式

(1) 刑满释放　　　(2) 减刑释放　　　(3) 假释出狱　　　(4) 保外就医

……

第一次出狱后的情况

……

Q75. 第一次出狱12个月内，和你住在一起的亲属（包括爷爷、奶奶、父母、兄弟姐妹、丈夫/妻子、子女、孙子孙女）有几个②

---

① 管理级别是对囚犯的一种分类管理办法。不同级别的罪犯在监狱中的自由和权限有所不同。管理级别根据犯罪情况、现实表现和人身危险性确定。调查显示，"特别严管"和"特别宽管"两种级别的重新犯罪可能性比较大，这可以通过"抗拒改造"和"善于伪装"来解释。

② 本题测量的是家庭所能提供的社会支持程度。

Q76. 第一次出狱12个月内，和你的亲属（包括爷爷、奶奶、父母、兄弟姐妹、丈夫/妻子、子女、孙子孙女）关系整体怎么样
(1) 较好　　　　　　(2) 一般　　　　　　(3) 较差

Q77. 第一次出狱12个月内，你的家庭的经济状况
(1) 较好　　　　　　(2) 一般　　　　　　(3) 较困难

……

Q86. 第一次出狱后，你是否重新犯罪
(1) 没有
(2) 有_____再次犯罪是_____年_____月；你再次犯罪的主要原因是什么_____

Q87. 根据你的估计，在我们国家每100个人中百分之多少有犯罪行为_____%①

Q88. 根据你的估计，在我们国家每100个犯过罪的人中有百分之多少受到处罚_____%②

Q89. 你认为导致一个人犯罪的原因中社会环境能起多大的作用_____%③

……

再次感谢你的支持与合作！
2010年5月

3. 问卷信度（reliability）和效度（Validity）检验

信度（reliability）即可靠性，是指采用同一方法对同一对象进行调查时，问卷调查结果的稳定性和一致性，即测量工具（问卷或量表）能否稳定地测量所测的事物或变量。信度指标多以相关系数表示，具体评价方法大致可分为三类：稳定系数（跨时间的一致性），等值系数（跨形式的一致性）和内在一致性系数（跨项目的一致性）。信度分析的方法主要有以下四种：

(1) 重测信度法。同样的问卷，对同一组访问对象在尽可能相同的情况

---

① 重犯组和初犯组回答的平均值分别为：28.9%和22.6%。$F=8.2$，$P=.004$。重犯组对社会上有犯罪行为的人的比例估计明显高于初犯组。两组的总平均值为25.8%。

② 重犯组和初犯组回答的平均值分别为：35.0%和32.1%。$F=1.2$，$P=.267$。两组的总平均值为33.6%。这说明在犯罪人眼里犯罪暗数高达2/3，这与专家的估计惊人的一致。

③ 重犯组和初犯组回答的平均值分别为：58.2%和54.86%。$F=2.2$，$P=.137$。两组的总平均值为56.5%，这一估计应当是比较客观的。

下,在不同时间进行两次测量。两次测量相距一般在两到四周之内。用两次测量结果间的相关分析或差异的显著性检验方法,评价量表信度的高低。

(2)折半法。折半法是将上述两份问卷合成一份问卷(通常要求这两份问卷的问题数目相等),每一份作为一部分,然后考察这两个部分的测量结果之间的相关性。

(3)折半信度法。折半信度法是将调查项目分为两半,计算两半得分的相关系数,进而估计整个量表的信度。折半信度属于内在一致性系数,测量的是两半题项得分间的一致性。这种方法一般不适用于事实式问卷(如年龄与性别无法相比),常用于态度、意见式问卷的信度分析。在问卷调查中,态度测量最常见的形式是5级利克特(Likert)量表。进行折半信度分析时,如果量表中含有反意题项,应先将反意题项的得分作逆向处理,以保证各题项得分方向的一致性,然后将全部题项按奇偶或前后分为尽可能相等的两半,计算二者的相关系数(即半个量表的信度系数),最后用斯皮尔曼-布朗(Spearman-Brown)公式:$r_{xx}=\dfrac{2r_{hh}}{1+r_{hh}}$

(r_{hh}是两半测验分数的相关系数,r_{xx}为整个测验的信度估计值)求出整个量表的信度系数。

(4)α信度系数法。Cronbach α信度系数是目前最常用的信度系数,其公式为:$\alpha=\dfrac{K}{K-1}\left[1-\dfrac{\sum S_i^2}{S_x^2}\right]$

其中,K为量表中题项的总数,S_i^2为第i题得分的题内方差,S_x^2为全部题项总得分的方差。从公式中可以看出,α系数评价的是量表中各题项得分间的一致性,属于内在一致性系数。这种方法适用于态度、意见式问卷(量表)的信度分析。

效度(Validity)即有效性,它是指测量工具或手段能够准确测出所需测量的事物的程度。效度分为三种类型:内容效度、准则效度和结构效度。效度分析有多种方法,其测量结果反映效度的不同方面。常用于调查问卷效度分析的方法主要有以下几种。

(1)单项与总和相关效度分析。表面效度(Face Validity)。也称为内容效度或逻辑效度,指的是测量的内容与测量目标之间是否适合,也可以说是指测量所选择的项目是否"看起来"符合测量的目的和要求。主要依据调查设计人员的主观判断。

这种方法用于测量量表的内容效度。内容效度又称表面效度或逻辑效度,它是指所设计的题项能否代表所要测量的内容或主题。对内容效度常采用逻辑分析与统计分析相结合的方法进行评价。逻辑分析一般由研究者或专家评判所选题项是否"看上去"符合测量的目的和要求。统计分析主要采用单项与总和相关分析法获得评价结果，即计算每个题项得分与题项总分的相关系数，根据相关显著判断是否有效。若量表中有反意题项，应将其逆向处理后再计算总分。

（2）准则效度分析。准则效度（Criterion Validity）。又称为效标效度或预测效度。准则效度是指量表所得到的数据和其他被选择的变量（准则变量）的值相比是否有意义。根据时间跨度的不同，准则效度可分为同时效度和预测效度。准则效度分析是根据已经得到确定的某种理论，选择一种指标或测量工具作为准则（效标），分析问卷题项与准则的联系，若二者相关显著，或者问卷题项对准则的不同取值、特性表现出显著差异，则为有效的题项。评价准则效度的方法是相关分析或差异显著性检验。在调查问卷的效度分析中，选择一个合适的准则往往十分困难，使这种方法的应用受到一定限制。

（3）结构效度分析。建构效度（Construct Validity）。是指测量结果体现出来的某种结构与测值之间的对应程度。结构效度分析所采用的方法是因子分析。最关心的问题是：量表实际测量的是哪些特征？在评价建构效度时，调研人员要试图解释"量表为什么有效"这一理论问题以及考虑从这一理论问题中能得出什么推论。建构效度包括同质效度、异质效度和语意逻辑效度。有的学者认为，效度分析最理想的方法是利用因子分析测量量表或整个问卷的结构效度。因子分析的主要功能是从量表全部变量（题项）中提取一些公因子，各公因子分别与某一群特定变量高度关联，这些公因子即代表了量表的基本结构。通过因子分析可以考察问卷是否能够测量出研究者设计问卷时假设的某种结构。在因子分析的结果中，用于评价结构效度的主要指标有累积贡献率、共同度和因子负荷。累积贡献率反映公因子对量表或问卷的累积有效程度，共同度反映由公因子解释原变量的有效程度，因子负荷反映原变量与某个公因子的相关程度。

情景二　如何分析犯罪原因

一、问题引入

（接情景一的问题）调查发现：1. 自行车失窃时间70%在学生上课期间；2. 失窃同学中大一、大三各占40%，大二占20%（该学校为三年制大专学校）。如何分析这一现象背后的原因？失窃时间大多在学生上课时间，显而易见，是因为学生上课期间自行车疏于管理。每个年级的学生数量相当，而大一、大三失窃的比例明显高于其理论上的期望比例。这是因为：大一学生多为新车,大三学生即将离校对自行车照看不周。但较多犯罪区域的犯罪问题更为复杂,并不能直观的观察到其中的联系,必须借助统计分析方法,才可能得到可靠的判断。

二、问题分析

1843年,英国哲学家穆勒(John S. Mill,1806—1873)在其名著《逻辑体系》中系统地论述了探求因果关系的几种方法:契合法、差异法、契合差异并用法、共变法和剩余法(见表7-3)。现代建立因果关系的方法可以分为逻辑推理和数理统计方法两大类,后者可以看作是前者的数学化。逻辑推理方法主要有:归纳、演绎、比较、类推等。数理统计方法主要有:卡方检验与交互分类、方差分析、回归分析、聚类分析、主成分(因素)分析、非参数统计方法,等等。

表7-3 穆勒五法

名称	图示	说明
契合法	若 A, B, C→a, b, c A, B, D→a, b, d A, C, E→a, c, e 则 A 是 a 的因	1. 结论的可靠性和考察的场合数量有关。考察的场合越多,结论的可靠性越高。 2. 有时在被研究的各个场合中,共同的因素并不只有一个,因此,在观察中就应当通过具体分析排除与被研究现象不相关的共同因素。
差异法	若 A, B, C→a, b, c B, C→b, c 则 A 是 a 的因	1. 必须注意排除了一点外的其他一切差异因素。如果相比较的两个场合还有其他差异因素未被发觉,结论就会被否定或出现误差。 2. 注意两个场合唯一不同的情况是被考察现象的全部原因还是部分原因。
契合差异并用法	若 A, B, C→a, b, c A, B, D→a, b, d A, C, E→a, c, e 且 B, C→b, c B, D→b, d C, E→c, e 则 A 是 a 的因	1. 正反两组事例的组成场合越多,结论的可靠程度越高。 2. 所选择的负事例组的各个场合,应与正事例组各场合在客观类属关系上较近。
共变法	若 A1, B, C → a1, b, c A2, B, C→a2, b, c A3, B, C→a3, b, c 则 A 是 a 的因	1. 不能只凭简单观察,来确定共变的因果关系,有时两种现象共变,但实际并无因果联系,可能二者都是另一现象引起的结果。 2. 共变法通过两种现象之间的共变,来确定两者之间的因果联系,是以其他条件保持不变为前提的。 3. 两种现象的共变是有一定限度的,超过这一限度,两种现象就不再有共变关系。

续前表

名称	图示	说明
剩余法	若 A，B，C→a，b，c A→a B→b 则 C 是 c 的因	1. 确知复杂现象的复杂原因及其部分对应关系，不得有误差，否则结论就不可靠。 2. 复合现象剩余部分的原因，可能又是复杂情况，这又要进行再分析，不能轻率地下结论

三、问题解决

（一）相关性分析

解释犯罪的方法主要是比较法，与之对应的数学方法就是相关分析和方差分析。用于相关分析的常见方法有 x^2（卡方）检验、点二列相关、spearman（等级）相关、pearson（积距）相关等。相关分析必须明确各分析方法的适用的对象及条件，不可随意使用。如 pearson（积距）相关要求：1. 两变量均为定距以上变量；2. 两变量均正态分布；3. 两变量呈直线型关系。对利用问卷收集的定量化资料可以借助 SPSS/PC（社会科学统计软件包）来分析。下面重点介绍因果关系分析中最常用的 x^2（卡方）检验法。x^2（卡方）检验可分单因素分类（配合度）检验和独立性检验。配合度检验利用观测值和理论值做比较，如果二者差异显著，即计算的卡方值大于在一定显著性水平（一般显著性水平取 0.05）下的卡方临界值（临界值的自由度一般为类别数减 1），则说明该变量是一个有效的解释变量。下面举例说明。

某地区的自杀罪犯和罪犯总体的文化程度分布如下表所示。问自杀罪犯与罪犯总体是否有显著差异，也即罪犯自杀是否与文化程度有关？见表 7-4，表 7-5。

表 7-4　自杀罪犯与罪犯总体的文化程度比较　　　　（单位:%）

	高中	初中/中专	小学	文盲/半文盲
自杀罪犯	3.1	25.0	43.8	28.1
罪犯总体	7.97	47.5	37.28	5.43

$N=32$

表 7-5　自杀罪犯与罪犯总体的文化程度分布的观测值与理论值

	高中	初中/中专	小学	文盲/半文盲
f_o	1	8	14	9
f_e	3	15	12	2

$N=32$

犯罪原因分析

$$x^2 = \sum \frac{(f_o - f_e)^2}{f_e} = 29.5 \qquad \text{（基本公式）}$$

查卡方表可知 $x^2_{(3).05} = 7.81$

因 $x^2 > x^2_{(3).05}$

所以，罪犯自杀与文化程度有关。

独立性检验可以对两个因素之间是否存在"交互作用"做出判断。由于基本公式要求理论次数，为了避免求理论次数的麻烦，可以用下式直接计算：

$$x^2 = N \left(\sum \frac{f_{o_i}^2}{f_{x_i} f_{y_i}} - 1 \right)$$

下面举例说明，见表7-6。

表7-6 年龄与巡逻意愿

	年轻人	老年人	f_{x_i}
参与	17	36	53
不参与	83	64	147
f_{y_i}	100	100	$N=200$

$$x^2 = N \left(\sum \frac{f_{o_i}^2}{f_{x_i} f_{y_i}} - 1 \right) = 9.26$$

查卡方表可知 $x^2_{(1).05} = 3.84$

因 $x^2 > x^2_{(1).05}$

所以，巡逻意愿与年龄有关。

下面以是否重犯与初犯年龄（是否早发[①]）为例来说明在 SPSS for win. 10.0 中如何进行卡方检验（Crosstabs Analysis）。

（1）进入数据表格（图7-2）后，在菜单栏中选择：Analyze
　　　　　　　　　　　　　　　　　　　　　Descriptive Statistics▲

Crosstabs…

打开如图7-3所示对话框。

（2）在对话框左边的变量栏中选择需要分析的两个变量："是否重犯"与"是否早发"，并且把作为自变量或原因变量的"是否早发"放入 Column 框中，把因变量或结果变量"是否重犯"放入 Row 框中，如图7-4所示。

[①] 国内外很多研究表明，初犯年龄越小再犯可能越大。参见黄兴瑞：《人身危险性的评估与控制》，群众出版社 2004 年版，第 160 页。

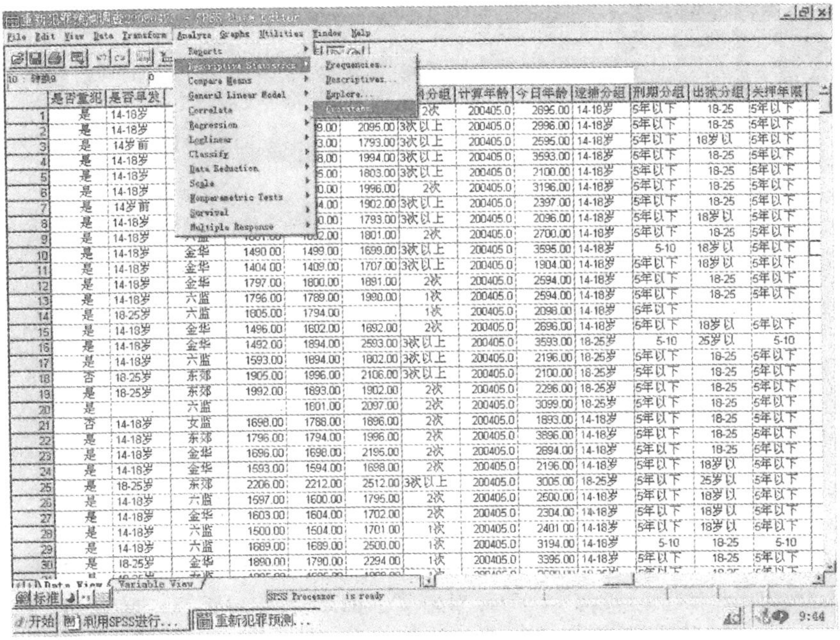

学习单元七 犯罪原因的调查与分析方法

图 7-2 卡方检验菜单栏

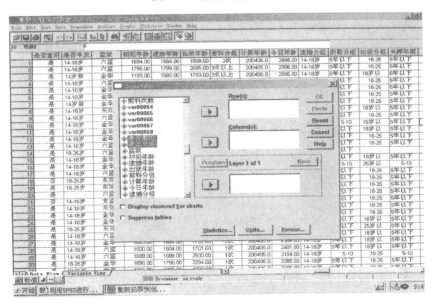

图 7-3 卡方检验分析界面

犯罪原因分析

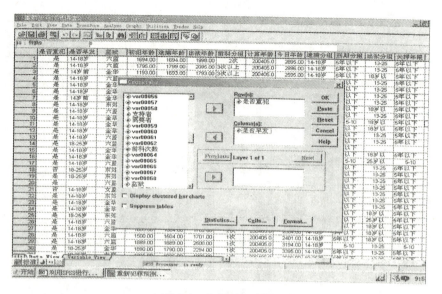

图 7-4 选择分析变量

（3）点开对话框下面的统计按钮 Statistics，得到下列对话框，如图 7-5 所示。Chi-square 项中，包含 Pearson 卡方值、似然比卡方值等，是对两个定类变量之间关系进行显著性检验的基础，必须选择；Correlations 项中，包含 Pear-

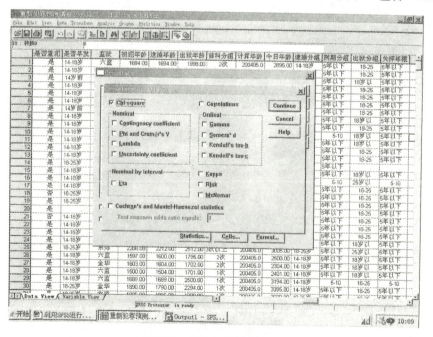

图 7-5 选择相关系数类型

son 相关系数和 Spearman 相关系数，它只适合定距以上层次的变量，对于定类或定序层次的变量来说，可以不选择此项。

（4）点击 Continue 返回上级对话框（见图 7-4），再点击 Cells，进入图 7-6 界面。根据研究的目标决定是否需要显示观察频数（Observed）和期望频数（Expected），百分比（percentages）通常选择列百分比（Column）。

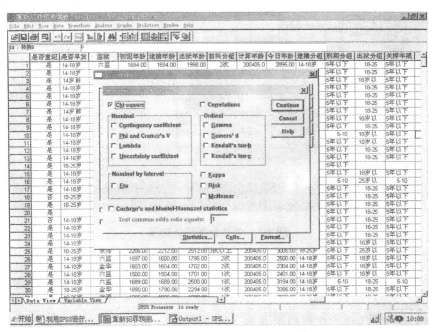

图 7-6 选择（行）列百分比

（5）点击 Continue 返回图 7-4，再点 OK 即可得到下列形式的交互分类统计结果，如图 7-7 所示。

由图 7-7 可知，卡方值为 39.973，显著性水平 P 为 .000。这表明"是否重犯"与"是否早发"有显著相关，换言之，"是否早发"会影响重犯可能性。

x^2（卡方）检验只提供了一种建立变量间关系的工具，并不是说任何在数学上成立的关系在实际中都是成立的，结果的解释必须以一定的理论学说和实践经验为背景。否则就会陷入数字游戏和虚假关系之中。

（二）方差分析

对于定距以上变量的分析，方差分析也比较常见。我们以重新犯罪调查中，重犯组和初犯组主观估计的犯罪可能性等差异比较为例，来说明利用 SPSS 进行方差分析的过程。

犯罪原因分析

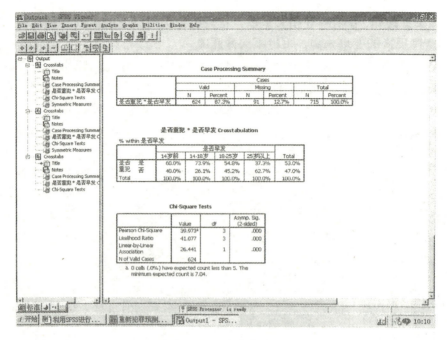

图 7-7 交互分类统计结果

你认为你本次回归社会后重新犯罪的可能性有多大_____％

根据你的估计，在我们国家每 100 个人中有百分之多少有犯罪行为_____％

根据你的估计，在我们国家每 100 个犯过罪的人中有百分之多少受到处罚_____％

你认为导致一个人犯罪的原因中社会环境能有多大的作用_____％

（1）进入数据表格（图 7-8）后，在菜单栏中选择：Analyze

Compare Means▲

Means…

打开如图 7-9 对话框。

（2）在对话框左边的变量栏中选择需要分析的两个变量："是否重犯"与"var00064"、"var00065"、"var00066"、"var00067"，并且把作为自变量或原因变量的"是否重犯"放入 Independet List 框中，把因变量或结果变量"var00064"、"var00065"、"var00066"、"var00067"放入 Dependet List 框中，如图 7-10 所示。

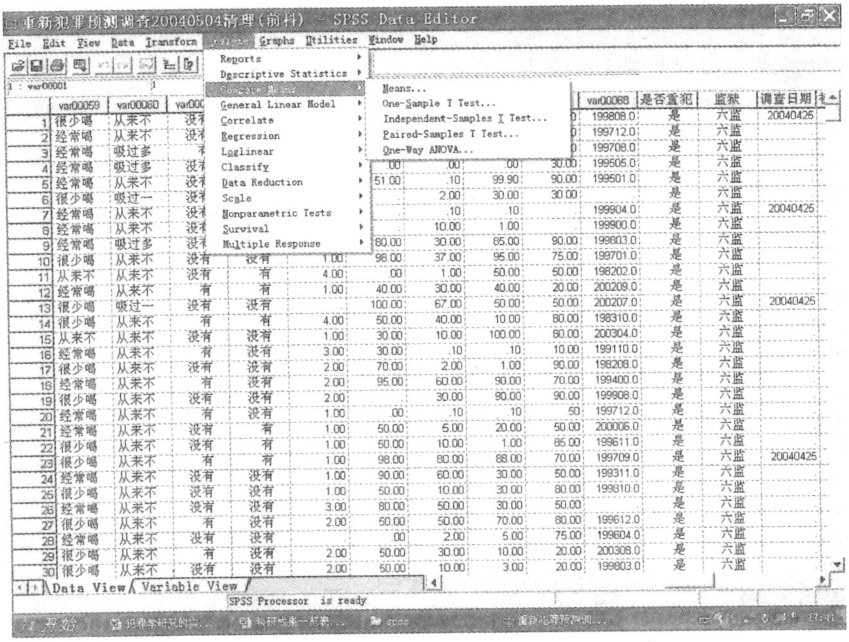

学习单元七　犯罪原因的调查与分析方法

图 7-8　方差分析菜单栏

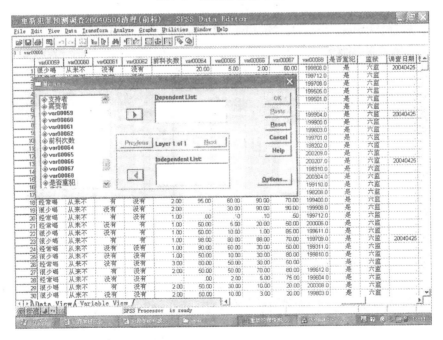

图 7-9　方差分析界面

犯罪原因分析

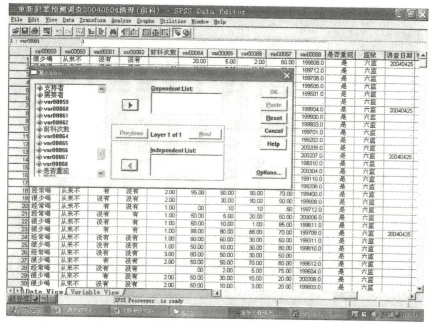

图 7-10 选择分析变量

（3）点开对话框下面的统计按钮 Options…得到下列对话框，如图 7-11 所示。选择 Means、Sta. D、Number 和 Anova table and eta。

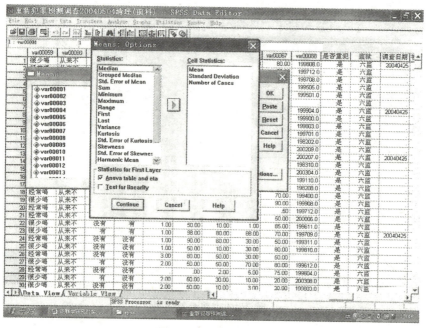

图 7-11 选择统计项

点击 Continue，返回上级对话框（图 7-10），再点击 OK。得到以下分析结果，请见表 7-7，表 7-8。

表 7-7 平均数与标准差报告表

是否重犯		VAR00064	VAR00065	VAR00066	VAR00067
是	Mean	32.505 5	28.891 4	35.020 5	58.195 0
	Std. Deviation	31.207 7	28.917 6	32.008 3	28.023 7
	N	311	326	321	319
否	Mean	20.634 8	22.562 1	32.195 5	54.842 8
	Std. Deviation	29.564 7	26.722 6	31.743 0	28.420 3
	N	299	310	309	311
Total	Mean	26.686 9	25.806 4	33.634 9	56.540 2
	Std. Deviation	30.963 5	28.026 9	31.884 5	28.247 6
	N	610	636	630	630

表 7-8 方差分析

			Sum of Squares	df	Mean Square	F	Siq.
VAR00064 * 是否重犯	Between Grouas	(Combined)	21 480.83	1	21 480.827	23.223	.000
	Within Grouas		562 389.6	608	924.983		
	Total		583 870.4	609			
VAR00065 * 是否重犯	Between Grouas	(Combined)	6 365.362	1	6 365.362	8.195	.004
	Within Grouas		492 430.5	634	776.704		
	Total		498 795.8	635			
VAR00066 * 是否重犯	Between Grouas	(Combined)	1 256.518	1	1 256.518	1.236	.264
	Within Grouas		638 179.1	628	1 016.237		
	Total		639 453.6	629			
VAR00067 * 是否重犯	Between Grouas	(Combined)	1 769.601	1	1 769.601	2.222	.137
	Within Grouas		500 126.2	628	796.379		
	Total		501 895.8	629			

注：τ 与 τ^2 系数分别为：.192/.037；.113/.013；.044/.002；.159/.004。

表 7-8 说明，重犯组和初犯组在"回归社会后重新犯罪的可能性"的估计和"社会上有犯罪行为的人的比例"的估计方面存在显著差异：重犯组比初犯组更倾向于高估。

（三）详析模式

如果要建立多变量之间的因果关系，可以借助方差分析、多元回归分析、因素分析、路径分析等方法。详析模式是多变量分析的基础也是最常见的一种多变量分析方法，现做以介绍。引入第三变量对两变量的关系进行检验以

犯罪原因分析

解释或确定这种关系的过程叫做分析的详析化,被引入的变量叫做检验因素或控制变量。当我们引入教育程度这一因素时在对上例"年龄与巡逻意愿"(见表 7-9)进行分析发现:

表 7-9　控制教育程度后的年龄与巡逻意愿　　　　　　　　(单位:%)

	高教育程度		低教育程度	
	年轻人	老年人	年轻人	老年人
参与	9	11	29	32
不参与	91	89	71	68

上表显示,在控制教育程度后的年龄与巡逻意愿关系消失了。

详析模式可以帮助研究者增进对两变量关系的确信程度。一般在下列情况下应当引入检验因素:(1)有理论或经验证明某因素可能解释其中的关系;(2)无证据证明它与自变量及因变量没有关系。[①]

(四)回归分析

回归分析是一种处理变量的统计相关关系的一种数理统计方法。回归分析的基本思想是:虽然自变量和因变量之间没有严格的、确定性的函数关系,但可以设法找出最能代表它们之间关系的数学表达形式。

回归分析主要解决以下几个方面的问题:

(1)确定几个特定的变量之间是否存在相关关系,如果存在的话,找出它们之间合适的数学表达式;

(2)根据一个或几个变量的值,预测或控制另一个变量的取值,并且可以知道这种预测或控制能达到什么样的精确度;

(3)进行因素分析。例如在对于共同影响一个变量的许多变量(因素)之间,找出哪些是重要因素,哪些是次要因素,这些因素之间又有什么关系等等。

有两个以上的自变量的回归叫多元线性回归,多元线性回归的数学模型为:

$$\hat{y} = \beta_0 + \beta_1 x_1 + \beta_2 x_2 + \cdots \beta_n x_n$$

由于多元线性回归涉及估计模型参数、讨论参数特性、进行模型检验等较为复杂的数学问题,故略去不述。有兴趣的读者可参看有关"概率论与数理统计"的书籍。下面就一元线性回归加以说明。

只有一个自变量的线性回归叫一元线性回归,也称作简单线性回归。一

[①] 参见孔一:《犯罪预防实证研究》,群众出版社 2006 年版,第 51—55 页。

元线性回归的模型为：

$$\hat{y} = \beta_0 + \beta_{yx} x$$

$$\beta_{yx} = \frac{\sum (x_i - \overline{X})(y_i - \overline{Y})}{\sum (x_i - \overline{X})^2}$$

$$\beta_0 = \overline{Y} - \beta_{yx} \overline{X}$$

线性回归的模型须满足下列基本假定：

(1) 自变量 x 可以是随机变量，也可以是非随机变量。x 值的测量可以认为是没有误差的，或者说误差是可以忽略不计的。

(2) 由于 x 和 y 之间存在的是非确定性的相关关系。因此，对于 x 的每一个值 $x=x_i$，y_i 是随机变量，或称作是 y 的子总体。要求 y 的所有子总 y_1，$y_2 \cdots y_i \cdots y_n$，其方差相等：

$$D(y_1) = D(y_2) = \cdots D(y_i) = \cdots D(y_n)$$

(3) 如果 y 的所有子总体，其均值 $E(y_1)$，$E(y_2)$，$\cdots E(y_i)$，$\cdots E(y_n)$ 都在一条线上，则称作线性假定，其数学表达式为：

$$E(y_i) = \beta_0 + \beta_{yx} x_i$$

由于 β_0 和 β_{yx} 对所有子总体都一样，所以 β_0 和 β_{yx} 是总体参数。

(4) 要求随机变量 y_i 是统计独立的。即 D_{y_1} 数值不影响 y_2 的数值，各 y 值之间都没有关系。

(5) 出于检验的需要，除了上述假定或要求外，还要求 y 值的每一个子总体都满足正态分布。

例 某地区 20 年来暴力犯罪的立案率（$1/10^5$）和实际发案率列示如下。若某年的立案率为 71 起$/10^5$ 人，估计本年度的实际发案率。

表 7-10 某地区 20 年来的犯罪的立案率和实际发案率

年度	1	2	3	4	5	6	7	8	9	10
立案率（X）	55	74	87	60	71	54	90	73	67	70
发案率（Y）	89	97	126	87	119	101	130	115	108	105
年度	11	12	13	14	15	16	17	18	19	20
立案率（X）	53	82	58	60	67	80	85	73	71	90
发案率（Y）	84	121	97	101	92	110	128	111	99	120

解：$\because \overline{X} = 71, \overline{Y} = 107$

$$\beta_{yx} = \frac{\sum_{i=1}^{n}(X_i - \overline{X})(y_i - \overline{Y})}{\sum_{i=1}^{n}(X_i - \overline{X})^2} = 1.011$$

$$\beta_0 = \overline{Y} - \beta_{yx}\overline{X} = 107 - 1.011 \times 71 = 35.239$$

∴ 回归方程为 $\hat{y} = 1.011x + 35.249$

若 $x = 71$，代入回归方程，则

$$\hat{y} = 1.011 \times 71 + 35.249 = 107.03$$

此时求得的预测值（$\hat{y}_p$）仅为实际值的一个可能取值（例如在原始数据中当 $x=71$ 时，y 就有 119，99 两个不同的取值）。与某个 x 值（x_p）对应的真正的代表值 y_0（简称真值或理论值）有 95%（α 取 0.05）的可能落在区间 $\hat{y}_p \pm t_{\frac{.05}{2}(N-2)} s_{(\hat{y}_p - y_0)}$，其中

$$s_{(\hat{y}_p - y_0)} = s_{yx} \cdot \sqrt{1 + \frac{1}{N} + \frac{(x_p - \overline{x})^2}{\sum(x_i - \overline{x})^2}}$$

$$s_{yx} = \sqrt{\frac{\sum(y_i - \hat{y}_p)}{N-2}}$$

本例中，$s_{yx} = \sqrt{\dfrac{\sum(y_i - \hat{y}_p)}{N-2}} = \sqrt{\dfrac{3\,768}{20-2}} = 14.47$

$$s_{(\hat{y}_p - y_0)} = s_{yx} \cdot \sqrt{1 + \frac{1}{N} + \frac{(x_p - \overline{x})^2}{\sum(x_i - \overline{x})^2}}$$

$$= 14.47 \cdot \sqrt{1 + \frac{1}{20} + \frac{(71-71)^2}{\sum(x_i - 71)^2}} = 15.03$$

查 t 分布表，$t_{\frac{.05}{2}(18)} = 2.101$

从样本回归方程算出当 $x=71$ 时 $\hat{y}=107.03$，因此与 $x=71$ 对应的 y_0 的 .95 置信区间为

$$107.03 \pm 2.101 \times 15.03$$

即 $75.23 \sim 138.58$

也就是说理论上立案率为 71 起每 10 万人的地区的实际发案率有 95% 的可能在 75.23 至 138.58 之间。

学习单元八 犯罪现象原因分析

犯罪是一种复杂的社会现象,那么,犯罪学者又是如何解释这一复杂社会现象的原因呢?一般地,犯罪学者首先采用描述统计的方法来状述某一特定时空中犯罪现象的规律;然后,通过分析特定时空中社会政治、经济与文化结构的变迁来解释犯罪现象的原因;也有犯罪学者采用数理统计的方法来检验社会中犯罪现象变化的原因。

情景一 如何发现犯罪现象的原因

在分析犯罪现象的原因之前,我们有必要首先界定究竟什么是犯罪现象。德国犯罪学家施耐德将犯罪现象解释为某一特定时间和某一有限空间内许多犯罪行为的总和;同时,他将犯罪行为界定为一种个别的犯罪的作为或不作为。[1] 施耐德所界定的犯罪现象是针对个体的犯罪行为提出来的,因此,犯罪现象也就成为个体触犯刑法某一罪名的行为类型,例如,杀人犯罪现象、盗窃犯罪现象、抢劫犯罪现象等。国外亦有学者将犯罪现象视为所有犯罪行为的总体,而非某一类犯罪行为的总和。波兰著名犯罪学家布·霍维斯特认为,所谓犯罪现象是指,在一定地区、一定时期内所发生的为法律所禁止的并将受到法律制裁的一切现象的总称。[2] 就此而论,犯罪现象与犯罪行为之间的关系就是一种整体与部分的关系,因此,作为一种整体的犯罪现象有着不同于部分的独有特征及规律。例如,如果我们将犯罪行为的特征定格于应受刑罚处罚性,则犯罪现象的特征却不仅仅局限于此,而是还需要从行为的反社会性来予以考量,因此,犯罪现象显示出有着不同于犯罪行为的非刑罚特征。反映这一非刑罚特征的具体内容包括:犯罪率、犯罪规律等;其中犯罪规律包括犯罪的时间规律、区域规律、年龄规律、性别特征等。

---

[1] [德]汉斯·约阿希姆·施耐德著:《犯罪学》,吴鑫涛、马君玉译,中国人民公安大学出版社1990年版,第91页。
[2] [波兰]布·霍维斯特著:《犯罪学的基本问题》,冯树梁等译,国际文化出版社1999年版,第34—35页。

犯罪原因分析

我国犯罪学者对于犯罪现象的内涵，即将其作为一种整体的犯罪现象来对待，这一论点并无争议，但对其外延却有着不同的理解。有些犯罪学者认为，犯罪现象仅指所有犯罪行为的总和，而不包括某一具体犯罪行为的总和；还有些犯罪学者则将被害现象纳入其中。例如，我国有犯罪学者认为犯罪现象涵盖了犯罪人与被害人的非刑法条文诸经验事实，从而将犯罪现象界定为，"一定时空中表征、状述和反映犯罪原因并被犯罪原因所决定，进而为预防犯罪提供依据的有关犯罪、犯罪人、被害人的非刑法条文形态的诸经验事实的总括"。①

我们认为，犯罪现象这一概念既包括了所有犯罪行为的总和，同时又包括了某一类具体的犯罪行为的总和，但反对将被害现象纳入其中。因此，我们将犯罪现象界定为一定时空中某一具体的犯罪行为或所有犯罪行为的总和。鉴于此，我们将犯罪现象界定为，状述犯罪行为与犯罪人诸经验事实的总和。就此而论，犯罪现象包括了犯罪状况与犯罪人状况两个方面的内容。

一、案例引入

表 8-1　1978—2009 年全国与浙江省刑事立案数及犯罪率统计表

年份	立案数		犯罪率		年份	立案数		犯罪率	
	浙江	全国	浙江	全国		浙江	全国	浙江	全国
1978	26 862	535 698	72.0	56.0	1994	103 997	1 660 734	239.5	141.5
1979	28 403	636 222	74.9	66.0	1995	107 018	1 619 256	244.9	136.7
1980	35 243	757 104	92.1	77.0	1996	104 615	1 600 716	237.8	133.9
1981	48 741	890 281	125.9	89.0	1997	157 718	1 613 629	356.6	133.8
1982	42 538	748 476	108.4	74.0	1998	213 581	1 986 068	472.7	163.4
1983	39 503	610 478	99.7	60.0	1999	224 042	2 994 282	493.9	244.4
1984	27 441	514 369	68.7	50.0	2000	280 781	3 637 307	623.7	287.0
1985	23 857	542 005	59.2	78.8	2001	308 280	4 458 000	682.1	349.3
1986	25 558	547 115	62.9	52.0	2002	289 064	4 336 712	637.0	337.6
1987	28 610	570 439	69.2	81.3	2003	419 543	4 393 624	921.7	340.0
1988	40 716	827 594	98.8	76.1	2004	509 844	471 800	1 113.8	362.9
1989	80 342	1 971 901	190.8	178.7	2005	512 001	464 800	1 112.5	355.8
1990	127 117	2 216 697	300.2	196.2	2006	499 930	4 744 136	1 078.5	360.9
1991	159 888	2 365 709	375.2	207.1	2007	486 700	4 807 517	1 044.6	363.9
1992	78 312	1 582 659	182.7	137.3	2008	473 683	4 885 000	925.2	367.8
1993	90 644	1 618 879	210.2	139.0	2009	467 023	5 300 000	902.3	397.0

---

① 许章瑞主编：《犯罪学》，法律出版社 2007 年版，第 67 页。

二、问题的提出

根据表8-1,我国及浙江省犯罪状况大致可作如下描述:(1)1978年至2009年间我国及浙江省刑事犯罪态势持续高发,至2009年我国的犯罪率达397.0,为1978年的7余倍;2009年浙江省犯罪率达902.3,为1978年的12余倍。(2)1978年至2009年间我国及浙江省出现二次犯罪高峰。20世纪末80年代为我国改革开放后第一次犯罪高峰;20世纪80年代末至90年代为我国改革开放后第二次犯罪高峰。(3)自20世纪90年代中期至今我国及浙江省刑事犯罪居高不下,呈逐年快速上升态势。(4)相较于全国而言,浙江省刑事犯罪状况更为严峻,其刑事立案数与犯罪率明显高于全国。(5)2005年浙江省刑事立案数达51万余起,为历年最高,其犯罪率为全国犯罪率3余倍。

根据表8-1所状述的特征,我们需要追问的是:(1)为什么我国及浙江省的刑事犯罪态势会持续快速上涨?(2)究竟是什么原因导致改革开放后我国及浙江省二次犯罪高峰?(3)20世纪90年代中期始直至现在刑事犯罪持续高发的原因是什么?(4)为什么浙江省刑事犯罪明显高于全国?

情景二 问题分析——犯罪现象的描述统计及原因解释

要回答以上问题,我们首先需要就犯罪状况与犯罪人状况的基本特征进行描述统计。一般地,犯罪学者主要从以下三个方面来描述犯罪状况基本特征:(1)一定时空中刑事立案数的多寡;(2)一定时空中犯罪率的变化;(3)一定时空范围内犯罪类型的变迁。犯罪人状况基本特征的描述主要包括犯罪人的生理属性与社会属性两方面的内容,前者主要包括了犯罪人的性别、年龄、种族等;后者则主要包括犯罪人的文化程度、职业状况、婚姻状况等。

一、犯罪状况描述

为便于更直观考察某一时空中犯罪现象的基本特征,犯罪学者一般采用描述统计的方法来绘制相关折线图或柱状图来予以明示。一般地,我们可采用excel,亦可采用统计软件,例如SPSS统计软件来绘制相关犯罪状态变化图形。

(一)犯罪变化规律

根据表8-1,我们可作图8-1。根据图8-1,自1978年至今浙江省犯罪态势呈整体快速高发趋势。1978—1981年为浙江省改革开放后第一次犯罪高峰,

犯罪原因分析

4年间浙江省刑事立案数呈整体快速上升趋势；1988—1991年出现第二次犯罪高峰，4年间浙江省刑事立案数整体快速上升，至1991年接近16万起；1992年至今浙江省刑事犯罪持续快速上升，至2004年刑事立案数突破50万起，约为1978年的19倍，为1991年犯罪峰值的3余倍。根据表8-1，2004年浙江省犯罪率（每10万人刑事立案数）为1113.8，是1978年的15余倍。

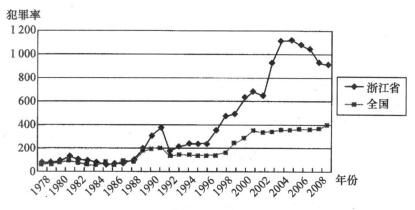

图8-1　全国与浙江省犯罪对比图

对于特定时空中犯罪状况的描述，我们还可以从治安案件查处数、看守所新增人数、法院收案数等方面来予以考量特定时空中犯罪状况变化规律。以下为浙江省2001—2009年间治安案件查处数、看守所新增人数及法院受理严重危害社会治安一审案件统计表（表8-2）。根据表8-2，我们就可以清晰描述该省2001—2009年间犯罪状况的变化规律。

表8-2　2001—2009年浙江省治安案件数、看守所新增人数及一审严重危害治安案人数

年份	治安案件数	看守所新增人数	一审严重危害社会治安案件人数	年份	治安案件数	看守所新增人数	一审严重危害社会治安案件人数
2001	205 831	86 739	25 357	2006	301 893	100 438	30 677
2002	192 371	75 287	24 430	2007	441 019	107 985	34 858
2003	199 535	76 878	21 387	2008	664 349	115 409	36 153
2004	414 220	96 129	25 395	2009	674 801	111 606	36 076
2005	339 693	95 742	27 944				

根据表8-2，作图8-2。根据图8-2，2001—2009年间浙江省看守所未决犯新增人数持续缓慢上升；2002—2008年之间未决犯新增人数逐年上升。2006年未决犯新增人数突破10余人，至2009年未决犯新增人数仍盘踞于10万以上的高位。

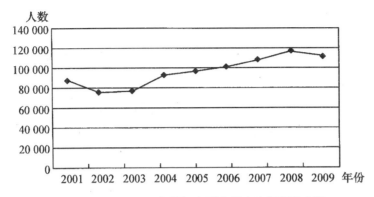

图 8-2 2001—2009 年浙江省看守所未决犯新增人数

根据表 8-2，作图 8-3。根据图 8-3，2001 年至 2009 年浙江省严重危害社会治安一审被告人人数呈上升趋势，至 2006 年突破 3 万；2009 年达至历年最高，人数为 36 076 人。结合图 8-2，2009 年看守所未决犯新增人数为 111 606 人，严重危害社会治安案件人数占总体案件数的 32.32%。

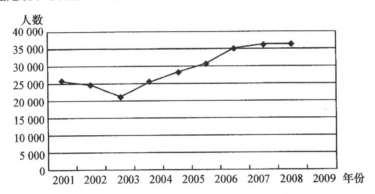

图 8-3 2001—2009 年浙江省严重危害社会治安一审案件收案人数

根据表 8-2，作图 8-4。根据图 8-4，2001 年至 2009 年浙江省公安机关治安案件查处数整体呈快速上升趋势，至 2009 年达至历年峰值，为 674 801 件。比较 2001 年至 2009 年该省刑事立案数，2001 年至 2007 年间刑事立案数高于治安案件查处数；2008 年至 2009 年间治安案件查处数明显高于刑事立案数。

面对持续高发的违法犯罪态势，我国自上世纪 70 年代末 80 年代初至今一直实施针对刑事犯罪的"严打"方针。"严打"方针短期内起到了有效遏制严重刑事犯罪持续上升态势，但刑事犯罪整体持续快速上升态势却并未得到根本改变。如图 8-1 所示，发起于 80 年代初的"严打战役"快速遏制了刑事犯罪持续高发态势，致使 1983 年至 1987 年间刑事犯罪呈缓慢回落态势，但

犯罪原因分析

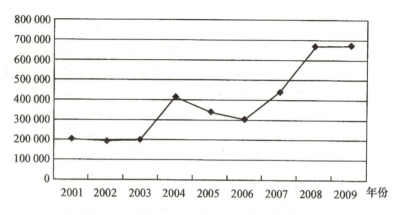

图 8-4 2001—2009 年浙江省治安案件查处数

1988 年至 1994 年间却出现了第二次犯罪高峰。发起于 90 年代初的"严打专项斗争"亦快速遏制了持续高发的刑事犯罪,但自 1992 年至今刑事犯罪持续快速上升,"严打专项斗争"并未遏制住持续高发的刑事犯罪态势。由是观之,"严打"方针虽然短期内有助于遏制持续高发的刑事犯罪,但从长期来看,其对于有效遏制犯罪来说收效甚微。

就浙江省目前违法犯罪的基本情形来看,其犯罪态势更为严峻。以 2009 年违法犯罪数据为例,其刑事立案数为 467 023 件,治安查处案件 674 801 件,看守所新增人数 111 606 人;若仅以一案一人计算,浙江省违法犯罪总人数已达 1 253 430 人,占常住总人口数的 2.4%,亦即在 100 个常住人口中有 2.4 个有违法犯罪记录。由是观之,无论从我国犯罪整体状况来看,还是从浙江省犯罪状况分析,我国自改革开放后至今刑事犯罪呈整体快速上升趋势,刑事犯罪态势持续高发。

(二)犯罪类型描述

根据学习单元一关于犯罪类型的论述,依据不同的标准可区分为不同的犯罪类型。2009 年我们对浙江省不同类型监狱在押罪犯所触犯罪名进行了随机抽样调查。首先,按照押犯总数的 10% 比例,共计抽取 10 092 个有效样本;然后,依据学习单元一所界定的犯罪类型,主要对暴力犯罪、财产犯罪、毒品犯罪、白领犯罪及风化犯罪五种进行了统计;最后,对以上五种不同类型犯罪所包含的主要犯罪进行了统计。

1. 主要犯罪类型分布

根据图 8-5 暴力犯罪为所有犯罪类型中比例最高的一种,占样本总数的比例为 49%;财产犯罪为 28%;毒品犯罪为 10%;白领犯罪为 6%;风化犯罪为 4%;其余犯罪类型比例为 3%。

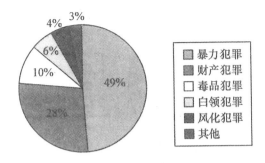

图 8-5　主要犯罪类型分布

2. 暴力犯罪

如学习单元一所指出的，暴力犯罪主要包括了抢劫罪、故意伤害罪、故意杀人罪、强奸罪、绑架罪、抢夺罪、破坏公共设施方面的犯罪等。根据抽样结果，所抽取的样本总数中暴力犯罪共计 5 342 起，占所抽取样本总数的 49%。暴力犯罪类型中抢劫罪比例最高，占暴力犯罪样本总数的 55%；故意伤害罪位居其次，占暴力犯罪样本总数的 18%；故意杀人罪为 11%；强奸罪比例为 7%；绑架罪比例为 3%；破坏公共设施方面的犯罪比例为 2%；抢夺罪比例为 2%。

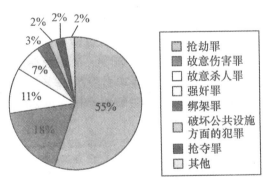

图 8-6　暴力犯罪主要罪名分布

3. 财产犯罪

财产犯罪主要包括盗窃罪、诈骗罪及敲诈勒索罪。根据抽样结果，盗窃罪在财产犯罪类型中比例最高，占财产犯罪样本总数的 88%；诈骗罪位居第二，其比例为 10%；敲诈勒索罪较低，其比例为 2%。

4. 毒品犯罪

毒品犯罪主要包括运输、贩卖毒品罪两种罪名。根据抽样结果，运输、贩卖两种罪名在毒品犯罪类型中比例最高，占毒品犯罪样本总数的 96%；其余毒品犯罪仅占毒品犯罪所抽取样本总数 4%。

犯罪原因分析

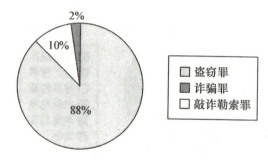

图 8-7 财产犯罪主要罪名分布

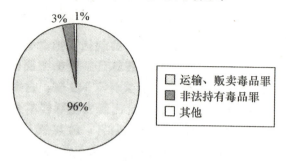

图 8-8 毒品犯罪主要罪名分布

5. 白领犯罪

如学习单元一所论述的，白领犯罪主要包括了合同诈骗罪、贪污贿赂犯罪、职务侵占罪、票据诈骗罪及贷款诈骗罪。根据抽样结果，白领犯罪类型中合同诈骗罪比例最高，占白领犯罪样本总数的38%；贪污贿赂犯罪占白领犯罪样本总数的36%；职务侵占罪占白领犯罪样本总数的12%。

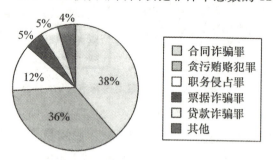

图 8-9 白领犯罪主要罪名分布

6. 风化犯罪

风化犯罪是指侵犯社会风化，危害社会善良风俗的犯罪，主要包括聚众斗殴罪、寻衅滋事罪、组织卖淫罪、引诱、容留、介绍卖淫罪及强迫卖淫罪。根据抽样结果，风化犯罪类型中聚众斗殴罪占该类犯罪样本总数的45%；寻衅滋事罪为36%；组织卖淫罪为8%。

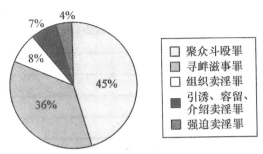

图8-10 风化犯罪主要罪名分布

二、犯罪人状况描述

犯罪人状况主要包括犯罪人的犯罪年龄、文化程度、职业、前科次数及刑期等状况，兹以前述随机抽取的样本为例予以说明。

（一）犯罪年龄

根据随机抽取的样本，犯罪人犯罪时平均年龄为27周岁；其中，18周岁以下的403人，占样本总数的4%；19～25周岁的犯罪人4 486人，占样本总数的42%；26～35周岁的犯罪人3 508人，占样本总数的33%；36～45周岁的犯罪人1 617人，占样本总数的15%；46周岁以上的犯罪人594人，占样本总数的6%。

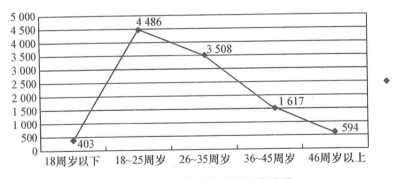

图8-11 犯罪人犯罪时年龄曲线图

（二）文化程度

根据抽样结果，犯罪人捕前文化程度状况可作如下描述：（1）捕前文化程度系文盲的354人，占样本总数的3%；（2）捕前系小学文化程度的3 790人，占样本总数的35%；（3）捕前系初中文化程度的5 518人，占样本总数的50%；（4）捕前系高中文化程度（包括中职与中专）的965人，占样本总数的9%；(5) 捕前系大专文化程度（包括职高）的211人，占样本总数的2‰；(6) 捕前系大学文化程度的128人，占样本总数的1‰；(7) 捕前具有研究生学历的15人，仅占样本总数的极微小部分。

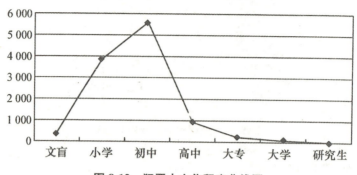

图8-12 犯罪人文化程度曲线图

（三）捕前职业

对于犯罪人职业描述，我们首先需要明确的是依据怎样的标准划分职业类型。依据社会学家陆学艺先生的界定，社会职业可划分为10类，即国家与社会管理者、经理人员、私营企业主、专业技术人员、办事人员、个体工商户、商业服务人员、产业工人、农业劳动者及无业者等。划分的依据详见表8-3。

表8-3 职业分类依据①

分类指标 阶层	劳动分工	权威等级	生产关系	制度分割	主要资源
国际与社会管理者	中高级专业技术水平	中高层管理	代理（不占有生产资料但可以控制或支配生产资料）	体制内核心部门	组织资源
经理人员	中高级专业技术水平	中高层管理	受雇（不占有生产资料但可以控制或支配生产资料）	体制内、体制内边缘或体制外部门	文化资源或组织资源
私营企业主	不确定	高层管理	雇用他人（占有生产资料）	体制外	经济资源
专业技术人员	中高级专业技术水平	自主从业或被管理（有一定自主性）	受雇或自雇（不占有生产资料）	体制内或体制外	文化资源

---

① 陆学艺主编：《当代中国社会流动》，社会科学文献出版社2004年版，第7-8页。

续前表

阶层\分类指标	劳动分工	权威等级	生产关系	制度分割	主要资源
办事人员	中低级专业技术水平	被管理或中低层管理	受雇（不占有生产资料）	体制内或体制外	一定量文化资源或少量组织资源
个体工商户	高低不等	被管理或低层管理	自雇或雇用（占有生产资料）	体制外	一定量经济资源
商业服务业人员	技术型、半技术型或非技术性体力劳动	被管理或低层管理	自雇或雇用（不占有生产资料）	体制内或体制外	少量文化资源或少量组织资源
产业工人	技术型、半技术型或非技术性体力劳动	被管理或底层管理	自雇或雇用（不占有生产资料）	体制内或体制外	少量文化资源或组织资源
农业劳动者	技术型、半技术型或非技术性体力劳动	自主从业	自雇或雇用（占有少量或不占有生产资料）	介于体制内与体制外之间	少量经济资源或文化资源

根据抽样结果，犯罪人捕前职业状况可作如下描述：（1）捕前系农业劳动者计6 657人，占样本总量的62%；（2）捕前系无业者计2 500人，占样本总量的23%；（3）捕前系商业服务人员者计488人，占样本总量的4%；（4）捕前系个体工商户者计363人，占样本总量的3%。

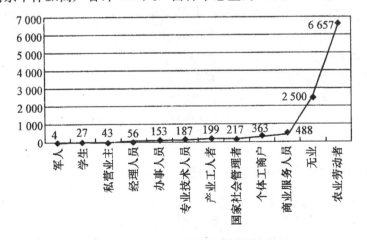

图8-13 犯罪人捕前职业曲线图

犯罪原因分析

根据上述，我们可以从以下三个方面来描述犯罪人捕前职业的基本特征：（1）农业劳动者犯罪人比例最高；即便我们扣减农业劳动所占人口总比例等方面的因素，农业劳动者的犯罪总量及所占比例也是非常高的；（2）捕前系无业者犯罪比例高。结合我国关于失业的统计数据，捕前系无业者的犯罪总量及所占比例明显过高；（3）白领犯罪比例较低。一般地，具有国家与社会管理者、专业技术人员等职业及具有较高社会地位者，其犯罪风险明显低于其他职业。

（四）前科次数

根据抽样结果，在随机抽取的10 992个样本中，有前科的犯罪人为2 333人，约占样本总量的21%；其中，有1次前科的犯罪人为1 837人，约占样本总量的16.7%，占前科总量的78%。2004年我们统计的重新犯罪率是14%；5年时间内增加了约7%。由上观之，我国重新犯罪的比例正在逐年增高。

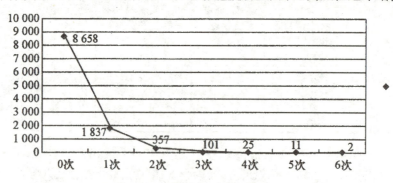

图8-14 犯罪人前科次数曲线图

（五）刑期

根据抽样结果，犯罪人原判刑期平均约为10年5个月，原判刑期的总体分布大致可作如下描述：（1）原判刑期在3年以下（包括3年）者为1 270人，占样本总量的12%；（2）原判刑期在5年以下（包括5年）者为1 463人，占样本总量的13%；（3）原判刑期在10年以下（包括10年）者为3 117人，占样本总量的28%；（4）原判刑期在15年以下（包括15年）者为2 609人，占样本总量的24%；（5）原判刑期在15年以上（不包括15年）者为2 532人，占样本总量的23%。

三、犯罪状况变化的原因解释

如上述情景1所描述，浙江省三十年来共计有三次犯罪高峰，第一次犯罪高峰的一个显著特征是农村犯罪比率突然升高，而农村犯罪类型的一个显著特征是农村有组织犯罪持续攀升。那么，我们究竟又如何解释这种犯罪状况变化的原因呢？

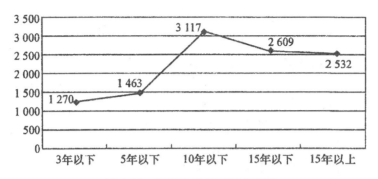

图 8-15 犯罪人原判刑期曲线图

我们试图从社会转型与结构变迁的视角来分析农村有组织犯罪的成因。随着社会转型,社会结构逐渐分化与重构。结构主义所使用的"结构"被当作潜藏于外在表象之下的决定因素。支撑它的日常社会经验与信念则被看作一种假象,掩盖了位于意识层次下的一个真实但却隐秘的实在。这一隐秘实在被描述为一种结构。结构主义认为要把社会现象理解成组织有序的关系系统。组成单位只能从它与其他单位之间的关系的角度来理解。基特和厄里认为结构分析具有典型的符号学味道,符号可以被理解成一种符码,一旦被破译,就可揭示出那种结构性决定因素。① 结构的根本组织原则多是二元对立。结构主义者力求在社会生活的各个层面,例如经济层面、政治层面和意识形态层面之间,发现它们的同构现象,并考察这些层面之间充当转换规则的关联。由于结构的组织原则是二元对立的,因此,社会中的结构就存在着矛盾与冲突,犯罪正是结构性矛盾的反映与表征。

(一)结构变迁与乡村社会有组织犯罪

随着现代文明的嵌入,"陶令不知何处去,桃花源里可耕田?"的政治理念似一首远古的歌谣长眠于世人的记忆中。"日出而作,日入而息"的田园式生活亦随着乡村社会的变迁被历史无情地划上了句号。昔日沉寂的农村,如今变得异常躁动;曾经循规蹈矩的农民,现在不再安分守己。

伴随着国家对农民的"松绑"和农民主体意识的增强,乡村社会结构在变迁中演进。自建国以来,我国乡村社会的变迁大致经历了土地改革、农村合作社、人民公社和家庭承包责任制四个历史时期。从动态层面来分析,前三个时期的整合模式是政治整合;后一时期的整合模式尚未定型,当代农村正处于向市场整合转变的进程中。从静态层面来分析,前三个时期村落体的性质是政治共同体;后一时期村落体的性质则呈现多样化趋势。

---

① 转引自马尔科姆·沃特斯著:《现代社会理论》,华夏出版社 2000 年版,第 101 页。

但就全国大多数农村来说，我国的农村村落正向经济共同体演进。当代农村正处于转型进程中，与之相伴而行的是社会的分化与整合，秩序的失范与重建，系统震荡的危险与机遇。美国学者白鲁恂（Lu Can Pye）把发展中国家现代建设进程中所面临的不稳定状态概括为六大危机，即认同危机、合法性危机、命令贯彻危机、参与危机、整合危机与分配危机。① 在我国当代的乡村社会里，六大危机几乎同时存在，其突出表现就是各种有组织犯罪现象。

我们把乡村有组织犯罪现象作为因变量，把乡村社会结构作为自变量，从乡村社会的结构性矛盾中可以推演有组织犯罪的成因（图 8-16）。我们认为，乡村有组织犯罪是结构性矛盾激化的产物和表征，是以血缘、地缘为纽带聚合起来的，以获取经济利益为目的，采用暴力、恐怖或其他手段在一定区域或人群中实施非法控制的行为。

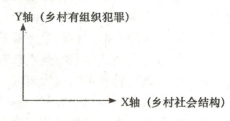

图 8-16　乡村社会结构与有组织犯罪的关系

我们可以从两个层面来架构乡村社会结构：一是从宏观层面来建构动态的乡村社会结构；二是从微观层面来建构静态的乡村社会结构。动态结构既具有动感，又富有解释力，是解读乡村有组织犯罪原因的主要分析性工具。静态结构是动态结构演变的产物，受其影响和制约（图 8-17）。

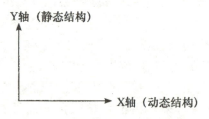

图 8-17　动态结构与静态结构的关系

（二）乡村社会之动态结构

乡村社会之动态结构包括两个面相，一个中介和多种维度（图 8-18）。

---

①　王沪宁著：《当代中国村落家族文化》，上海人民出版社 1991 年版，第 61 页。

学习单元八 犯罪现象原因分析

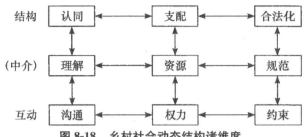

图 8-18 乡村社会动态结构诸维度

（1）乡村社会互动三要素。

乡村社会的互动包括三个要素：认同、权力和规范；其中任何一个要素的离异如认同危机、权力异化、规范功能的丧失都会导致社会互动的阻滞和社会联系的断裂，从而引发有组织犯罪。

认同从心理学的角度来说是指个体对某一事物在内心深处基于一种感性和理性的了解分析，而形成的一种潜在认可，接受以至尊重。人的生活需要一定的本体性安全感和信任感，而这种感受是产生认同的基石。一旦这种感受受到来自支配结构权力体系的威胁时，人们就会变得焦虑和紧张，从而导致认同危机。而认同危机又会导致合法性危机。认同危机和合法性危机是结构性矛盾外化的产物。

关于什么是权力的问题，不同的理论家有不同的回答。结构—功能主义者帕森斯认为，权力是人们为实现想要达到的任何目的而采取的"一般化手段"或者说得清楚一点，它是"通过控制人们所处的社会环境，追求目的并达到这一目的能力"。① 因此，这一种权力是集体性的，或曰弥散性的，它包含了与人的意向性或目的论的特定关系。但是这样一种权力却又受到来自规范，特别是资源的制约，因而权力又是分配性的，或曰权威性的。② 因此，我们所建构的结构图中的权力是二元的，而非一元的。所以，这样一种权力的取得需要调集两种资源，一是配置性资源，指对物质、商品或物质现象产生控制的能力；二是权威性资源，指对人或者行动者产生控制的各种转换能力。③ 帕森斯主张，权力越是被授予权威，就会有更多的权力，帕森斯将权力说成是政治系统赖以运作的媒介。孟德斯鸠认为，"一切有权力的人，都善于

---

① 白建军：《控制社会控制》，载《北大法律评论》2000 年第 2 期。
② 马克斯认为权力是分配性的，权威性的。在马克斯看来，一个人拥有的物质资源越多，就越能控制他人，对稀缺资源的垄断能够促使那些需要而没有这些资源的人们的服从。参见马尔科姆·沃特斯著：《现代社会理论》，华夏出版社 2000 年版，第 233 页。
③ 权威性资源，指权力生成过程中所需要的非物质资源，来源于驾驭人的生活能力，是某些行动者相对于其他行动者的支配地位的结果。从实体层面说，权威性资源指的是政治因素。配置性资源，指权力生成过程中所需要的物质资源，包括自然环境与人工物质产品，来源于对自然的支配。从实体层面说，配置性资源指的是经济因素。参见安东尼·吉登斯著：《社会的构成》，李康、李猛评，三联书店 1998 年版，第 521 页。

滥用权力，这是一条亘古不易的真理。"① 国家公权力的异化，常常招致人民对其合法性的质疑，人民遂渐丧失对政府的信任，因而合法性危机便随之产生。

将国家与社会的背景投影到乡村社会上，就表现为基层政权与村落体之间的互动。村民通过对其行动的反思性监控彼此交流着相互的认同，实现沟通的目的。基层政权以国家代理人的身份依照规范行使管理乡村社会的权力。随着乡政村治模式的型构，国家将权力的触角收缩到乡镇一级，并企求市场这只"看不见的手"来整合乡村社会。那么，这种权力的下放是否意味着国家对乡村社会控制的削弱？对这个问题有两种不同的回答。一种意见持否定态度，认为权力的下放并不意味着国家权力的削弱。舒依（V. Shue）论证道，目前的市场化和"权力下放"的改革不能是被看作削弱国家权力的企图；相反，必须看作是正在努力打碎地方性权力资源，从而使中央当局得以经由经济增长而扩张国家权力及巩固民族国家的能力。② 另一种意见持肯定态度，认为权力的下放意味着国家对社会控制的削弱。我们认为，从社会发展的前景来看，舒依的观点无疑是正确的。然而，就我国目前的情况来看，市场整合的构想在我国广大的农村将在相当长一段时间内无法实现。因此，旧的整合机制的远离和新的整合机制的尚未建立使农村日渐趋于无序和混乱。其理由是：第一，国家期望通过"看不见的手"来整合社会的前提条件是：(1)市场经济的高度发达；(2)民主政治的日臻完善；(3)法治精神的深入人心。也就是说，国家通过市场扩张其权力、巩固其能力的企图只有在国家与社会相分离的基础上才得以实现。然而在我国的乡村社会里，市场经济很不发达，民主政治的种子尚在萌芽，法治精神则更有待于培养。因此，一只"看不见的手"并没有在乡村社会显形，市场整合在乡村社会无以奏效。第二，我国的乡村并没有告别传统，远离乡土气。这正如希尔斯所说的，"一个社会与其过去的纽带关系不可能完全断裂，它是社会本身所固有的，不能由政府的法令或旨在专门立法的公民'运动'所创设。"③ 这种期望与经验之间的裂口，如果不断扩张，就必然会引发两种危机，即发展的危机和超验的危机。超验危机的扩张可能将社会成员带进"不合作的陷阱"，甚至会瓦解社会的道德基础。④ 两种危机的发生将不可避免地导致社会整合能力的降低和乡村社会的无序。

(2) 乡村社会结构三个向度。

乡村社会的结构层面包括三个向度：认同、支配和合法化。韦伯区分了两

---

① [法] 孟德斯鸠著：《论法的精神》，商务印书馆1961年版，第251页。
② 转引自张小劲：《中国农村的村民自治再思考》，载《中国书评》1998年第12期。
③ 希尔斯著：《论传统》，上海人民出版社1992年版，第440页。
④ 汪丁丁：《扩展秩序与演讲道德》，载《自由与社群》，三联书店1998年版，第113-114页。

种支配,一种是合法性支配,另一种是不合法支配。对于合法性支配,韦伯根据合法性基础之不同,又区分了三种支配:第一种是个人魅力型支配,指的是凭借使个人卓尔不群的独特个人才能或天赋而被赋予合法地位的支配类型;第二种是传统性支配,主要出现在划分等级的社会里;第三种是法理型支配,其合法性来源有二:一为"法律"成分,包含为下属接受的规则或法律,下属预期上司会循此行事;一为"理性"成分,意味着这些规则对完成特定和直接的目标而言富有效力与效率。① 图式中的支配指的是法理型支配,而支配仅仅是一种有着特定内容的命令被给定的一群人遵从的可能性。因此,支配虽然依靠权力调集资源,凭借"法律"和"理性"使其合法化,从而获得一种发布命令的能力,但这种能力仅仅是一种可能性,是一种制度层面上的分析。支配功能的实际发挥,需要人们对其合法性的认同,而这种认同既是社会整合的基石,也是社会秩序稳定的缓冲器。然而在社会转型的进程中,由于社会的不断分化,而相应的整合机制又尚未建立,因此,就会产生结构上的矛盾。

"合法化"最基本的意思是:显示、证明或者宣称是合法的,适当的或正当的,以获得承认或授权。合法化可以理解为在合法性可能被否认的情况下对合法性的维护,也即合法化是指合法性的客观基础被质疑的时候为达成关于合法性的某种共识的努力。② 合法性的基础可以是法律程序,也可以是一定社会的价值或共同体沿袭的先例。在乡村社会,基层政权的合法化从规范的层面来讲是来自于法律规范,但从经验的层面来讲是来自上级组织,因此,结构性矛盾的发生乃至激化是无法避免的。

(三) 乡村社会之静态结构

我们认为,家族、村落体、农民阶层是静态乡村社会结构的三要素。从静态的角度洞悉乡村社会,探讨有组织犯罪的成因,需要求助对上述三要素的解释(图 8-19)。

图 8-19 乡村社会静态结构

---

① Weber, *economy and society*, university of California press, 1978, p. 215.
② [德] 哈贝马斯著:《合法性危机》,台湾时报文化出版企业有限公司 1994 版,第 184—186 页。

第一，家族组织是一种血缘或拟制的血缘群体，它在中国历史上绵延数千年，生息不灭，自有其深刻的历史原因和文化背景。于此我们并不打算阐述家族组织绵延不断的原因，而仅截取家族的功能这一断面来分析乡村社会结构，以为有组织犯罪的成因分析提供一个可供参考的变量。尽管随着社会的转型和变迁，家族的功能不断分化，但在现代农村家族的基本功能仍然存在。我国学者王沪宁概括了村落家族所具有的六大基本功能：生存、维护、保护、绵延、族化、文化。王沪宁进而指出："村落家族本身是一种秩序，在新的秩序没有彻底取代它之前，它起的基本功能就具有存在的合理性"。① 王沪宁先生的这段话似乎暗含了在新的整合机制尚未形成之前，家族的整合功能仍有其存在的理由。详言之，从制度层面来分析，市场化和"下放权力"的制度设计应该是现代民族国家所作出的理性抉择，是能够达到扩张其权力和巩固其能力的目的的。但从经验层面来看，在我国农村中市场整合所需的条件远未具备，因此，这种整合机制无法起到将农村整合进国家权力体系之中的作用。这种制度和经验之间的鸿沟直接导致了集体组织的松散、弱化和家族组织的紧密、强化之意外后果。由于结构性矛盾的存在，甚至激化，家庭组织通过族化功能强化其生存和保护功能，以达到与基层政府相抗衡的目的。家族组织的复兴，以致强化对乡村秩序产生以下两方面的影响：（1）村落体可以利用家族势力，群体抵抗国家法律、法规的实施。根据有关资料显示，由于农民对基层政府的功能合法性存在普遍的怀疑和否定，因此，家族组织与基层政权的正面冲突在有些地区已成为相当普遍的现象。（2）村落体可以利用家族势力与其他村落体或单位在争夺资源方面进行武力械斗。

第二，从人和人之间联系的纽带来划分，村落体应该是一种地缘群体。但在我国的乡土社会里，它又是血缘的，是血缘关系的载体。正如费孝通先生所说，"在稳定的社会中，地缘不过是血缘的投影，不分离的"。② 在变迁中的乡村社会里，村落体又融入了业缘关系。因此，我们可以说，村落是乡村社会的各种关系的交汇点，是人们洞悉乡村社会变迁的灵敏器。单就这一点而论，我们就有必要了解村落的性质了。关于中国农村是否存在村落共同体的问题在日本学术界曾引起过广泛的论争。按照清水盛光、平野义太郎的观点，中国农村存在着"乡土共同体"；而戒能孝通和福武直则认为中国农村不存在村落共同体，村落是由松散的个人联合而成的集体，由纯粹的实力关系

---

① 王沪宁著：《当代中国村落家族文化》，上海人民出版社 1991 年版，第 103—144 页。
② 费孝通著：《乡土中国·生育制度》，北京大学出版社 1998 年版，第 70 页。

所支配。我们认为对中国农村是否存在村落共同体,不能一概而论。正如有学者所指出的在有些地方存在村落共同体,有些地方仅是个人松散的集合。有鉴于此,我用村落体这个模糊的词语来指称村落内部各成员之间的交互关系和村落组织。我们将从以下两个方面来考察村落体的性质:首先,从乡村社会之动态结构对静态结构的约制方面来考察;其次,从村落内部各成员之间的联结纽带来考察。依据上述标准,我们区分了四种不同性质的村落体:(1)家族共同体,主要存在于封建社会时期。它是一种纯血缘群体,群体之间的联结纽带是血缘。(2)政治共同体,主要存在于我国的计划经济时期,它是一种地缘群体。(3)生存共同体,主要存在于商品经济不太发达,市场经济很不完善的时期。它是一种半血缘群体。家族的功能尚未消退,新的制度秩序尚未建立是产生生存共同体的主要原因。(4)生活共同体,主要存在于商品经济发达,市场经济较为完善的时期。从社会发展和社会整合的角度来看,生活共同体是一种理想的共同体形式,因为它既可以促进乡村经济的发展,又可以加强乡村社会的整合。在现阶段,我国广大农村的村落体性质多数表现为生存共同体,只有在少数经济发达的农村,村落体的性质才表现为生活共同体。

第三,随着社会的转型,乡村社会日益分化,这种分化主要表现在结构分化及功能分化。有学者根据农民所从事的职业类型、使用生产资料的方式和对所使用生产资料的权力这三个因素的组合,将农民划分为农村干部、集体企业管理者、和营业主等10个阶层。由于阶层的分化,农民各阶层之间必然会存在矛盾。我国有学者按照矛盾的起源区分了两种不同类型的矛盾。第一种类型的矛盾起源于对某一阶层功能的合法性的怀疑和否定;第二种类型的矛盾起源于对阶层间收入分配合法性的怀疑和否定。由功能不合法性所引起的矛盾,主要表现在农村干部阶层和其他各阶层的关系中;收入分配不合法性的矛盾,主要表现在低收入阶层和高收入阶层之间的关系中。[①] 矛盾的激化引发了乡村社会的有组织犯罪。

(四) 乡村社会系统中的结构性矛盾

1. 基层政权的藤状寄生结构

乡镇建制的恢复和村民自治的推行并没有达到国家预设的"通上下壅蔽"的目的,反而使得基层政权越来越成为游离于国家与社会之间的利益投机团体。正如我国学者张静所指出的,基层政权正在远离国家的利益,同时也没有贴近社会的利益,它们日益成为既脱离了原来的行政监督,同时又未受到

---

① 陆学艺著:《转型时期农民阶层分化》,载《中国社会科学》1992年第4期。

犯罪原因分析

任何社会监督，相对独立的、内聚紧密的资源垄断集团。① 以基层政权体系内某一级官员为绳头而组成的呈分散状上下延伸的纵向关系网及其横向关系网系结像一根根粗大的藤萝附在国家政权主干上，并从中吸收着私利的营养，因此我们把这样一种结构形象地称为藤状寄生结构。

首先，国家通过上级组织的授权使基层政权合法化，因此，基层政权所关注的是上级的满意，而不是社会的满意。基层政权的官方身份和上级对其"合法化"的支持使它一切损害乡村社会利益的行为借完成"公共"任务的名义得以正当化。于是它越来越从当地乡村社会的利益一体化结构中分离出去，成为一个"欺上瞒下"、"独立"、"专权"的实体。

其次，村民自治的实际运行偏离了国家的初衷，未能达到整合乡村的目的。我国有诸多学者对村民自治之设立的目的曾有过较为详尽的论述。徐勇认为，《村组织法》之所以采用村民自治方式而不采用传统的行政化手段，来控制广袤的农村以达到整合乡村社会的目的，其理由在于："实行农村家庭承包制后，国家难以再通过控制经济社会资源的方式治理农村，国家有限的财力也不可能使所有的农村基层组织行政化。在这一背景，国家唯有通过下放权力，运用深藏于农村社会中的自组织力量来自己管理自己，调动农民群众的积极性，以便重建国家在农村社会中的权威"。② 然而从实证层面来分析，代表国家权力的基层政权与村民之自治权的互动往往是"零和"的；也就是说，基层政权利用其支配地位所得到的恰恰等于村民因服从所失去的。这种"零和"博弈主要体现在以下两个方面：其一，凡涉及到农民义务的履行、国家政策的执行和重大决议的作出时，例如，征兵、征粮、征税、集资、摊派以及计划生育工作的开展，行政权力则完全代替了村民的自治权，它要求村民无条件的服从和执行，"自治"成了"他治"。其二，凡关系到村民利益的维护与保障、公益事业建设及公共事务管理时，例如，村道的养护和修建，水岸、池塘、水渠等公共设施的护理和建造则主张自治，撒手不管，放任自流，这样自治就成了"无为而治"。

再次，尽管中国农村实行了家庭联产承包责任制，并且言明三十年不变，但土地的所有权还是归集体所有。作为集体的代言人和国家代理人的基层政权，常常打着为公益事业的幌子和以国家的名份蚕食着村民的土地承包经营权。基层政权的惯常做法是：土地是集体或国家所有的，因此他可以国家名义为公共事务之目的对土地实行征用。村民在失去土地的同时，得到的又是

---

① 张静著：《基层政权——乡村制度诸问题研究》，浙江人民出版社2000年版，第89页。
② 徐勇著：《中国农村村民自治》，华师范大学出版社1997年版，第159-160页。

什么呢？是土地补偿款，抑或是一个无需交纳农业税及其他各项费用的自由民身份？村民真正得到的也许是后者，而土地补偿款常常被基层政府以各种名义收归"国"有。甚至还有乡、镇政府乡村委会侵吞了土地征用款，而完全不顾村民的利益。大量的实证资料表明，在非规范、甚或规范的土地交易中，获利者都不是村民，而是基层政府。

基层政权除了在土地交易时扮演经营者与管理者两种角色外，而且还表现在对乡、镇企业的管理上扮演经营角色。集体产权制提高了基层政权合法经营公共财产的能力，继而基层政权可以独自地或集团性地掌握公共资产的控制权和收益分配权。基层政权在这两个领域的角色给乡村干部提供了通过分配领域牟取私利的便利。集体资产的所有者（村民）并不能行使财产权利，而产权的代理人（乡、镇及村有关机构）却成为财产权利的享有者。基层政权不仅享有对公共财产的经营、转让等权利，而且还享有生产剩余的分配权。因此，作为国家权力代理人的乡、镇干部可以堂而皇之地进行各种各样的寻租行为。

从以上分析中我们可以得出以下结论：（1）乡、镇建制和村民自治并没有成功地控制乡村社会，反而使乡村处于一种更加离散的"失范"状态之中。（2）基层政权对乡村社会的控制力度大为减弱，使得想象中的国家强势并不多见，农村社会日益陷入无序之中。这也许正是舒依所论及的地方主义模式，他把农村地方视为自治的实体，认为它的"地方主义"特性对国家的权力直接构成障碍。[①]

2. 村落体的网状自生结构

我国现代的行政村基本上承袭了古代自然村遗留下来的同姓而居的特质，因此，村落体可以被视为宗族的载体，与宗族群体一样起着保护、保障的功能。家庭承包制使家庭成为生产职能的主要承担者。正如王沪宁所指出的，包产到户改变了整个农村社区的组织结构，家庭作为第一环境担负起生产、生活、培育后代的主要功能，第二环境则由乡村之间、亲属之间、邻里之间的联系所取代。在这样的格局中，家庭要在经济生活中取得成功，就需要较多地依赖家族成员的素质，而以家庭为核心的社会关系组成的第二环境又将这种依赖放大了。[②] 村民为了进行生产协作和寻找新的发展机会以使自己先富起来便不得不寻求亲属关系、血缘关系的支持。因为家族的生存、维持和保护功能在争取稀有物时越来越起着举足轻重的作用。所以，沉寂长达20年之

[①] 张静著：《旧传统与新传统》，载《自由与社群》，三联书店1998年版，第403页。
[②] 王沪宁著：《当代中国村落家族文化》，上海人民出版社1991年版，第62—63页。

久的家族势力便逐渐抬头。在某些农村家族实际上起着整合乡村社区的作用。家族组织犹如一张笼罩四野的网，家庭就像一颗闪烁的星辰点缀其间。网上有着无数个难解的结，结与结之间纵横交错，形成内生于乡村社会的另一权力结构。

首先，随着乡政村治模式的建构，市场经济的推行，农民的主体意识和自由程度相对提高。乡村社会日渐分化，多重权力格局逐渐形成。根据学者的研究，目前我国乡村的权力组合已出现多种格局：(1) 均质性权力分配格局，一般见于较贫穷落后的农村。农民自组织成了防卫和保障性团体，并且宗法和宗教组织表现出了较大的独立性。小农经济的高强度使经济权力平均分解，村落生存共同体高度稳固。(2) 多元性权力分配格局，多见于非农产业有一定发展，总体经济实力一般的地区。正式组织拥有一定的名义权力，而一些专业户和富裕农民对村落的公共事务也有一定的发言权。另外，家族、亲族等组织也起着重要的作用。(3) 倾斜式权力分配格局，这种形式在经济发达或较发达地区较为普通。在这些地区，村办企业有一定基础，集体经济发达，权力重心大幅度偏向正式组织。① 在多重权力格局中，内生于乡村社会的村落体作为一种非正式组织构成了权力格局中的另一极。村落体内部有自己的社区精英，他们具有取代国家正式组织而整合乡村社区的功能。所谓社区精英，是指这样一种社区成员，他们在社会生活的某一个或几个领域拥有优势资源，并且利用他们的资源优势在那一个或几个行动领域内获得个人成功，这种成功使他们的行动或对维系既存的社会结构有贡献，或者会推动社会结构发生新的变化。这段论述主要是从村民发展的角度对社区精英人物所作的积极评价。但如果就村落体的保护、保障功能而言，精英人物无疑起着保护其生存资源和生产性资源不受其他村落体侵害的重要作用。在农业资源相对贫乏的农村，村落体之间在争夺资源战争中，社区精英无疑扮演着组织、策划、指挥械斗或暴力抗法的重要角色。

在经济不发达的农村，社区精英往往由家族辈份中年长者担任，而经济较发达的乡村往往由经济实力较为雄厚的经济人充任。但不管是由哪种类型人的担当，社区精英必须具有为社区服务的思想和为社区服务的能力。当社区的生存资源受到侵害，当社区成员受到侮辱时，社区精英自有为此而讨回公道的义务。

其次，在广泛分布的多样权力格局中，基层政权与村落体之间的矛盾变

---

① 曹和平：《结构变革的高速期——我国农村权力分配格局的变化及思考》，载《农村经济与社会》1998 年第 3 期。

得突显。基层政权打着国家代理人的旗帜从自身利益出发以党权、行政权和集体所有权为其便利手段监控和管理乡村。村落体则打着村民自治的牌坊从维护村落各成员利益出发以血缘、地缘关系为联结纽带同基层政权相对抗。这样两种权力结构蕴含了结构性矛盾,结构性矛盾可以用结构上的"零和"这一概念来加以形象描述。所谓结构上的"零和"指的是基层政权所拥有的一定程度的支配恰好为村落体所表现的一定程度的服从所抵消,二者相加总和为零。结构上的"零和"必然会导致利益的"零和"。因此,我们又可以用利益上的"零和"来表述由结构性矛盾而引起的次要矛盾。所谓利益的"零和",指的是居于支配地位的基层政权所得到的利益恰好等于村落体因服从所失去的利益,两者相加总和为零。乡村有组织犯罪正是这一结构性矛盾及次要矛盾激化的产物和表征,在社会转型的进程中这种矛盾冲突尤显突出。矛盾的冲突和激化导致了乡村社会的有组织犯罪,其主要表现在村落体的暴力抗法这一类型。村落体借助民间权威、宗族势力、社区精英有组织地对抗基层政权的行政征收、征用及摊派。

情景三 问题解决——犯罪现象原因的实证分析

如情景1所述,1978年到2007年三十年间浙江省刑事犯罪持续攀升,至2007年浙江省刑事立案数达到48余万起,而1978年则仅为2万余起,前者为后者18倍。2005年浙江省犯罪率为全国犯罪率3余倍。在这三十年内浙江省人均GDP亦持续高速增长,至2007年达3.7余万元,而1978年则仅为331.73元,前者约为后者100余倍。由此,人们不禁设问,难道经济越发展,犯罪率反而越高吗?如果不是,那么,浙江省刑事犯罪持续上升的原因究竟是什么?我们需要采取怎样的预防对策来减少犯罪呢?本文试图从宏观整体层面通过实证主义方法来科学发现20世纪末至21世纪浙江省刑事犯罪持续高发的原因。

我们试图通过多元回归分析在犯罪率与城市化率、客运量、人均GDP、城市居民人均可支配收入、农村居民人均纯收入、城乡收入比、城市基尼系数、农村基尼系数、失业率等9个变量之间建立回归模型。通过对浙江省自1981年至2007年二十七年间上述不同变量之各年数据的回归分析,我们发现城市化率、城市基尼系数同犯罪率高低存在正相关关系。

一、数据模型

依据《中国统计年鉴》、《浙江统计年鉴》以及浙江公安厅相关统计数据,

犯罪原因分析

我们按照每10万人1起的犯罪率计算规则首先计算出各年的犯罪率,并将之作为因变量。然后,依据《浙江统计年鉴》列出各年城市化率(%)、客运量(万)、人均 GDP(元)、城市居民人均收入(元)、农村居民人均纯收入(元)、城乡收入比、城市基尼系数、农村基尼系数、失业率等9项具体的社会、经济数据,并将之作为自变量(表8-4)。考量到将以上9个变量同时纳入到模型中无疑会引起多重共线性问题,因此,我们在利用 spss10.0 统计软件进行多元回归分析时采取逐步拣选(stepwise)的方法,逐一建立回归方程。

二、回归结果

根据上述数据,我们利用 spss10.0 统计工具逐一得出以下四个回归模型。

多元回归分析[a,b]

Model		Unstandardized Coefficients		Standardized Coefficients	t	Sig.
		B	Std. Error	Beta		
1	(Constant)	−1 003.538	80.140		−12.522	.000
	城市化%	72.854	4.002	.964	18.206	.000
	客运量					
	城市基尼					
	农均纯入					
2	(Constant)	−1 372.112	141.532		−9.695	.000
	城市化%	114.323	14.285	1.513	8.003	.000
	客运量	−4.544E−03	.002	−.566	−2.993	.006
	城市基尼					
	农均纯入					
3	(Constant)	−1 360.657	112.373		−12.108	.000
	城市化%	74.723	15.245	.989	4.901	.000
	客运量	−6.955E−03	.001	−.866	−5.132	.000
	城市基尼	4 584.806	1 179.978	.831	3.886	.001
	农均纯入					
4	(Constant)	−963.457	204.341		−4.715	.000
	城市化%	55.605	16.409	.736	3.389	.003
	客运量	−8.940E−03	.002	−1.114	−5.851	.000
	城市基尼	4 217.668	1 099.502	.764	3.836	.001
	农均纯入	8.494E−02	.038	.567	2.255	.034

a. 应变量:犯罪率
b. 规定 F 统计量的相伴概率值为 0.05。自变量筛选方法为 Stepwise
Moeal1 的 R 平方值为 .930,Model2 的 R 平方值为 .949,Moedl3 的 R 平方值为 .969,Model4 的 R 平方值 .975

表 8-4 犯罪率(y)与城市化率(x)等变量的相关分析(1978—2007 年)

年份	犯罪率(起/10万人) Y	城市化率(%) X_1	客运量(万) X_2	人均GDP(元) X_3	城市居民人均可支配收入(元) X_4	农村居民人均纯收入(元) X_5	城乡收入比 X_6	基尼系数 城市 X_7	基尼系数 农村 X_8	失业率(%) X_9
1981	125.90	13.16	32 458	531	523	286	1.83	0.140	0.189	1.30
1982	108.40	13.67	35 988	599	530	346	1.53	0.140	0.188	2.40
1983	99.70	13.88	37 856	650	551	359	1.53	0.154	0.201	1.80
1984	68.70	14.22	40 827	810	669	446	1.50	0.145	0.220	1.10
1985	59.20	15.74	52 776	1067	904	549	1.65	0.150	0.255	0.80
1986	62.80	16.04	57 973	1237	1104	609	1.81	0.144	0.263	1.20
1987	69.20	16.16	61 403	1478	1228	725	1.69	0.146	0.285	1.60
1988	98.80	16.36	64 571	1853	1589	902	1.76	0.164	0.307	1.50
1989	190.80	16.48	59 477	2023	1797	1011	1.78	0.170	0.303	2.10
1990	300.20	16.45	60 347	2138	1932	1099	1.76	0.175	0.301	2.20
1991	375.20	16.57	64 906	2558	2143	1211	1.77	0.174	0.296	2.00
1992	182.70	16.93	71 017	3212	2619	1359	1.93	0.177	0.336	2.40
1993	210.20	17.39	91 553	4469	3626	1746	2.08	0.208	0.344	2.60
1994	239.50	17.88	100 068	6201	5066	2225	2.28	0.214	0.340	2.60
1995	244.90	18.37	109 139	8149	6221	2966	2.10	0.220	0.308	2.80
1996	237.80	18.86	114 098	9552	6956	3463	2.01	0.219	0.320	2.60
1997	356.60	19.56	115 141	10624	7359	3684	2.00	0.216	0.343	3.00
1998	472.70	20.40	118 329	11394	7837	3815	2.05	0.233	0.354	3.30
1999	493.90	21.21	118 819	12214	8428	3948	2.13	0.245	0.356	3.40
2000	623.70	22.11	124 133	13416	9279	4254	2.18	0.256	0.345	3.40
2001	682.10	23.15	132 881	14713	10465	4582	2.28	0.279	0.342	3.70
2002	637.00	24.19	135 995	16978	11716	4940	2.37	0.280	0.356	4.00
2003	921.70	25.43	140 699	20444	13180	5431	2.43	0.305	0.364	3.70
2004	1 113.80	26.74	150 254	24352	14546	6096	2.39	0.325	0.359	4.10
2005	1 112.50	27.53	160 669	27703	16294	6660	2.45	0.330	0.368	3.70
2006	1 078.53	28.34	174 626	31874	18265	7335	2.49	0.322	0.361	3.51
2007	1 044.64	29.00	184 924	37128	20574	8265	2.49	0.332	0.354	3.27

犯罪原因分析

多元回归分析结果显示：城市化率、客运量、城市基尼系数和农村居民纯收入可以共同解释犯罪率，其方向是城市化率、城市基尼系数、农村居民纯收入与犯罪率呈正比，客运量与犯罪率呈反比。农村居民纯收入与犯罪率呈正比比较难以解释，客运量与犯罪率呈反比与大量的观察和研究结论相矛盾。因此，我们引入可能影响农村居民纯收入（客运量）与犯罪率关系的其他自变量作为控制变量做进一步分析，以鉴别相关的真假。

表8-5　农村居民纯收入与犯罪率的偏相关分析

控制变量	相关系数	P值
人均GDP	.158 3	.430
城市化	.045 6	.821
人均GDP、城市化	−.232 0	.254

由表8-5分析可知，当引入人均GDP、城市化等控制变量之后，农村居民纯收入与犯罪率原来的相关减弱，甚至完全转向。这表明，实际上农村居民纯收入与犯罪率之间并不存在真正的正相关关系。是否存在负相关关系，需要进一步研究。

表8-6　客运量与犯罪率的偏相关分析

控制变量	相关系数	P值
城市化	−.517 8	.006
人均GDP	.023 1	.909

由表8-6分析可知，当引入城市化、人均GDP等控制变量之后，客运量与犯罪率原来的相关减弱，甚至完全转向。这表明，实际上客运量与犯罪率之间并不存在真正的负相关关系。是否存在正相关关系，需要进一步研究。

综合上述，浙江省刑事犯罪高发的原因有以下两个因素：一是城市化率，二是城市基尼系数。当城市化率与城市基尼系数趋大时，犯罪率亦随之上升。

三、分析与讨论

（一）城市化与犯罪

城市容纳了犯罪的绝大部分，这与城市的内在特征有直接关系，一如路易斯·沃思在关于城市的经典论文[1]中所指出的那样：当某一区域的居民的数量超过某一限度时将会影响居民与城市特性之间的关系。人口数量的增长扩

---

[1] Louis Wirth, Urbanism as a Way of Life, The American Journal of Sociology, Volume 44, Issue 1 July 1938.

大了个体差异的范围。此外,参加互动过程的人数越多,他们之间潜在的区别就越大。因此,相对农村居民而言,城市居民成员的个性、职业、文化生活和社区观念则可能有更大的差异。

经济社会地位、口味偏好等方面的差异会导致个体的空间区隔。在一个有着多种多样起源和背景的成员聚集的地方,血缘和邻里的约束以及在一个共同的乡土传统下几代人共同生活而产生的情感已不复存在或日渐淡薄。这种情况下竞争和正式的控制机构取代了乡土社会团结纽带。

社区居民数量增加到几百人以上时一定会限制社区成员彼此了解的可能性。马克斯·韦伯在发现这个事实的社会意义之后,从社会学的角度指出当居民的数量过多或是居住的密度过大时,原先在邻居之间存在的那种个人之间的相互熟识将会消失。因此人口数量的增加将会引起社会关系特性的改变。像齐美尔所指出的那样:(如果)一位城市居民不断进行外部接触的人数与小镇居民内部交往的人数相当,且人们几乎认识每一个他们所遇到的人,同时他们彼此之间都有着很好的关系,那么他就会精神分裂,陷入难以想象的精神境地。①

互动个体的增多使得他们不可能在接触中投入其全部人格,而这就产生了人际关系的片断化,这种现象被城市精神生活的研究者用来解释城市人格所具有的"精神分裂"特征。但这并不是说与乡村居民相比较,城市居民的朋友比较少,实际情况恰恰相反。毋宁说它意味着,相对于在日常生活的过程中人们看见的或是擦肩而过的人的数量,城里人只认识其中的很少一部分人,而且对于这一部分也知之甚少。

城市社会关系的表面化、匿名以及短暂性格使得经常用来描述城里人性格特征的"世故和理性"变得可以理解。我们认识的人,对于我们而言,往往处于一种实用的功利性关系中,即每一个在我们生活中扮演一定角色的人都首先被视为是实现我们自身目的的手段。因此,一方面,个人从亲密群体个人性的情感控制中解放出来而获得一定程度的自由,但同时,个体却也失去了在整体性社会中自然的自我流露,集体精神和参与意识。这本质上导致了"失范"或社会真空,涂尔干试图以此解释技术社会里的各种社会解组。

城市人际关系的片断性格和功利气息随着专业分工的增长而得到制度表达,这尤其能够在职业化的发展形式中看到。金钱网络的运作会导致出现掠夺性的关系,这将会阻碍社会秩序的良性运行,除非有职业规范和行业道德的控制。

---

① [德] 乔治·齐美尔:《大城市和精神生活》,1903 年版,第 187—206 页。

缺乏感情纽带的人们共同生活和工作催生了一种竞争、扩张以及相互利用的精神习气。为了消减无责任感和潜在的混乱，需要借助于正式控制。没有对可欲的常规规范的严格遵守，庞大而复杂的社会就无法维持其自身的正常运转。在城市社会中，时钟和交通信号象征着我们社会秩序的基础。频繁密切的身体接触，再加上较大的社会距离，强化了彼此作为独立个体的保留程度，除非有其他得到回应的机会，否则会有更强烈的孤独感。大量的人挤在同一个栖息地其必要的经常性的活动会使他们之间产生摩擦与怨恨。由个人挫折导致的神经紧张被人口稠密地区的快节奏和复杂技术所加剧，而他们又不得不生活在这样的地区。

由于人口的物理位移和社会流动，群体成员总体上处于变动不居之中。居住地、工作场所与工作性质，收入与利益经常变化，使维持组织凝聚力和增进成员间亲密而持久关系的目标难以实现。市区中的人们不会同类相吸，更多的则是因种族、语言、收入和社会地位的差异而彼此隔离。绝大多数城市居民没有友邻，由于短暂的居留不会产生有约束力的传统和感情，只有在极少情况下，他才可以算作一个真正的邻居。

城市由于人、财、物集中，建筑布局复杂，人们之间的高度匿名性，所以，蕴藏了大量的犯罪机会。近几年汽车特别是私人汽车不断增多，盗窃汽车犯罪也随之增长。同时，交通犯罪也急剧增加。现代城市社会，人们在家庭以外度过的时间明显增多，许多家庭是双职工家庭，举家外出旅游也构成很多居民日常生活的一部分。许多住房常常处于无人状态，亦无人看守，与此同时家庭中贵重物品不断增多，这就给犯罪人提供了更多的作案目标。商业的发展，市场交易的增加，既增加了犯罪的目标和机会，也为犯罪分子销赃提供了便利条件。这样，目标的垂手可得和保护设施的缺乏，成为潜在的犯罪人形成犯罪动机的主要原因。实际上，很多罪犯都是见财忘义、临时起意的。在特定情景中，人们极易受到诱惑而实施违法犯罪行为。

(二) 城市基尼系数与犯罪

由表8-3中的人均GDP、城市居民人均可支配收入、农村居民人均纯收入的变化可知，物质财富迅速增长。而一方面，与之相应的文化和制度并没有跟上这种快速的变化。文化教育、医疗保险、劳动保障、弱势群体和边缘人群的救济制度、设施和投入远远满足不了社会的需求。技术革命使社会在较短时间内积累了大量财富，财富聚集手段的合法性并不总是受到重视的，如为了发展地方经济而积极走私、容忍卖淫欺诈。暴富使有的人一时不知所措，现有的制度规范、文化观念没有为他们提供有效的支配财富的方式方法与理念，"花钱比赛"、"黄金宴"、"团购悍马车"时有所闻，严重破坏了支配人们生活的传统价值观念。这是最典型的"失范"。另一方面，社会总财富的分配日益失衡。城乡收入比，城市和农村基尼系数有加剧趋势，贫富悬殊已超过了人们容忍的限度，引起被歧视和被剥夺感，希望获得被害补偿。当真实的、臆想的或虚假的被害人认为自己受到不公正待遇，而公共权力组织没有或没有完全为自己讨回公道时，就可能借助私力予以补偿。如债权人求助于讨债公司，西西里岛的公民求助于黑手党。更多的是利用自身的资源和力量，其方法并不总是合法的。城市的贫富悬殊也影响了外来人口的心理与行为。浙江以其经济的地区优势，吸引了大量外来人口。"外省籍流动人口"与"外省籍押犯人数"在 .01 的显著性水平上双边检验的斯皮尔曼相关系数为1.000。盲目流动，意外事件都可能使他们陷入生存困境，现实生活对传统价值的消解使他们可能难以抵制犯罪的诱惑。近几年外省押犯数量快速上升[①]，2005 年已超过浙江本省的押犯人数。请见表 8-7。

表 8-7 "外省籍流动人口"与"外省籍押犯人数"的相关分析

年份	外省籍流动人口数（万）	外省籍押犯人数	外省籍押犯比例
2003	898.20	34 600	.412 3
2004	1 101.90	40 595	.472 2
2005	1 291.00	47 777	.524 8
2006	1 459.80	52 758	.556 5
2007	1 485.10	56 223	.575 8

※Spearman's rho=1.000，P=.01（2-tailed）

流入城市的农民，难以取得城市户口，难以被城市接纳，城市只是他们赚钱和暂且栖息之处。"农民工"脱离了原来的环境和阶层，不再完全认同以前一起生活过的群体，而他们想进入的群体又不能接纳他们，他们产生明显的边际感、角色冲突和认同危机，有时他们甚至不知道自己是谁，归属于哪个群体。加之城市居民的偏见和歧视，使他们对城市社区没有认同感，也没有责任感，甚至存有敌意。一个对城市既无认同感又无责任感的群体在城市中，是对城市治安、交通、卫生等各方面的极大威胁。尤其是一些盲目流入城市的贫困农民，一方面他们亲身感受到城市富人生活与其贫困生活的明显差距，由此激发了他们的紧张与失衡，另一方面他们又缺乏必要的教育训练与职业技能，因而在城市中难觅工作，居无定所，食无保障，为了生计，难免违法犯罪。[②]萨瑟兰指出贫穷、高流动性及居民构成的高度多样性会导致社

---

① 白建军著：《关系犯罪学》，中国人民出版社 2009 年第二版，第 326—328 页。
② 张小虎：《转型期犯罪率明显增长的社会分层探悉》，载《社会学研究》2002 年 1 期。

区结构无效和社会控制削弱，而这有利于犯罪行为的出现①。

（三）城乡差距、农村贫富悬殊、失业率等与犯罪率无关因素的尝试性解释

城乡差距导致了农民流入城市。而城乡差距对犯罪的影响可能已通过流动人口和城市化反映出来；也可能，城乡差距由于城市和乡村的地理阻隔其效应弥散而难以体现（城乡结合部犯罪率高是个有力的反证），另外，中国农民很"认命"，可能这种差距对他们并不构成现实的影响；农村贫富悬殊的影响之所以没有城市贫富悬殊那样显著，可能因为农民宿命论式的人生观和农村这个机械团结社会（熟人社会）对社区成员比较有力的监督与控制②；失业率与犯罪率关系不显著似乎可以这样解释，浙江省较好的控制了失业率，特别是近几年浙江失业率比全国失业率低很多，如2005年、2006年全国平均失业率为4.2％、3.8％，同年浙江失业率为3.7％、3.5％。另外，浙江给失业人口较好的社会保障，当然失业率低与浙江城市化水平低有很大关系，如2006年全国平均城市化率为43.90％，同年浙江城市化率只有27.53％。

---

① Sutherland, Cressey, Principles of Criminology, Fifth Edition, J. B. Lippincott Company (1955), pp. 151-168.

② ［法］埃米尔·涂尔干：《社会分工论》，渠东译，三联书店2000年版，第33-72页。

学习单元九　少年犯罪原因调查分析

少年正值价值观念、行为习惯、文化技能形成的关键时期，一旦涉足犯罪或受到正式制裁，很可能意味着一个"生涯犯罪人"的产生。一般而言，"初犯年龄越小，再犯可能越大"。本单元主要关注少年初犯的原因及其应用（初犯预测）和少年重新犯罪的原因，相关数据和结论直接来源于研究者亲自设计和参与的问卷调查与深度访谈。

情景一　少年初犯预测

格卢克夫妇采用调查、测量和精神晤谈方法，从麻州少年感化院抽出500名少年犯作为实验组，从波斯顿公立学校抽出500名正常少年作为控制组，然后运用统计的方法最后选定：（1）有关社会环境方面的五个因子：①父亲对少年管教之宽严；②母亲对少年之管理方式；③父亲对少年之感情；④母亲对少年之感情；⑤家庭之团结。（2）有关罗夏克测验所得之性格方面的五个因子：①社会表现（亦即希望对社会环境作随波逐流的表现）；②反抗性；③猜疑心；④破坏性；⑤情绪易变性。（3）由精神医学所发现的五个性格因子：①冒险性；②外向性；③受暗示性；④顽固性；⑤情绪不稳定。在此基础上，格卢克夫妇编制出社会环境五因子预测表、罗夏克五因子预测表和精神医学五因子预测表。格卢克夫妇认为，在三个预测量表中，社会环境五因子预测表的预测力最强[①]。这标志着现代犯罪预测科学化的开始，其方法也成为预测少年犯罪的经典方法。

一、问题引入

一个少年从小偷鸡摸狗，为害相邻。在学校经常逃学旷课，打架斗殴。邻里乡亲都说这孩子长大了也好不了，这样下去迟早要犯法。民间有"三岁

---

① S. Glueck and E. T. Gluck, Unraveling juvenile delinquency, Cambridge, MA: Havard University press.

看大，七岁看老"的说法，这种朴素的看法到底有没有道理？如果有部分的真理性，如何提高其可靠性把它变成科学？另一少年 A 在 16 岁时因偷窃学校实验室电脑（未遂）被学校开除，后跟随老乡外出打工。一天几个老乡叫他到公园里玩，傍晚，他们拦住一个游客，要 50 块买烟钱，游客不给，其他几个老乡打了游客一顿。少年 A 坐在一旁观看，既没有参与也没有制止。少年 A 将来卷入犯罪的可能性如何？为什么？

少年犯罪的常见原因是幼年家庭教养的缺乏使其缺乏自控能力，而常有出位越轨的举动或习惯。如果轻微越轨被人发现并标定为行为恶劣、道德败坏则可能导致次级越轨：更严重的违法犯罪。少年犯罪的价值观念和犯罪技巧往往通过学习获得，除家庭成员、媒体外，同辈群体是少年最重要的学习对象。较早地涉足犯罪大大增加了当事人成为"生涯犯罪人"的可能。同成年人犯罪一样，少年犯罪是环境、情景和个体生理、心理、社会属性综合作用的结果，每一个不利因素的加入都会增加当事人犯罪的可能性，每一个有利因素的加入都会减少当事人犯罪的可能性。少年 A 有不良记录，又生活在越轨群体之中，其卷入犯罪的可行性较大，但少年 A 有一定的是非判断能力和自控能力，如果能远离违法群体，更多地与守法者接触，则可能不会犯罪。

二、问题分析①

少年初犯预测之研究发轫于 20 世纪中叶，其首创者当推美国哈佛大学教授格卢克夫妇。格卢克夫妇从 1939 年伊始，历经十年终编制出最具影响力的少年初犯诸因子预测量表。② 英国剑桥的维斯特与费宁顿（West and Farrington）对少年初犯的研究亦不亚于格氏，他们对 400 余名少年犯进行了详尽的分析，最后遴选出若干重要因子作为预测少年初犯的变量。③ 美国犯罪学家艾里诺（Elliott）等人则采用追踪研究的方法自 1976 年始即在全美抽出 1 700 多名少年样本（11～17 岁），历经五年的追踪调查，最后精选出若干因

---

① 本节由黄兴瑞、曾蠡、孔一合著，其主要内容见于《少年初犯预测研究——对浙江省少年初犯可能性的实证研究》，载《中国刑事法杂志》2004 年第 5 期。

② S. Glueck and E. T. Glueck, Unraveling juvenile delinquency, Cambridge, MA: Havard University press.

③ 维斯特与费宁顿遴选出的若干重要预测因子主要有：1. 贫困家庭；2. 家庭成员众多；3. 父母管教不当；4. 少年智力低及学业成绩低落；5. 父母参与犯罪或偏差行为；6. 结交不良友伴；7. 教师评价不良。维斯特与费宁顿还进一步解释，少年之人格结构、病态心理不足以预测少年之初犯（West and Farrington, The delinquent way of life (1977), London: Heinemann.）。

素作为预测少年初犯的因子。①

除前述所列，国外对少年初犯预测之研究亦不乏其人，诸如雷斯（Reiss）对736名少年犯的个案研究、斯科特（Scott）对417名少年男犯之不良行为的研究均具有相当的影响力。②

我国台湾地区的路君约教授曾采用明尼苏达多相人格测验表对初犯可能性进行预测研究，但他建立的13个临床量表均是以344名成人犯作为效标组而厘定其变量的，故不适宜于预测少年初犯之可能。而马博镇则于1975年至1978年间，运用路君约教授修订的明尼苏达多相人格测验表直接预测少年初犯之可能。③ 自马博镇伊始，少年初犯预测研究在我国台湾地区则以不同的研究路径和不同的调查方法而展开，但在我国大陆其研究成果则甚少。

随着我国大陆体制的转型和市民社会的初步型构，我国青少年犯罪率持续攀升。据统计，我国在1982年、1983年、1987年、1988年这四年中，青少年犯罪每年都突破100万件；在1991年、1994年、1996年、1998年、1999年这五年，每年都突破200万件；在2000至2003这四年间，每年都突破400万件。我国青少年犯罪率已进入世界前十位。④ 由此观之，预测青少年犯罪之可能，从而为预防青少年犯罪提供刑事政策上的理论依据就尤显必要。

鉴于上述理论支撑与现实需要，本课题组在浙江省社科联和浙江省监狱管理局的鼎力支持下，从实证的视角，运用统计的方法，欲发现少年初犯可能性诸因子，为预测少年初犯提供可靠的变量，并为预防青少年犯罪提供理论上的参考。

---

① 艾里诺精选出的少年初犯预测因子主要有：1. 少年交友的性质；2. 父母之间关系好坏；3. 父母管教子女的态度及方法（Elliott and Huizinga, Identification and Prediction of Career Offenders Utilizing Self-reported and Official Data, In Burchard and Burchard, prevention of delinquent behavior (1987), Newbury Park, CA: sage, pp. 90-121）。

② 雷斯认为，最好的预测变项是由处遇的建议、自我控制的适宜性、逃学纪录以及学校行为纪录等四项因素联结而成的（Reisss, A. J, The Accuracy, Efficiency and Validity of a Prediction Instrument, in American Journal of Sociology (1951), pp. 56: 552-561.）。斯科特依据教师对少年的评判来决定少年不良适应之分数。他发现此类不良适应分数确可早期识别潜在性的少年犯，但在后来进行追踪两年的研究中，认为其预测效力似乎欠佳（Stott, the Prediction of Delinquent Behavior, in British Journal of Delinquent (1960), pp. 3-16）。

③ 本量表又名少年心理量表，适用于国中二年级至高中、高职三年级未满十九岁之青少年，其预测信度在0.71至0.18之间，建构效度亦高。凡受试者得分三十二分以上时，有关教师及辅导人员宜特加注意（路君约：《明尼苏达多相人格测验之修订报告》，台北"海军总部人事部"1968年版，第36-114页）。

④ http://www.chilicity.com. 最后访问时间2004年12月5日。

犯罪原因分析

(一) 理论预设

本次研究始于2003年11月,课题组成员先后入住浙江省未成年人管教所、浙江省戒毒劳教所及杭州市工读学校进行个别访谈,并对一些个案进行分析梳理。然后走访了浙江省女子监狱,访谈了一些少年女犯。在此基础上,设计了少年初犯调查问卷,共计92道题目,然后归纳成五个项目,每一项目中包括不同的子项目,每一子项目又包括不同的因子。前述诸因子包括两方面的理论预设:一是生理因素;二是社会因素。社会因素涉及以下诸项目:(1)家庭环境:包括①家庭结构;②家庭的团结状况;③父母的教育方式;④与父母的感情;⑤父母的职业和文化程度。(2)学校环境:包括①学习成绩;②与老师的感情;③学校评价。(3)少年行为模式:包括①早年暴力;②早年偷窃;③早年偏差行为。(4)社会交往:包括①社区或村落的团结状况;②交友状况。自制问卷的设计侧重于少年成长环境的客观记述,而少有主观的判断。心理因素方面则采用较为客观的明尼苏达多相人格测验表对少年心理予以测量。

(二) 样本的选取

按照浙江省在押少年女犯与在押少年男犯1:25的比例,课题组成员从浙江省未成年人管教所采用分层抽样的方法抽取482名少年男犯样本,从浙江省女子监狱随机抽取18名少年女犯样本,组成500名少年犯实验组。然后从浙江省缙云中学采用判断抽样的方法抽取233名中学生,其中包括18名女中学生,从浙江省浦江中学随机抽取267名男中学生,组成500名正当少年控制组。两组少年在性别、年龄及出生环境三项变量方面基本一致,以免影响研究结果。根据调查,少年犯的平均年龄为17.26岁,正当少年的平均年龄为16.37岁。少年犯出生于农村、乡镇和城市的比例分别为:63.7%、28.2%和8.2%,正当少年为56.0%、37.7%和6.3%。

(三) 样本的收集

课题组成员在监狱和学校的配合下,亲临前述各单位向被调查对象分发并回收自制问卷和明尼苏达多相人格测验表。根据问卷和测验表的填写情况,全面着手分析两组少年在家庭、学校、少年行为及社会交往等社会方面的情况和心理方面的差异。

(四) 分析方法

将前述收集的数据输入SPSS for win.系统,采用列联表和方差分析的方法对数据进行分析。课题组成员根据实际情况,为使研究结果更具鉴别力,对自制问卷的各项变量,其显著性水平即p值为0.000,λ系数为10.0以上者,始加以采用。而对明尼苏达多相人格测验表各项变量,其显著性水平即 p 值为 0.000,$E^2 \geqslant 0.10$ 者,才予以采用。

三、问题解决

(一) 研究结果

根据前述分析方法,从自制问卷中检选出 42 项相关因子,从明尼苏达多相人格测验表中检定出一个维度,以此作为预测少年初犯的因子。现将自制问卷中检选出的 42 项相关因子(表 9-1),42 项预测因子的得分细目(表 9-2)和少年初犯的预测量表(表 9-3 与表 9-4),明尼苏达多相人格测验表各项变量(表 9-5)的结果报告如下:

1. 自制问卷中检选出的 42 项预测因子

表 9-1 自制问卷中检选出的预测因子

编号	因子	p 值	λ	有效样本 N
1	父母是否都健在	.000	10.6	988
2	父母是否离异	.000	12.7	994
3	父母之间的团结状况	.000	15.8	992
4	家庭成员的团结状况	.000	19.9	988
5	父亲的教育方式	.000	17.7	986
6	母亲的教育方式	.000	19.1	984
7	父亲是否经常带子女出去玩	.000	14.2	981
8	父亲是否经常关心子女的学习	.000	13.7	995
9	父亲是否经常了解子女的在校情况	.000	12.1	993
10	母亲是否经常带子女出去玩	.000	10.3	981
11	母亲是否经常跟子女聊天	.000	13.5	992
12	母亲是否经常关心子女的学习	.000	20.6	996
13	父亲的文化程度	.000	31.3	985
14	母亲的文化程度	.000	36.2	994
15	小学阶段的学习成绩	.000	20.7	996
16	初中阶段的学习成绩	.000	40.8	969
17	小学阶段与班主任的感情	.000	11.2	983
18	初中阶段与班主任的感情	.000	19.7	975
19	小学阶段在全校是否被点名批评	.000	17.9	993
20	初中阶段在全校是否被点名批评	.000	27.8	971

续前表

编号	因子	p 值	λ	有效样本 N
21	是否主动打过别人	.000	28.6	995
22	是否强行要别人财物	.000	21.1	996
23	是否趁人不在拿过别人的财物	.000	28.3	997
24	是否借钱或物不还	.000	21.6	999
25	是否吸烟	.000	52.9	995
26	是否喝酒	.000	29.2	992
27	是否当面骂老师	.000	20.0	994
28	是否逃学	.000	24.8	994
29	是否离家出走	.000	34.6	968
30	是否早恋	.000	39.3	975
31	是否有性行为	.000	19.3	996
32	是否故意破坏公物	.000	11.5	993
33	是否赌钱	.000	28.2	996
34	是否编造虚假理由向父母要钱	.000	30.0	997
35	是否经常撒谎	.000	22.4	999
36	是否醉酒	.000	38.2	997
37	是否文身	.000	29.0	974
38	是否花钱无度	.000	34.3	960
39	社区或村落的团结状况	.000	14.8	987
40	社区或村落中是否有人犯罪	.000	33.1	981
41	亲密接触的朋友的学习成绩	.000	22.0	993
42	亲密接触的朋友中是否有人违法	.000	45.3	986

2. 42项预测因子的得分细目

根据犯罪统计学的一般原理，我们采用伯吉斯非加权计算点数的方法来得出42项预测因子所列细目的具体分数。[①] 首先，算出各因子所列细目在各组中的百分比率；其次，用实验组各因子所列细目之百分比率除以实验组与控制组相应各因子所列细目之百分比率之和，然后乘以百分之百得出初犯可能性的百分比率。凡初犯可能性的百分比率超过50%者，记1分；低于50%者，记0分。根据此法，作表9-2。

---

① 预测因子的得分细目是指给每个预测因子以一定点数。各国学者大多采用两种方法：一是非加权法；二是加权法。所谓非加权法，意即各预测因子给同一点数的方法。

表 9-2　42 项预测因子的得分细目

预测因子	得分	预测因子	得分
一、家庭环境		小学以下	1
（一）家庭结构		二、学校环境	
1. 父母是否健在		15. 小学阶段的学习成绩	
健在	0	好	0
一方或双方去世	1	差	1
2. 父母是否离异		16. 初中阶段的学习成绩	
是	1	好	0
否	0	差	1
（二）家庭团结状况		17. 小学阶段与班主任的感情	
3. 父母的团结状况		亲密	0
团结	0	疏远	1
不团结	1	18. 初中阶段与班主任的感情	
4. 家庭成员的团结状况		亲密	0
团结	0	疏远	1
不团结	1	19. 小学阶段在全校是否被点名批评	
（三）父母的教育方式		是	1
5. 父亲的教育方式		否	0
民主或专制	0	20. 初中阶段在全校是否被点名批评	
溺爱或放任或粗暴	1	是	1
6. 母亲的教育方式		否	0
民主或专制	0	三、早年行为模式	
溺爱或放任或粗暴	1	（一）早年暴力	
（四）与父母的感情及父母的文化程度		21. 是否主动打过别人	
7. 父亲是否经常带子女出去玩		是	1
是	0	否	0
否	1	22. 是否强行要别人财物	
8. 父亲是否经常关心子女的学习		是	1
是	0	否	0
否	1	（二）早年偷窃	
9. 父亲是否经常了解子女的在校情况		23. 是否趁人不在拿过别人的财物	
是	0	是	1
否	1	否	0
10. 母亲是否经常带子女出去玩		24. 是否借钱或物不还	
是	0	是	1
否	1	否	0
11. 母亲是否经常跟子女聊天		（三）早年偏差行为	
是	0	25. 十四岁前是否吸烟	
否	1	是	1
12. 母亲是否经常关心子女的学习		否	0
是	0	26. 十四岁前是否喝酒	
否	1	是	1
13. 父亲的文化程度		否	0
中学以上	0	27. 十四岁前是否当面骂老师	
小学以下	1	是	1
14. 母亲的文化程度		否	0
中学以上	0	28. 十四岁前是否逃学	

续前表

预测因子	得分	预测因子	得分
是	1	36. 是否醉酒	
否	0	是	1
29. 是否离家出走		否	0
是	1	37. 是否文身	
否	0	是	1
30. 是否早恋		否	0
是	1	38. 是否花钱无度	
否	0	是	1
31. 十四岁前是否有过性行为		否	0
是	1	四、社会交往	
否	0	（一）社区团结状况	
32. 十四岁前是否故意破坏公物		39. 社区或村落的团结状况	
是	1	团结	0
否	0	不团结	1
33. 十四岁前是否赌钱		40. 社区或村落中是否有人犯罪	
是	1	没有	0
否	0	有	1
34. 十四岁前是否编造虚假理由向父母要钱		（二）交友状况	
		41. 亲密接触的朋友的学习成绩	
是	1	好	0
否	0	差	1
35. 十四岁前是否经常撒谎		42. 亲密接触的朋友中是否人有违法	
是	1	没有	0
否	0	有	1

3. 少年初犯可能性预测表

我们根据前面的非加权记分之标准，计算出每一少年所得之总分，然后根据总分的高低划分为若干级别，级别越高，则相应的初犯可能性就越高。根据得出点数多少与初犯可能性之间的关系表，制作初犯可能性预测量表。

表 9-3 少年初犯可能性三级预测表

得分	初犯可能性（%）
0～15	11.4
16～30	70.8
31～42	100.0

表 9-4 少年初犯可能性四级预测表

得分	初犯可能性（%）
0～10	7.0
11～20	29.0
21～30	84.5
31～42	100.0

4. 明尼苏达多相人格测验表各因子

表9-5 明尼苏达多相人格测验表各因子

编号	因子	p值	E^2	有效样本N
1	无法回答	.051	.004	1 000
2	谎言	.055	.004	1 000
3	伪装	.000	.057	1 000
4	防御	.000	.015	1 000
5	疑病	.000	.026	1 000
6	抑郁	.000	.034	1 000
7	癔病	.000	.025	1 000
8	病态人格	.000	.150	1 000
9	男性化	.000	.019	1 000
10	女性化	.080	.003	1 000
11	妄想	.000	.042	1 000
12	精神衰弱	.000	.053	1 000
13	精神分裂症	.000	.028	1 000
14	躁狂症	.000	.021	1 000
15	社会内向	.935	.000	1 000

按照前述统计标准，根据表9-5，我们从明尼苏达多相人格测验表15个维度中检选出病态人格这一因子，作为检测少年心理因素的量表。因其有现成的量表，在此不再赘述。

(二) 深度说明

在检选出42个相关因子，并制作出少年初犯预测量表后，我们将就相关预测因子与少年初犯之可能性的关系做如下分析和探讨。

1. 家庭环境与少年初犯

在有关家庭环境的诸因子中，我们基本上根据以往犯罪学家的研究成果，从以下三方面来进行理论预设：1. 家庭机能的障碍；2. 家庭教育方式的不当；3. 父母与子女之间感情上的障碍。在这三方面的理论假说中，从来就是以缺损家庭、贫困家庭、纠纷家庭和犯罪家庭四方面的内容而展开的。[1] 根据本次调查，少年初犯之可能与贫困家庭和犯罪家庭无关，而与缺损家庭、纠纷家庭以及家庭教育方式相关。现将本次调查中关于父亲的教育方式与初犯可能之关系做如下图表，以示说明。

---

[1] 萨瑟兰认为，易出不良少年的家庭是：犯罪人家庭、缺损家庭、父母监督不充分的家庭、冲突家庭和贫困家庭。

犯罪原因分析

表9-6 父亲教育方式与少年初犯之关系

父亲教育方式	少年犯组（%）	正当少年组（%）	初犯率（%）
溺爱	14.6	7.0	67.6
放任	23.4	19.8	51.2
民主	25.9	42.1	38.7
专制	25.7	27.9	47.9
粗暴	10.5	3.2	76.6
N	487	499	

2. 学校环境与少年初犯

学校环境与少年初犯主要是从中小学学习成绩与中小学学校生活两个方面来进行理论预设。多数学者认为，少年初犯与学习成绩、学校不良纪录与师生之间的感情密切相关。希利在调查中曾发现"不良少年中40%以上的学生对学校具有强烈的厌恶感，13%的人对某位教师有憎恨感"[①] 本次调查亦证明了前述的理论预设，现以初中阶段学生的不良纪录与少年初犯之关系为例来予以说明，详见表9-7。

表9-7 学校不良纪录与少年初犯之关系

校级批评次数	少年犯组（%）	正当少年组（%）	初犯率（%）
从来没有	45.5	74.4	37.9
一两次	36.0	20.6	63.6
多次	18.5	5.0	78.7
N	475	496	

3. 早年不良行为与少年初犯

早年不良行为与少年初犯之关联已为诸多学者所证明。在英国犯罪学家布鲁斯汀等（Slumstein, etal, 1985）所选择的7项重要预测少年犯罪因素中就包括早年行为不检这一重要因子。[②] 而学者洛伯等人（Loeber etal, 1983, 1986, 1987）的研究则更为可取。在其检选出一般少年初犯的11项预测因素中有两项是关于少年早年不良行为的因子。一是年少时具有攻击及偏差行为，其预测准确度可达32%；二是偷窃、说谎、逃学，其预测准确度可达26%。[③] 本次调查则在前人的研究基础上将少年早年不良行为系统化，并采用较严格

---

① ［日］大谷实：《刑事政策学》，黎宏译，法律出版社2000年版，第68页。
② 张华保：《少年犯罪预防及矫治》，三民书局1993年版，第189-190页。
③ Loeber and Dishion, "Early Prediction of Male Delinquent: A Review.", in 94 Psychological Bulletin (1983), pp. 68-90.

的统计检验标准检选出 14 项因子来预测少年初犯之可能。现就本次调查中吸烟和逃学这两项因子作如下列举，详见表 9-8 和表 9-9。

表 9-8　14 岁前是否吸烟与少年初犯之关系

吸烟的次数	少年犯组（%）	正当少年组（%）	初犯率（%）
多次	39.6	5.8	87.2
一两次	35.6	16.5	68.3
从来没有	24.7	70.7	25.9
N	497	498	

表 9-9　14 岁前是否逃学与少年初犯之关系

逃学的次数	少年犯组（%）	正当少年组（%）	初犯率（%）
多次	33.7	4.2	88.9
一两次	37.1	18.3	70.0
从来没有	29.2	77.5	27.3
N	496	498	

4. 社会交往与少年初犯

本次调查中的社会交往诸因子主要是从社区环境与结交友伴两个方面来进行理论预设。有关社区环境与犯罪的论述甚多，其中较具影响力的当推芝加哥学派的区位同心圆理论。结交不良友伴而导致犯罪的系统著述可见于美国犯罪学之父萨瑟兰的差别接触理论。本次调查发现社区环境与结交不良友伴均与少年初犯存在关联，现以结交违法少年与少年初犯之关系为例来予以说明。

表 9-10　14 岁前是否逃学与少年初犯之关系

是否经常与违法少年交往	少年犯组（%）	正当少年组（%）	初犯率（%）
是	77.9	22.1	77.9
否	36.8	82.2	30.9
N	492	494	

本次调查历经半载有余，虽有前述诸多发现，如 42 个少年初犯预测因子之厘定，预测因子各细目的数量化以及少年初犯预测量表的制作。但因时间的仓促和经费的限制，本次调查亦存在诸多阙如。例如，在调查方法方面我们采用横向抽样的调查法，而未使用纵向抽样的调查法，这就使得本次调查的可信度有所减损；我们未就预测量表的准确度进行调查和分析。前述不足之处我们将在后续研究中加以不断的修正和完善。

情景二 少年重犯的原因①

重新犯罪问题曾经是，现在仍然是困扰世界刑事司法界的一个难题。世界各地的研究一致表明："初次犯罪的年龄越小，再次犯罪的可能性越大；再次犯罪的次数越多，终止犯罪的可能性越小。"② 因此，研究青少年重新犯罪的特征规律、分析其原因结构，为调整或构造防控青少年重新犯罪的体系提供经验资料和理论支持，对于减少社会整体的再犯率具有重要意义。

一、问题引入

少年 A 因抢劫罪被判刑 10 年。出狱后因与父母有矛盾，就自己住在以前朋友的宿舍里，因缺乏就业技能，没有能找到轻松体面、收入好的工作。他在一家建筑公司作保安时，经不住朋友劝说，伙同他人偷盗工地建材，被派出所查获。少年 A 重新犯罪的原因是什么？要分析这一问题除上述资料外，还需要收集哪些信息？根据我们对浙江省的少年重新犯罪的调查：影响归正青少年重新犯罪的有现实表现、安置就业、社会态度、首犯案由、回归婚恋、家庭关系、家庭住址、户口落实、捕前职业、家庭经济、刑期、首犯年龄、判前婚恋 13 项因素。国家制裁的目的在于"报应"、"一般预防"和"特别预防"。虽然关于制裁目的历来争论不休，但"特别预防"主导了现代国家制裁理论。特别预防认为刑罚的目的在于使犯下罪行的犯罪人改过向善，因此，倡导对犯罪人进行"教育"、"矫正"、"感化"。但特别预防的目的之于机构化处遇来说却面临三大悖论：(1) 赋权悖论：通过剥夺关系、资源来赋权；(2) 社会化悖论：通过反社会化进行社会化；(3) 社会整合悖论：通过减少社会整合力量增强社会团结。少年 A 受到过刑罚处罚：其社会资源、社会联系、社会技能受到很大削弱。家庭排斥和职业整合度低，使他很容易受到其他群体的影响而参与非法活动。少年 A 重新犯罪的确切原因还需要进一步调查其生活历程和所处社会环境以及犯罪当时的情景来综合分析。

二、问题分析

(一) 文献综述

关于归正青少年重新犯罪国内只有少量研究报告，这些研究指出：青少

---

① 本节主要内容见孔一：《少年再犯研究——对浙江少年重新犯罪的实证分析》，载《中国刑事法杂志》2006 年第 4 期。
② 黄兴瑞、曾赟、孔一：《少年初犯预测研究——对浙江省少年初犯可能性的实证研究》，载《中国刑事法杂志》2004 年第 5 期。

年回归后所从事的职业大多地位较低——收入少、稳定性差；重新犯罪的少年部分来自破损家庭；不良或娱乐性消费占较大比例，常有入不敷出的情况；未能有效帮教和安置的比例较高；不良交往，高消费，较低的惩罚预期和较高的犯罪收益预期是影响少年重新犯罪的个体原因；断裂或萎缩的家庭联系。① 社会的偏见，特别是在就业当中的歧视是导致重新犯罪的社会原因。②

这些研究存在两大问题：（1）没有采用严格随机抽样选取调查对象，样本代表性差，结论推论力弱；没有采用追踪法获得实验组（重犯组）和对照组（未重犯组），而是以在押犯中两次以上入狱者作为实验组，这会带来3个误差：①在押犯中两次以上入狱者中有重犯间隔5年以上的——造成重犯率的高估；②由于重犯一般刑期长（判刑重）、缓刑假释率低——在监所滞留时间长——造成重犯率的高估；③初犯者中有部分将来可能重犯——造成样本污染和重犯率的低估。（2）理论概括不足，解释的抽象程度较低。本研究试图利用涂尔干的社会整合理论对少年重新犯罪做一深度的理论阐释。

（二）研究方法

本研究中的调查对象是在1998—2000年释放的浙江省籍的入狱年龄在18～25周岁之间的归正人员。重新犯罪是指第一次受刑罚处罚，刑释后5年内因违法犯罪再次被判刑、劳教或治安处罚者。调查对象的选取采用了整群抽样方法，即从全省89个县（市、区）中随机抽取18个县（市、区），在这一抽样层次上的抽样比例为20.22%。再从18个县（市、区）中全部归正人员中拣选出离调查时间最近的一次，入狱年龄在18～25岁之间的归正青少年。选样过程及样本的构成情况列示如下：

表9-11 选样过程及样本构成

	1998年	1999年	2000年
当年刑释的总人数 （在押犯中浙江省籍罪犯的比例）	14 655 (72.68%)	15 828 (68.76%)	17 902 (66.00%)
（估算的）释放者中浙江省籍总人数	10 650	10 883	11 815
18个县（市、区）归正者总人数 （有效监测人数*）	2 851 (2 742)	3 266 (3 212)	3 284 (3 240)
有效监测人数（抽样）占释放者中浙江省籍总人数比例	25.74%	29.51%	27.42%
归正青少年总人数	656	1 078	1 263

*注："有效监测人数"等于"归正者总人数"减去"下落不明者"、"查无此人者"和"死亡者"。

---

① 潘志豪：《未成年犯刑释后重新犯罪问题分析》，载《青少年犯罪问题》1999年第2期。
② 陈绍勇：《少女沈雁重新犯罪个案调查》，载《青少年犯罪问题》2000年第6期。

犯罪原因分析

调查对象的资料直接来源于浙江省司法厅用于跟踪回归人员的"监测调查表",调查表由基层司法所填写上报,全部回收共计2 977份。调查表中的项目分别为:(归正青少年的)性别、出生年月、文化程度、捕前职业、首犯案由、刑期起日、刑期止日、刑释年月、家庭住址、判前婚恋、家庭经济、家庭关系、首犯时间、改造情况、回归婚恋、户口落实、帮教情况、安置就业、社会态度、现实表现、处罚类型、重犯案由、重犯时间。经推算的项目分别为:是否重犯、首犯年龄、刑期、重犯年龄、重犯跨距、释放年龄。

对所获数据全部录入计算机并利用 SPSS for win. 软件进行统计分析。对这些资料主要采用了单变量描述,x^2 检验和详析模式分析方法。

(三)调查结果

1. 归正青少年的基本情况

表9-12 归正青少年的基本情况

变量	属性	百分比	有效样本数
是否重犯	是	7.20	215
	否	92.80	2 782
性别	男	97.40	2 919
	女	2.60	78
家庭住址	城镇	17.2	514
	农村	82.8	2 483
文化程度	文盲	0.60	18
	小学	22.70	681
	初中	72.00	2 157
	高中	4.50	134
	大专以上	0.20	7
捕前职业	工商	10.40	311
	农业	59.40	1 781
	干部	0.10	4
	学生	2.30	69
	待业	20.30	609
	其他	7.40	223
首犯年龄	14~16 岁	3.30	100
	16~18 岁	13.80	414
	18~20 岁	24.10	721
	20~22 岁	26.00	779
	22~25 岁	32.80	982

续前表

变量	属性	百分比	有效样本数
首犯案由	抢劫	21.20	634
	盗窃	41.70	1 250
	强奸	3.40	103
	诈骗	2.00	59
	贪污	0.20	7
	挪用	0.30	8
	流氓	8.80	263
	伤害杀人	7.50	226
	吸贩毒	3.10	92
	其他	11.80	355
刑期	1年以下	18.20	544
	1～2年	16.40	491
	2～3年	15.70	471
	3～5年	21.70	649
	5～10年	21.10	632
	10年以上	4.10	121
判前婚恋	已婚	8.60	258
	未婚	90.10	2 701
	离婚	0.20	5
	丧偶	0.00	1
	已恋	1.10	32
家庭经济	好	8.30	243
	一般	79.10	2 314
	差	11.80	344
	极困难	0.90	25
家庭关系	好	47.30	1 382
	一般	51.60	1 509
	差	1.10	31
改造情况	好	31.0	9
	一般	69.0	20
回归婚恋	已婚	41.80	1 247
	未婚	51.60	1 540
	离婚	1.10	34
	丧偶	0.10	3
	已恋	5.40	161
户口落实	已落实	98.40	2 922
	未落实	1.60	49

犯罪原因分析

续前表

变量	属性	百分比	有效样本数
帮教情况	单位帮教	0.40	13
	民警帮教	1.10	32
	警民帮教	14.40	428
	居委干部帮教	11.80	349
	乡村干部帮教	67.60	2 005
	志愿者帮教	1.10	32
	其他帮教	0.80	24
	无人帮教	1.10	33
	解脱帮教	1.80	52
安置就业	国有企业	0.20	5
	集体企业	1.30	39
	合资企业	0.40	13
	私营企业	12.70	377
	个体	18.60	552
	外出打工	22.70	674
	行政单位	0.20	5
	事业单位	0.30	8
	回原单位	0.30	8
	无业	5.90	174
	其他	37.50	1 113
社会态度	关心	96.90	2 871
	无人过问	1.70	51
	歧视	0.10	2
	其他	1.30	38
处罚类型	治安处罚	3.00	6
	劳教	20.10	40
	判刑	76.90	153
现实表现	好	34.4	1 021
	一般	60.4	1 790
	差	5.20	155
重犯年龄	14~16 岁	0.50	1
	16~18 岁	1.00	2
	18~20 岁	4.60	9
	20~22 岁	13.70	27
	20~25 岁	28.90	57
	25~30 岁	40.60	80
	30~40 岁	10.20	20
	40 岁以上	0.50	1

续前表

变量	属性	百分比	有效样本数
重犯跨距	1年内	15.10	27
	1~2年	28.50	51
	2~3年	23.50	42
	3~4年	31.80	39
	4~5年	11.20	20
重犯案由	抢劫	5.80	12
	盗窃	33.80	70
	强奸	1.00	2
	诈骗	2.90	6
	流氓	7.20	15
	伤害杀人	10.10	21
	吸贩毒	25.10	52
	其他	14.00	29

由表9-12可见，浙江省归正青少年5年内重新犯罪率为7.2%。

(1) 入狱前情况：归正青少年中男性占绝大部分（97.40%）；家庭住址大多在农村（82.8%）；文化程度普遍较低，初中以下占95.3%；捕前职业为农民和待业的占相当部分（79.70%）；值得关注的是首次犯罪的青少年中18岁以下的未成年人占了17.10%；首次犯罪以侵财为主，其中居第一位的是盗窃（41.70%），居第二位的是抢劫（21.20%）；总体刑期较短，3年以下的占62.6%；判决前未婚未恋的占绝大部分（90.10%）；家庭经济好的较少（8.30%），差的和极困难的有一定比例（12.70%）；家庭关系好的不到二分之一（47.30%）。

(2) 回归后情况：回归后结婚的比例较被捕前有大幅度的提高（从8.60%到41.80%）；有个别回归者户口（1.60%）或帮教（1.10%）未得到落实；大部分能安置就业（66.40%），少部分外出打工（27.70%），个别人无业（5.90%）；社会整体对回归者比较关心，但也存在"无人过问"（1.20%）和歧视（0.10%）的情形；回归者中现实表现差的约占5.20%；再次（违法）犯罪后，大多被判刑（76.90%）。

(3) 重新犯罪情况：重犯年龄在25岁以上的占50.80%；有57.00%的刑释者在回归后3年内又重新犯罪；重犯类型居第一位的是盗窃（33.80%），居第二位的是吸贩毒（25.10%）。列联表分析表明（见表9-13），重犯类型与

犯罪原因分析

初犯类型有显著相关,当初犯是盗窃时重犯有64.00%也是盗窃,当初犯是吸贩毒时重犯有90.60%也是吸贩毒。这与早期的一些研究报告相一致。[①]

表9-13 重犯案由 * 初犯案由

		初犯案由								Total
		抢劫	盗窃	强奸	诈骗	流氓	伤害杀人	吸贩毒	其他	
重犯案由	抢劫	16.7%	2.2%		16.7%			3.1%	26.7%	5.8%
	盗窃	12.5%	64.0%	33.3%	16.7%	19.0%			20.0%	33.8%
	强奸		2.2%							1.0%
	诈骗		3.4%		33.3%				6.7%	2.9%
	流氓	12.5%	4.5%			33.3%	7.1%			7.2%
	伤害杀人	25.0%	4.5%	16.7%	16.7%	19.0%	21.4%	3.1%	6.7%	10.1%
	吸贩毒	16.7%	7.9%			9.5%	57.1%	90.6%	13.3%	25.1%
	其他	16.7%	11.2%	50.0%	16.7%	19.0%	14.3%	3.1%	26.7%	14.0%
Total		100.0%	100.0%	100.0%	100.0%	100.0%	100.0%	100.0%	100.0%	100.0%

$\lambda = 0.336 \quad P = 0.000$

2. 影响青少年重新犯罪的相关因素

表9-14 重犯者与未重犯者的差异比较(%)

自变量	属性	重犯者($N=215$)	未重犯者($N=2\,782$)
性别($\tau=.000$)	男	7.20	92.80
	女	6.4	93.6
家庭住址*** ($\tau=.019$)	城镇	15.0	85
	农村	5.6	5.6
文化程度($\tau=.002$)	文盲	5.6	94.4
	小学	8.5	91.5
	初中	7.0	93.0
	高中	3.7	96.3
	大专以上	0	100
捕前职业*** ($\tau=.103$)	工商	5.8	94.2
	农业	5.8	94.2
	干部	0	100
	学生	5.8	94.2
	待业	12.8	87.2
	其他	5.8	94.2

[①] 陈云飞:《预防"两劳"人员重新犯罪》,载《中国统计》1998年第7期;武彬:《未成年人重新犯罪问题调查报告》,http://www.law-lib.com/lw/lw_view.asp?no=4386,2005年12月18日访问。

续前表

自变量	属性	重犯者（N=215）	未重犯者（N=2 782）
首犯年龄* (τ=.004)	14~16岁	11.0	89.0
	16~18岁	10.1	89.9
	18~20岁	7.2	92.7
	20~22岁	5.6	94.4
	22~25岁	6.7	93.3
首犯案由*** (τ=.040)	抢劫	4.1	95.9
	盗窃	8.4	91.6
	强奸	5.8	94.2
	诈骗	10.2	89.8
	贪污	0	100
	挪用	0	100
	流氓	8.4	91.6
	伤害杀人	6.2	93.8
	吸贩毒	34.8	65.2
	其他	4.8	95.2
刑期** (τ=.003)	3年以下	8.7	92.3
	3年以上	5.9	94.1
判前婚恋* (τ=.003)	已婚	3.5	96.5
	未婚	7.6	92.4
	离婚	20.0	80
	丧偶	0	100
	已恋	0	100
家庭经济*** (τ=.007)	好	2.1	97.9
	一般	6.9	93.1
	差	11.6	88.4
	极困难	8.0	92.0
家庭关系*** (τ=.025)	好	4.2	95.8
	一般	9.1	90.9
	差	38.7	91.3
回归婚恋*** (τ=.030)	已婚	2.5	97.5
	未婚	10.8	89.2
	离婚	20.6	79.4
	丧偶	0	100
	已恋	1.9	98.1
户口落实*** (τ=.015)	已落实	6.5	93.5
	未落实	30.5	69.5

犯罪原因分析

续前表

自变量	属性	重犯者（$N=215$）	未重犯者（$N=2\,782$）
帮教情况 （$\tau=.001$）	有人帮教	6.9	93.1
	无人帮教	12.1	87.9
	解脱帮教	3.8	96.2
安置就业*** （$\tau=.103$）	就业	3.9	96.1
	无业	31.0	69.0
社会态度*** （$\tau=.060$）	关心	5.9	94.1
	无人过问	13.7	86.3
	歧视	100	0
	其他	53.0	47.0
现实表现*** （$\tau=.341$）	好	1.0	99.0
	一般	4.7	95.3
	差	69.0	31.0

注：*$p<0.05$　**$p<0.01$　***$p<0.001$

由上表可见，影响归正青少年重新犯罪的因素按显著性水平（P值）和解释力（τ相关系数具有PRE.意义）排序为：1. 现实表现；2. 安置就业；3. 社会态度；4. 首犯案由；5. 回归婚恋；6. 家庭关系；7. 家庭住址；8. 户口落实；9. 捕前职业；10. 家庭经济；11. 刑期；12. 首犯年龄；13. 判前婚恋。对归正青少年重新犯罪没有影响的是：1. 性别；2. 帮教情况；3. 文化程度。

（四）分析与讨论

（1）为什么和"现实表现"有关。现实表现好的重新犯罪比率为1.0%，而现实表现差的重新犯罪比率高达69.0%。一方面，现实表现差意味着没有完全遵守规则、规范和法律，没有形成良好的行为习惯；另一方面，本调查表是在回归者重新犯罪之后填报的，正如标定理论所认为的那样"一旦个人被贴上标签，观众就会用所贴上的标签来看待这个人。被贴上犯罪人的标签的人，首先会被看成是一名犯罪人；没有包括在标签之中的其他品质可能会被忽视。"[①] 由于表现好坏缺乏客观评价标准。因此，在回归者重新犯罪之后来评定其现实表现很大程度上只是一个"自证预言"。

（2）为什么和"安置就业"有关。$\tau=.103$意味着在知道某人就业状况的条件下预测其重新犯罪的可能可以减少10.3%的误差。失业使人失去经济保障和收入来源而陷于困境。就业不仅解决经济问题，还使人从属于某一组织，

---

① 吴宗宪：《西方犯罪学史》，警官教育出版社1997年版，第730页。

从而加强了与社会的联系,提高了社会整合度。① 就业与一个人的社会地位相关联,就业是一个人向上流动的最重要的推动力。对归正者而言,就业往往意味着有没有饭吃、能不能生存。当归正者长期处于失业状态,他最后所拥有的除了疲惫和沮丧恐怕已经一无所有了——这正是流氓无产者的特征——此时,他们最容易越轨或犯罪,因为在他们看来自己已经没有什么可失去的了。除"现实表现"外,就业与否和是否重犯之间的联系是最为密切。

(3) 为什么和"社会态度"有关。即使在今天,仍然有相当多的人相信犯罪人是病态的,犯罪常与暴力、诡计、肮脏联系在一起,罪犯总是那些凶残、丑恶的他者、异己,甚至是天生犯罪人。对这样的人,采取不信任态度是理所当然的。回归者高重犯率的社会事实加强了人们的这种认识,增加了对罪犯的恐惧、憎恶。回归者在伤害社会的同时也伤害了自身,他们的犯罪事实为严厉的回归控制政策的制定和社会普遍的回避歧视提供了充足的理由。"人类生活的本质特征是其根本性的对话特征"②。认同(Identity)是通过对话实现的。认同部分地是由他人的承认(Recognition)构成的;不被承认或被扭曲的承认,也会对认同构成显著影响。"所以,一个人或一个群体会遭受实在的伤害和歪曲,如果围绕他们的人群和社会向他们反射出来的是一幅表现他们自身的狭隘,卑下和令人蔑视的图像。这就是说,得不到他人的承认或只是得到扭曲的承认能对人造成伤害,成为一种压迫形式,它能够把人囚禁在虚假、被扭曲和被贬损的存在方式之中"③。回归者得不到社会和他人的承认,又难以进行良好的认同,社会给他的标签上明明写着"危险分子"的字样。回归的自我认同是艰难和痛苦的,一旦他认同了他们被扭曲和被贬损的自我形象,就把自己推向了更危险的境地。正如上表所示,被人歧视者中重新犯罪比例高达100%。

(4) 为什么和"首犯案由"有关。第一次犯罪是吸贩毒(34.8%)、诈骗(10.2%)和盗窃者(8.4%)重犯可能性较大。这是因为青少年贩毒者大多同时又是吸毒者,吸毒具有成瘾性和难以戒除性。因此,复吸的多,复吸者往往"以贩养吸"。诈骗一定程度上是一种智能犯罪,犯罪人通过这种犯罪会获得智力的优越感和精神的愉悦感,诈骗犯罪中的被害人也往往因为自己智力或道德上的过错而不愿报案,而诈骗罪的适用刑罚一般较轻。当犯罪的快

---

① 孔一:《犯罪预防实证研究》,群众出版社2006年版,第68页。
② [英]查尔斯·泰勒:《承认的政治》,载汪晖、陈燕谷主编:《文化与公共性》,三联书店1998年版,第296页。
③ [英]查尔斯·泰勒:《承认的政治》,载汪晖、陈燕谷主编:《文化与公共性》,三联书店1998年版,第290页。

犯罪原因分析

乐大于刑罚的痛苦时,犯罪人会重复以前的行动。这也合乎理性选择理论的有关假设①。盗窃者多为贫困者或没有劳动习惯者,盗窃又是一种对抗程度小、犯罪风险低、犯罪条件宽松的犯罪形式,监禁既不会使贫困者富有也不会使懒惰者勤劳。对个体而言,如果犯罪的致因没有消除,再次犯罪的可能性就依然存在。

(5)为什么和"回归婚恋"有关。在已婚者中有2.5%的重新犯罪,在未婚者中有10.8%的重新犯罪,在离婚者中有20.6%的重新犯罪。婚姻永远是犯罪的解毒剂。一个人可以从配偶那里获得支持和监督,尤其是当遭遇挫折或行为失范的时候。配偶也是他人和社会的"安全阀"——不良情绪和原始冲动的出口。成家后,个人行为就不仅仅代表个人的选择,有时关系整个家庭的荣誉和变迁。因此,行动者会更多的考虑行为的后果——行动因此而谨慎;未婚者则很少有获得这些好处的机会,而再次犯罪的顾虑却减少了;离婚是人生中可能遭受的最大的挫折,美国一位医学家曾研究过离婚对人的身心影响,结果表明,大多数人在离婚后,其精神平衡会受到破坏,出现严重的失落感,心情压抑②。一定程度上婚姻破裂对男性的影响超过女性。这时犯罪就会作为一种表达对人对己不满的方式。

(6)什么和"家庭关系"有关。家庭关系好的重新犯罪比率为2.5%,而关系差的犯罪比率高达38.7%。很多少年犯来自于缺损或破裂家庭,回归后的青少年可能面临更不利的家庭环境。③家庭关系差使家庭的经济功能、情感慰籍功能和社会化功能都不能很好的实现,而来自亲属的歧视和排斥对回归者的影响更为深远。家庭成员之间的冲突会削弱当事人对他人和社会的信任感和归属感,特别当这种矛盾的产生和回归者从前的犯罪行为有关时。

(7)为什么和"家庭住址"有关。家住农村的回归者重新犯罪比率为5.6%,家住城镇的回归者重新犯罪比率为15.0%。这与农村和城镇赖以生存的资源差异有关。农村的生活依赖于土地,回归者重新犯罪后土地并没有失去;而城市的生活依赖于社会提供的就业机会,对回归者来说,他们不具备技术和道德优势,因此缺乏竞争力——很难获得社会声望和经济收入高的职业。而城镇与乡村相比又是一个消费社会,日常生活的运转需要大量的金钱支出来维持。

(8)为什么和"户口落实"有关。户口落实的回归者重新犯罪比率为6.5%,户口未落实的回归者犯罪比率为30.5%。在中国户口既是一种身份标

---

① 参见[美]参见乔纳森·特纳:《社会学理论的结构》,邱泽奇译,华夏出版社2001年版,第308页。
② 《离婚会使人短寿》,载《科技文萃》1995年第5期。
③ 潘志豪:《未成年犯刑释后重新犯罪问题分析》,载《青少年犯罪问题》1999年第2期。

签,又与很多社会资源相关联,如就学、就业、分房、医疗保险。[1] 户口未落实意味着回归者可能会丧失很多改善自己生活状况的机会,也降低了基层司法组织(如派出所、司法所)对他们的实际控制。而户口未落实的部分原因在于回归者没有及时申报,这也反映了当事人消极的生活态度。

(9)为什么和"捕前职业"有关。捕前职业状态为"待业"的重新犯罪比率为12.8%,高于其他职业种类。待业者一方面缺乏就业技能,另一方面无事可做长此以往会使人丧失劳动的习惯和耐心[2]。捕前职业和回归后就业状况的列联表分析也证明了这一点,请见表9-15。

表9-15 是否就业*捕前职业

是否就业	捕前职业						Total
	工商	农业	干部	学生	待业	其他	
就业 Count	237	909	2	39	336	158	1 681
%within 捕前职业	96.0%	93.3%	100.0%	83.0%	80.8%	93.5%	90.6%
无业 Count	10	65		8	80	11	174
%within 捕前职业	4.0%	6.7%		17.0%	19.2%	6.5%	9.4%
Total Count	247	974	2	47	416	169	1 855
%within 捕前职业	100.0%	100.0%	100.0%	100.0%	100.0%	100.0%	100.0%

$\lambda=0.037$ $P=0.000$

捕前待业者中回归后无业的有19.2%,高于其他职业。

(10)为什么和"家庭经济"有关。家庭经济好的重新犯罪比率2.1%,家庭经济差的11.6%。贫困是影响传统犯罪的主导因素,青少年的经济状况直接取决于其家庭的经济状况。家庭经济"极困难"的重新犯罪比率为8.0%,反而低于家庭经济"差"的重犯比例,这是因为,实际上,对犯罪而言贫困感的才是影响犯罪的最重要的因素[3]。贫困感会产生剥夺感和被害补偿心理。

(11)为什么和"刑期"有关。刑期3年以下的重新犯罪比率8.7%,3年以上的重犯率为5.9%。短期自由刑的弊端早已为人们所熟知[4]:威慑力不

---

[1] 郑杭生著:《城市中农业户口阶层的地位、再流动与社会整合》,载《江海学刊》2002年第2期;王太元著:《中国户政制度的演进与改革(五):户口迁移制度的问题与改革(上)》,载《人口与计划生育》2004年第7期;王太元著:《中国户政制度的演进与改革(六):户口迁移制度的问题与改革(下)》,载《人口与计划生育》2004年第8期。

[2] 孔一著:《罪犯自杀研究——对浙江省罪犯自杀案件的实证分析》,载《中国人民公安大学学报》2005年第1期。

[3] 陆士桢、宣飞霞著:《关于中国社会城市青少年弱势群体问题的研究》,载《青年研究》2002年第2期。

[4] 张绍谦著:《短期自由刑存废之研究》,载《法学评论》1995年第5期;赵秉志、陈志军著:《短期自由刑改革方式比较研究》,载《政法论坛》2003年第5期。

足，却又难免①狱内传习，罪犯之间相互传递犯罪技术、犯罪经验和犯罪亚文化；②破坏犯罪人的社会适应能力；③标签效应和监禁烙印。这可以从短期自由刑的重犯率高这一事实中获得证明①。

（12）为什么和"首犯年龄"有关。当回归者第一次犯罪年龄在18岁以下时，再犯的比例超过10.0%；当第一次犯罪年龄在18岁以上时，再犯的比例低于7.0%。做"初犯年龄越小，再犯可能性越大"这样一个判断是大致不错的。绝大部分犯罪行为的产生是长期不良习惯累计的结果，这种不良行为发生的越早，对当事人的影响越深远，越容易形成积习而难以改变。同时，很小就受到处罚中断了正常的社会化进程、剥夺了受教育的机会，使其很难习得主流的价值观念和行为方式，也很难受到有效的职业训练而获得就业技能。

（13）为什么和"判前婚恋"有关。婚恋对犯罪的影响在前文已有分析。值得说明的是："判前婚恋"与"回归婚恋"相比对犯罪的作用显然要小，这说明当下的生活对犯罪影响更为显著。

表9-14显示，性别、帮教情况和文化程度对归正青少年重新犯罪没有影响。如果说性别和文化程度对归正青少年重新犯罪没有影响还可以理解的话，"帮教与否对归正青少年重新犯罪没有影响"的结论是令人吃惊和难以接受的。但仔细分析，却发现这是合乎事实和逻辑的。（1）在市场经济主导和社会转型的社会背景下，基层组织遭到严重削弱甚至趋于解体，在国家推行费税改革的今天农村基层组织面临新的危机：乡镇政府的社会汲取能力下降，社会控制能力弱化②；（2）个人的自利意识被唤醒和强化，人们不再像20世纪80年代那样崇尚积极自由③和公益事业，乐意帮教他人的人少了；（3）派出所疲于办案，司法所力量薄弱④，实施帮教力不从心。从帮教的形式看，仍沿袭了传统的政治规训、思想教育和法律宣传。这些方法在计划经济和意识形态主导的时代的确有效，但现在显然有些运转不灵了，而更专业化的社会

---

① 黄兴瑞、孔一、曾赟：《再犯预测研究——对浙江罪犯再犯可能性的实证分析》，载《犯罪与改造研究》2004年第8期。

② 徐冰：《谨防农村出现'政治空白'》，载《瞭望》2005年第27期；李芝兰、吴理财：《'倒逼'还是'反倒逼'——农村税费改革前后中央与地方之间的互动》，载《社会学研究》2005年第4期；马宝成：《农村税费改革对基层政权建设的影响》，载《山东社会科学》2004年第1期。

③ 吴玉军：《个人自由与国家行为的界限——"积极自由"与"消极自由"的思想史考察》，载《理论与改革》2003年第6期；申建林：《自由与道德、能力、市场——消极自由主义者与积极自由主义者的论战》，载《武汉大学学报（哲学社会科学版）》2004年第5期。

④ 孔一：《中国农村社区矫正的困惑——以枫桥为例》，载《江西公安专科学校学报》2005年第5期。

工作、心理辅导和职业技能训练更多的停留在书本上没有被广泛推行。当然，我们应当看到，在"枫桥"等地实施的以安置就业和帮助婚恋为主要内容的帮教实践取得了引人瞩目的成就。①

三、问题解决

以上影响青少年重新犯罪的"就业"、"婚恋"、"家庭"、"户口"、"社会态度"等诸因素可以抽象概括为：归正青少年融入社会的程度和社会接纳归正青少年的程度。涂尔干用社会整合程度降低解释自杀，而"社会整合理论"也成为解释越轨的一般理论。涂尔干指出：利己主义自杀的根源，是社会在各方面都没有足够的整合作用使它的所有成员从属于它。因此，这种自杀之所以过分地增加，是因为它所依赖的这种状态本身在蔓延，是因为混乱而虚弱的社会听任他的许多成员完全摆脱它的影响。因此，纠正这种弊病的唯一办法，是使各种社会群体具有足够的稳定性，以便这些群体更加牢靠地留驻个人，个人更加依恋群体。②涂尔干认为在现代社会中政治团体、宗教团体和家庭都不能持续有效地增进社会团结，而只有职业团体才具有这种功能。这是因为政治团体（如国家）离个人生活太远，不能使个人与之产生强烈和持续的感情，从而不能有效地不断影响个人③；宗教以不允许人们自由思考为必要条件，而这个前提在现代社会已经不复存在④。用韦伯的话说，就是"世界祛魅"之后，人们"无神可信"了⑤；习惯、传统和通信手段的变化，增加了家庭成员的流动性和活动范围，注定了曾经是"严密整体"的家庭必然走向"分散"。家庭在生活中的地位降低，也就不能作为生活的目标了⑥；而职业团体却有明显优势：第一，职业团体到处都存在；第二，职业团体无论在什么地方都能起作用；第三，职业团体的力量渗透于生活的每一部分⑦。"职业群体为其成员提供的不仅仅只是分享了一种职业生活，也不只是为其成员提供

---

① 杨张乔、王翀：《枫桥经验：中国乡镇犯罪预防与矫治的社区模式》，载《社会科学》2004年第8期。

② [法] 埃米尔·涂尔干：《自杀论：社会学研究》，冯韵文译，商务印书馆2003年版，第409—410页。

③ 同上书，第410页。

④ 同上书，第411页。

⑤ [德] 马克斯·韦伯：《新教伦理与资本主义精神》，彭强、黄晓京译，陕西师范大学出版社2002年版。

⑥ [法] 埃米尔·涂尔干：《自杀论：社会学研究》，冯韵文译，商务印书馆2003年版，第414页。

⑦ [法] 埃米尔·涂尔干：《自杀论》，钟旭辉等译，浙江人民出版社1988年版，第331页。转引自冯钢：《社区：整合与发展》，中央文献出版社2003年版，第35页。

一种新的、为适应市场社会而确立起来的行为方式；更重要的是它为现代市场社会的有效运作，建构了一种能够适应普遍交往的'一般化了的主体'(Universalized Subject)"①。

  由此看来，控制归正青少年重新犯罪的基本路径是：促进归正青少年加入职业团体，通过职业团体对其进行社会整合。这意味着大众足够宽容，社会能够为他们提供充分的就业机会；而归正青少年自身的文化程度和职业技能也是能否实现整合的要件之一。这就是说，少年犯服刑中，比思想政治教育更重要的是科学文化教育；比简单体力劳动更重要的是职业技能训练。

---

  ① 冯钢主编：《社区：整合与发展》，中央文献出版社2003年版，第35页。

学习单元十 再犯可能性评估

再犯风险评估全面地影响着罪犯的流向和处遇。一个罪犯可能在判决时被分流到社区（缓刑）或监狱，在被判决进入监狱的后几个月将被安置到不同种类的监狱或监区，在服过一定刑期后可能被提前释放（假释）。对司法当局来说，对一个罪犯究竟适用哪一种刑事策略，其中一个关键问题就是：哪一种策略更有利于降低该罪犯的再犯可能性。但这种可能性的实现存在于将来，现在只是某种风险的状态，也就是说：做出"不致再危害社会"的判断，困难重重且变化不定。这样，就带来了一系列疑问：在罪犯释放当时，如何知道他将来是否犯罪？再犯预测是科学还是巫术？再犯预测会不会因为其过度的安全倾向而过分压制个人的自由？犯罪预测技术手段会不会成为当权者作恶的工具？本单元将直面这些问题，并深入讨论再犯可能性评估的可能性、方法程序和具体应用。

情景一 问题提出——再犯可能性评估如何可能[①]

19 世纪以来各国监狱人满为患，难以实施个别化矫治方案而不能对犯罪人产生积极影响，以致有的国家的重新犯罪率超过二分之一。根据浙江省监狱管理局狱政处 2002 年 6 月对浙江省在押犯的统计，近 4 年来该省在押犯中二次以上被判刑平均占总数的 13.87%。另据司法部 1991 年底的统计，全国服刑的囚犯中二次判刑以上的占 9.26%。1986—1990 年的一项全国性调查显示，我国的成年犯刑释后 3 年内重犯率年均值为 5.19%，少年犯重犯率为 14.10%，少年解教人员重犯为 17.63%。重新犯罪现象并非我国所独有，如美国、日本 1989 年的调查显示，3 年内重犯率分别为 46.8%、57.2%。[②] 在我国囚犯数量不断攀升的情形下，我国监狱教育矫正罪犯的工作压力随之加大。因此，为降低在囚风险、减少重新犯罪率，我国监狱需要提高监狱教育

[①] 本节主要内容见孔一：《再犯预测的基本概念辨析与选择方法评价》，载《江苏警官学院学报》2005 年第 6 期。

[②] 孔一：《重新犯罪原因检讨》，载《中国刑事法杂志》2002 年第 5 期。

矫正罪犯的质量,与此相关的问题就是如何减少囚犯数量。关押一个犯人耗资巨大,我国每年就需在每个犯人身上花费 1 万元以上①。而我国 2002 年的人均 DGP 约为 7 300 元/人。美国每关押一个犯人每年至少需要花费 4 万美元。因此,提高假释率和缓刑率是减少行刑成本、节约社会资源的基本途径之一,如日本的假释率 50% 以上,缓刑率 60% 以上②。但是,假释、缓刑后的重新犯罪率仍很高,这就需要以科学的方法提高假释、缓刑适用的适当性。因此,为降低社会成本,节约社会资源,我国需要加大假释和缓刑的适用比例。而假释、缓刑适用是否妥当,与对罪犯的再犯风险评估关系最为密切。

根据加拿大犯罪学家 D. A. 安德鲁斯(D. A. Andrews)和 J. 邦塔(J. Bonta)的研究,犯罪风险评估工具经历了四代:临床判断(第一代,20 世纪 50 年代到 70 年代后期);精算预测(第二代,20 世纪 70 年代后期到 80 年代早期),静态风险与动态需求综合评估(第三代,20 世纪 90 年代),风险评估与个案管理相结合(第四代,21 世纪)。③ 任何一代风险评估都是以影响再犯可能性的因素的发现、赋值、整合为核心的。

一、哪些因素影响再犯?

世界各国的犯罪学家对再犯预测做过很多有益的探索,尽管存在地域的差异、文化传统的不同和现实制度的区别,但仍揭示出共同的影响再犯的因素。我们对一些著名的再犯预测研究结果的列示如下,见表 10-1:

表 10-1 世界各国著名再犯预测研究检选出的预测再罪的因子④

	伯杰斯	格鲁克夫妇	希德	欧林	台大法律所	张甘妹
1	犯罪性质	勤劳习惯	遗传负因	罪名	犯罪类型	犯罪者类型
2	共犯人数	犯罪重度与次数	先系之犯罪	判决刑期	判决刑期	判决刑期
3	国籍	本犯以前检举	不良的教育关系	犯罪人类型	初犯年龄	受刑经验
4	双亲状态	收容前受刑经验	不良的学业成绩	家庭状态	婚姻状态	初犯年龄

---

① 《人民日报》2001 年 8 月 8 日第九版。
② 张甘妹:《再犯预测研究》,法务通讯杂志社 1987 年版。
③ [加]罗伯特·B·科米尔:《犯罪风险评估:加拿大发展状况概述》,转引自陈诚、王平:《加拿大风险评估》,加拿大刑法改革与刑事政策国际中心 2007 年版。
④ 本表根据张甘妹教授、许春金教授、黄兴瑞教授、马博镇教授的研究编写。参见张甘妹:《犯罪学原论》,台湾汉林出版社 1985 年版;许春金:《犯罪学》,台湾三民书局 1996 年版;黄兴瑞:《人身危险性评估与控制》,群众出版社 2004 年版。马博镇:《再犯预测》,载《犯罪学与刑事政策》2000 年第 3 期。

续前表

	伯杰斯	格鲁克夫妇	希德	欧林	台大法律所	张甘妹
5	婚姻状态	判决前经济责任	学徒之半废	家属的关心	犯罪时职业	配偶状况
6	犯罪类型	入狱时精神异常性	不规则的上班	社会类型	勤劳习惯	文身状况
7	社会类型	在监中违反规则频度	18岁之前的犯罪	职业经历	不良交友关系	
8	犯罪行为	假释期间的犯罪	4次以上前科	出狱后工作的适当性	家庭经济责任	
9	居住社会大小		特别迅速的累犯性	居住社区		
10	近邻类型		涉及他地区之犯罪	共犯人数		
11	捕时有无定住		性格异常	人格		
12	宽大处理与供述		饮酒嗜癖	精神病学预后		
13	收容有无经过小犯罪答辩		狱中一般行状之不良			
14	宣告刑性质与长度		36岁之前释放			
15	假释前实际所服刑期		释放后不良的社会关系			
16	以前犯罪记录					
17	以前职业记录					
18	机构内惩罚记录					
19	释放时年龄					
20	智能年龄					
21	性格类型及精神医学的诊断					

上列因子可以分为：（1）犯罪前的基本状况；（2）犯罪行为；（3）服刑状况；（4）释放后状况[①]。总体而言，共识程度高的因子更具预测力。对表10-1所列因子我们做频数统计见表10-2：

[①] 毫无疑问，释放后状况如婚姻、就业等对是否再犯有重大影响，但如果把释放后状况作为预测因子是不恰当的。从理论层面讲，预测是根据因果模型由已知推断未知，其数学表达为：$f(x) \to y$，而释放后状况在释放时皆为未知，这就是说，在用未知预测未知，显然是谬误的；从实践层面讲，做缓刑或假释预测时释放后状况尚不知道，这就使实际的预测难以操作。

犯罪原因分析

表 10-2　预测因子的排序

预测因子	因子出现次数	百分比
1. 犯罪经历（犯罪累积次数、释放到重新犯罪的时间等）	6	100%
2. 受刑经历（次数、刑种、刑期等）	6	100%
3. 家庭结构与联系（父母、配偶等）	5	83%
4. 职业经历（种类、连续性等）	4	67%
5. 初犯年龄	3	50%

由表 10-2 可见，这些因子都是个体因素，而没有涉及环境变量。因此，严格地说，这些预测只能叫做再犯人身危险性评估而不能叫做再犯预测。下面再列举几项国外学者的整合分析结果：

根据安德鲁斯和邦塔在 1994 年对 1992 年之前杰德瑞奥（Gendreau）等数百项研究的整合分析（meta-analysis）① 结果，下列因素和犯罪关系密切②，见表 10-3：

表 10-3　安德鲁斯和邦塔（1994 年）的再分析

	r 均值	研究数
下层社会出身	0.06	87
个人困境/心理（不）健康状况	0.08	226
教育/职业成就	0.12	129
父母/家庭因素	0.18	334
脾气/个性不端	0.21	621
反社会态度/结交	0.22	168

表 10-4　西莫德（Simourd，1993 年）的整合分析③

	校正的 r 值	研究数
下层社会出身	0.05	38
个人困境/心理（不）健康状况	0.07	34
家庭结构/父母问题	0.07	28

---

① 整合分析（meta-analysis）是对同一主题下多个独立实验结果进行综合的统计学方法。非参数检验整合分析——重复取样检验（resampling test）不考虑原文献数据的分布形式，故可在不知原文献数据分布形式时使用。

② Edward J. Latessa, The Classification and Assessment of Offenders: The Engine that Drives Effective Correctional Practices and Interventions, 载《社区矫正国际研讨会》论文集，2005 年 7 月，第 81 页。

③ Edward J. Latessa, The Classification and Assessment of Offenders: The Engine that Drives Effective Correctional Practices and Interventions, 载《社区矫正国际研讨会》论文集，2005 年 7 月，第 82 页。

续前表

	校正的 r 值	研究数
未成年时的个性变量	0.12	18
父母与孩子的关系松弱	0.20	82
个人教育/职业成就	0.28	68
脾气/个性不端/自我控制	0.38	90
反社会态度/结交	0.48	106

安德鲁斯和邦塔（1998 年）的研究①

1. 反社会的/亲犯罪（procriminal）的态度、价值观、信仰和认知情感状态
2. 亲犯罪结交和疏远抵制犯罪者
3. 引起犯罪的脾气和个性因素
   (1) 心理不健康；
   (2) 松弱的社会联系；
   (3) 冲动；
   (4) 躁动/好斗；
   (5) 自我中心；
   (6) 低于平均水平的语言能力；
   (7) 好冒险；
   (8) 缺乏解决问题/自我约束技能。
4. 反社会行为经历
   (1) 从年轻时就很明显；
   (2) 在各种环境中都有；
   (3) 大量的各不相同的种种行为。
5. 家庭因素包括与家族出身有关的犯罪行为和种种心理程式（psychological programs）
   (1) 低水平的情感、关怀和凝聚力；
   (2) 匮乏的父母监管和纪律训练；
   (3) 彻底地忽视和虐待；
   (4) 个人教育、职业、经济成就低下。

影响再犯的因素在确定之前先要假设性的提出，凡有可能者皆须列示，以供检验和筛选。提出的方法少不了借鉴前人成果（如上面所做的工作）、请

---

① Edward J. Latessa, The Classification and Assessment of Offenders: The Engine that Drives Effective Correctional Practices and Interventions, 载《社区矫正国际研讨会》论文集, 2005 年 7 月, 第 85 页。

教专家、走访调查、个案归纳、理论演绎等。

二、各因素及其不同属性对重新犯罪的影响程度（权重）

如果少年时吸毒和辍学对再犯都有影响，那么，哪一个影响更大？大多少程度？而同样是自由刑，1年以下刑期、3年刑期、10年刑期对再犯的影响程度有多大差异。而这些不同和差异必须要有一组统一和量化的标准来确定与表述。这是在再犯可能性评估中必须面对和解决的问题。

三、这些因素怎样组成一张预测表？

当确定了影响因素，分配了各因素的权重，计算出了不同属性的分数。接下来的问题就是，把这些赋予了不同分数和权重的因素组合成一张统一的表格，用于实际的预测。

四、再犯预测（再犯可能性评估）的五个步骤

解决上述三个问题需要五个步骤：

（一）建立实验组与对照组

实验组在初犯预测中是有犯罪经历者，在再犯预测中是重新犯罪者；对照组在初犯预测中是未有犯罪经历者，在再犯预测中是有犯罪经历但未重新犯罪者。两组样本的选取最好采用概率抽样，这样可以保证对总体的推论力。但实际上概率抽样往往很难办到，所以多利用大样本以减少误差，如伯杰斯（Burgess）在1928年"伊利诺之不定期刑及假释制度"的研究中选取的样本量为3 000名犯罪者。

（二）收集预测资料

利用访谈或问卷方法收集调查对象的犯罪经历、家庭生活、教育过程、职业生涯、社会活动、刑罚处遇及其个人的基本信息（如性别、年龄、性格、精神状态等）等可能与再犯有关的因素。资料的准确性是决定预测成败的重要因素。

（三）选择预测因子

根据资料的性质（如变量的层次、是否为概率抽样数据、是否呈正态分布、是否为线形关系）选择相应检验方法，如 Pearson（积距）相关、Spearman（等级）相关、点二列相关 或 x^2（卡方）检验。在一定的显著性水平（至少应大于0.05）下确定与犯罪相关程度较高的因子。为预测方便，因子的数量不宜过多，一般在5~10个之间，可以用提高显著性水平（可使其达到0.01或0.001）的方法减少因子数量。

(四) 预测因子赋值

根据所选因子与犯罪相关程度的强弱而给予适当点数。

(五) 编制预测表

就每一个调查对象计算其预测因子所得总点数,再将全体总点数排序并划分为若干等级,算出每一等级对应的实验组成员占该等级成员总数的比例。①

情景二 问题分析——如何制作再犯可能性预测表②

要对某一犯罪人再犯可能性进行评估,仅有一张调查问卷是不够的,还需要一套科学预测评估再犯可能性的量表。于此,我们就需要了解再犯可能性预测量表的制作方法与过程。如前文所述,再犯预测(再犯可能性评估)的过程可以分为:建立实验组与控制组、收集预测资料、选择预测因子、预测因子的赋值、编制预测表五个步骤。下面对再犯预测量表的五个步骤详加说明:

一、实验组和控制组的选择

再犯预测研究的核心问题是预测项目的设计和研究样本的选择。选样的实质是确定用于对照比较的实验组和控制组。综观各种再犯预测研究其确定实验组和控制组的方法有如下四种,这几种方法共同的目标是尽量减少来自于环境的影响(科学性)和节约调查成本(可行性)。而实际上,选样是科学性和可行性的权衡与妥协。作为研究者必须清楚各种选样方法的局限性和对研究结果的不利影响。

(一) 纵向选样

1. 追踪选样

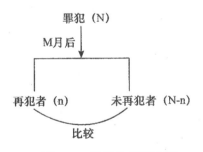

图 10-1 追踪选样示意图

---

① 参见张甘妹:《犯罪学原论》,台湾汉林出版社 1985 年版。
② 本节转引自孔一:《再犯预测表的制作过程》,载《犯罪与改造研究》2009 年第 12 期。

纵向选样中的追踪选样法是以某一地区监狱一定时间段内释放的全部罪犯为对象，追踪数月或数年。将在此期间再犯和未再犯者自然分成实验组和控制组。1923年美国学者瓦纳（Warner）从麻省感化院选取了680名罪犯进行的假释预测研究，[①] 以及1930年格鲁克夫妇（Sheldon & Eleanor T. Glueck）再犯预测均采用了此方法。[②] 由于可以认为同时释放的罪犯（入狱前、服刑中、释放后）生活于大致相同的环境之中，所以，环境的影响也基本相同——社会危险性基本相当。这时，就可以把人身危险性视同为再犯可能性。这种方法有很高的科学性，但长时间追踪回归者相当困难，地域广阔人口众多的地区采用此法几乎不可能。

2. 回溯选样

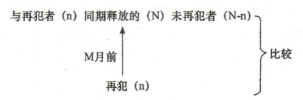

图 10-2　回溯选样示意图

纵向选样中的回溯选样法是以某一地区监狱在押的再犯为实验组，而以数月或数年前与再犯者同期释放的迄今未再犯者为控制组。由于实验组为在押罪犯，这使寻找样本的难度减少近半。但是，建立控制组的难度大于采用追踪法的难度，这是因为没有像追踪选样法那样事先将研究对象纳入追踪计划而使未再犯者更加难以寻找。

（二）横向选样[③]

1. 初犯同期选样

横向选样中的初犯同期选样法是以监狱在押的罪犯为研究对象，把初犯者作为控制组，把初次犯罪与初犯者犯罪同期的再犯者作为实验组。这种方法简便易行，并能使初犯者与再犯者早期犯罪时的社会环境相一致。但其主要

[①] S. B. Warner, Factors Determining Parole from Massachusetts Reformatory (1923), in Joural of Criminology, pp. 172-207.

[②] 有学者认为这种方法的缺陷还在于初犯者中会有再犯者；从而影响到比较结果的准确性。而事实上，预测所用的主要方法是 x^2（卡方）检验，其计算公式为：$x^2 = N\left(\sum \dfrac{f_{0_i}^2}{f_{x_i} f_{y_i}} - 1\right)$。可以证明（数学证明从略）实验组样本混入控制组只能使卡方值减小，从而减小实验组和控制组的差异，这时拣选出的预测因子应更具预测力而不是相反。这好比我们比较一杯热水和一杯冷水之间的温差时，把部分热水掺入冷水杯，这时的温差只能比原来的温差小。

[③] 黄兴瑞：《人身危险性评估与控制》，群众出版社2004年版，第149页。

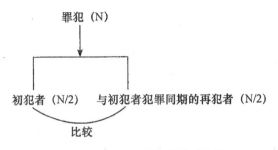

图 10-3 初犯同期选样示意图

缺陷在于：(1) 与初犯者同时关押的再犯者大多是初次犯罪判刑较短的罪犯，而与再犯者初犯时期相同而今天仍在狱中服刑者多为重刑犯。因此，这会造成样本的重大偏差；(2) 再犯者初次服刑的环境与初犯者本次服刑的环境有所不同。

2. 初犯不同期选样

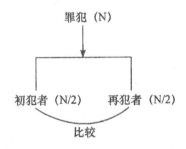

图 10-4 初犯不同期选样示意图

横向选样中的初犯不同期选样法是以监狱在押的罪犯为研究对象，把初犯者作为控制组，把再犯者作为实验组。黄兴瑞教授的再犯预测研究即采用了这种选样方法。① 这种方法最为简便易行，其主要缺陷在于：(1) 再犯者与初犯者初次犯罪时的环境不同；(2) 再犯者初次服刑的环境与初犯者本次服刑的环境有所不同。

二、收集预测资料

从1983年7月开始，"台湾大学法学院"张甘妹教授主持了再犯预测研究。研究者从"台湾高等法院检察处"资料中心选取了自1979年1月1日～12月31日期间出狱至1984年8月31日为止未再犯者160名，再犯者157名作为调查样本。调查项目分为犯罪经历、家庭经历、社会经历、职业经历、学

---

① 黄兴瑞：《人身危险性评估与控制》，群众出版社2004年版，第149-150页。

校经历、狱中状况、生理与心理状态 7 大类因素，共 66 个子项目。2003 年 11 月至 2004 年 5 月期间浙江警官职业学院院长黄兴瑞教授等，采用主观抽样方法对浙江 715 名在押罪犯进行了调查，调查项目涉及研究者认为可能与再犯相关的两大类因素：一是社会因素共 7 大类别 61 个项目；二是心理因素共 16 个项目。7 大类社会因素为：第一类为基本情况：包括出生和成长环境、文化程度、学习成绩等；第二类为早年家庭情况：包括家庭结构、父亲的教育方式、母亲的教育方式；第三类为早年不良行为：包括打架、偷盗、借钱不还、强要别人东西、吸烟、喝酒、与父母争吵、当面骂老师、逃学、离家出走、性生活经历、破坏公物、赌钱、骗家长的钱、说谎；第四类为不良行为模式：包括不良交友、酗酒、吸毒、文身、开支无度；第五类为犯罪情况：包括初犯年龄、初犯罪行种类、犯罪时的职业、犯罪时的就业状况、犯罪时的家庭收支情况、犯罪时的居住情况、犯罪时有无接触毒品的条件、是否预谋犯罪、犯罪动机、对待被害人的态度、共犯人数、犯罪地与居住地的关系、被捕时态度、作案次数；第六类为刑罚情况：包括第一次逮捕时年龄、罪名、刑期、对判决的态度、累进处遇的级别、服刑期间是否有过自杀行为、服刑期间有无脱逃行为、服刑期间有无犯罪行为、服刑期间被评为"改造积极分子"的次数、是否被减刑、是否扣过"劳积分"、是否被关过禁闭、是否学到了就业技能；第七类为出狱情况：包括释放时的年龄、实际关押时间、出狱形式、出狱时的婚姻状况、出狱时的家庭经济状况、出狱时的依亲状况（家庭成员数量、能提供帮助的家庭成员数量、需要帮助的家庭成员数量）。心理因素调查采用了国内修订的卡特儿人格量表（16PF）。[①]

三、选择预测因子

预测因子的选择方法通常采用 x^2（卡方）检验。对于再犯预测来说，一般能保证样本为大样本且样本相互独立。因此，可以直接用下式计算：

$$x^2 = N(\sum \frac{f_i^2}{f_{x_i} f_{y_i}} - 1)$$

f_i 为实际观测数，f_{x_i}、f_{y_i} 为实际观测数所在行与列的边缘分布次数。

下面以犯罪类型为例具体说明如何用 x^2（卡方）检验筛选预测因子，见表 10-5：

[①] 黄兴瑞、孔一、曾赟：《再犯预测研究——对浙江罪犯再犯可能性的实证分析》，载《犯罪与改造研究》2004 年第 4 期。

表 10-5　犯罪类型与是否再犯的 x^2（卡方）检验

犯罪者类型	（y）未再犯组	再犯组	f_{x_i}
（x）初犯	73	27	100
累犯	7	23	30
再犯	14	12	26
常习犯	6	38	44
f_{y_i}	100	100	N=200

$P < 0.01$

$$x^2 = N\left(\sum \frac{f_i^2}{f_{x_i} f_{y_i}} - 1\right)$$
$$= 200 \times \left(\frac{73^2}{100 \times 100} + \frac{7^2}{30 \times 100} + \cdots + \frac{38^2}{44 \times 100} - 1\right) \approx 53.0$$

x^2 临界值的自由度为（r－1）（c－1），r、c 分别表示行数和列数。在本例中自由度为（3－1）×（2－1）＝3

查 x^2 分布表，$x^2_{(3),01} = 11.3$

$x^2 > x^2_{(3),01}$，故犯罪者类型与是否重犯有关联，或者说不同的犯罪者类型在是否重犯上有显著差异。

张甘妹教授根据以上方法最后筛选出 6 个与是否再犯关系显著的预测因子：(1) 犯罪者类型；(2) 判决刑期；(3) 收容前之受刑经验；(4) 第一次犯罪年龄；(5) 配偶的状态；(6) 文身状况。黄兴瑞教授等的研究更进一步，他们对所有数据均运用 SPSS for win. 软件进行了统计分析。分析步骤如下：(1) 检验再犯与初犯之间是否存在显著性差异，对定距以下变量采用了 x^2 检验方法，对定距以上变量采用了平均数方差（ANOVA）分析。P 值均取 0.01。(2) 对拣选出的 $P < 0.01$ 的各因素，再求 λ 或 τ 或 E^2 系数来分析其预测效力。PRE 值要求大于 10%。(3) 对拣选出的有高度相关性（相关系数大于 0.7）的因素根据其易获得性选择其一。如最早的一次犯罪年龄和第一次逮捕年龄有高度相关（Pearson 相关系数等于 0.964），而第一次逮捕年龄比最早的那次犯罪年龄更容易获得和确定，因此最后取"第一次逮捕年龄"作为预测因子。最后，从 61 项社会因素中鉴别出与是否再犯相关的 36 个项目，从 16 项心理因素中鉴别出 5 个项目。再根据显著性、独立性和有效性检选出早年不良行为、不良行为模式、犯罪时职业、对被害人的态度、第一次逮捕时年龄、罪名、前科次数、刑期、服刑期间是否学到就业技能、释放前的管理级别、出狱时年龄、出狱时婚姻 12 项因素作为预测因子。

四、给预测因子赋值

对每一预测因子的不同属性给出相应的分数，有 A 式和 B 式两种方式。

犯罪原因分析

A 式与 B 式预测数计算法如表 10-6 所示。

表 10-6　早年不良行为之得分

不良行为数目	再犯组（%）(1)	初犯组（%）(2)	再犯率（%）(1)/[(1)+(2)]	A 式得分 (1)/[(1)+(2)] *100	B 式得分①
0～2 项	35.0	43.6	44.5	44.5	0
3～4 项	34.1	36.7	48.2	48.2	0
6～7 项	30.9	19.7	61.1	61.1	1
N	337	330			

依次类推，计算出所有预测因子各属性对应的分数。

五、编制预测表

编制预测表就是把已经赋值的各预测因子编排进一张表格里，并给出整合总分的意义解释。仍以张甘妹教授的研究为例说明编制的步骤。

（一）编排总得分表

表 10-7　6 项预测因子的总得分表

预测因子	A 式得分	B 式得分
1. 犯罪者类型		
初犯	27.4	0
累犯	75.3	1
再犯	45.5	0
常习犯	87.0	1
2. 判决刑期		
6 个月～1 年（未满）	47.6	0
1～2 年（未满）	59.2	1
2～3 年（未满）	48.7	0
3～5 年（未满）	58.5	1
5 年以上	21.9	
3. 收容前之受刑经验		
0 次	32.4	0
1～2 次	74.4	1
3～4 次	93.7	1

---

① 张甘妹教授采用了 [(1)+(2)]/2（即平均数）与 (2) 的比较，若 (2)＞[(1)+(2)]/2 则得 1 分，若 (2)＜[(1)+(2)]/2 则得 0 分。其实 (2) 与 [(1)+(2)]/2 的关系可以简化为 (1) 与 (2) 的关系。另外，由 A 式、B 式的得分观察可知，当 A 式得分大于 50.0 时，B 式得分为 "1"，反之为 "0"。这在数学上也可以获得证明：(1) 与 (2) 的关系等同于 (2)/[(1)+(2)] 与 0.50 的关系。

续前表

预测因子	A式得分	B式得分
5次以上	100	1
4. 第一次犯罪年龄		
12～18岁（未满）	65.7	1
18～25岁（未满）	54.7	1
25岁以上	38.0	0
5. 配偶的状态		
未婚	58.4	1
结婚（包括同居）	33.8	0
死亡或离婚	60.3	1
6. 文身状况		
无	42.4	0
有	67.1	1

（二）依据总得分表计算出每一个样本的得分

如一个有文身的、未婚的、第一次犯罪年龄为17岁的、在收容前有两次受刑经验的、被判处2年零6个月的常习犯的A式和B式得分分别为：

A式得分＝87.0＋48.7＋74.4＋65.7＋58.4＋67.1＝401.3

B式得分＝1＋0＋1＋1＋1＋1＝5

所有有效样本的分数皆需一一计算。

（三）依据总得分表计算出的理论极差（各项最高分之和与各项最低分数之和的差）为全距，将数据区间分为N等份①

以黄兴瑞教授研究中A式为例：

理论极差＝各项最高分－各项最低分＝825－385＝440

组距＝理论极差/N

当N＝3时，组距＝147，区间为 [385 525) [525 675) [675 825]

当N＝4时，组距＝110，区间为 [385 495) [495 605) [605 715) [715 825]

（四）以等分区间（分数段）和组别属性为纵横栏做交互表，计算每一交集的有效样本数。

张甘妹教授研究中的四级②交互表可列示见表10-8与表10-9：

---

① 经计算张甘妹教授研究中的理论极差为 [195.5－439]，但她分组时并未以此为全距来等分。究竟哪种方法更好，还需要理论的探讨和实践的检验。

② 得分分为四档的叫做四级再犯预测表。另外也可以制成三级、六级等不同形式的预测表。

犯罪原因分析

表 10-8　A 式四级交互表

分数段	再犯组人数	未再犯组人数
200 分以下	0	9
200～299	52	125
300～399	86	24
400 分以上	19	2
合计	157	160

表 10-9　B 式四级交互表

分数段	再犯组人数	未再犯组人数
0	3	27
1～2	32	82
3～4	70	42
5～6	52	9
合计	157	160

（五）计算各分数段的再犯可能率

再犯可能率的计算方法表示如下，请见表 10-10 与表 10-11。

表 10-10　A 式四级再犯预测表

分数段	再犯组人数 (1)	未再犯组人数 (2)	再犯可能率（%） (1)/[(1)+(2)]
200 分以下	0	9	0
200～299	52	125	29.4
300～399	86	24	78.2
400 分以上	19	2	90.5
合计	157	160	

表 10-11　B 式四级再犯预测表

分数段	再犯组人数 (1)	未再犯组人数 (2)	再犯可能率（%） (1)/[(1)+(2)]
0	3	27	10.0
1～2	32	82	28.1
3～4	70	42	62.5
5～6	52	9	85.2
合计	157	160	

至此，再犯预测表制作完成。成型的再犯罪预测表可用于临床预测，如缓刑判决评估，入狱前危险性鉴别，假释裁定评估，出狱前危险性评价。

情景三　问题解决——再犯可能性预测量表的运用

对于精算量表中相关问题的回答，除根据犯罪人自陈外，必须结合档案查阅和知情人访谈。而通过精算量表计算出的风险等级只是风险评估的方法之一，必须结合专家临床判断和犯罪人需求调查来综合考虑犯罪人的风险程度，以确定适当的管理方案。这要求评估者至少注意以下问题。

一、再犯风险分析

（一）观察犯罪人的行为和表现

（1）在了解犯罪人个人历史和成长环境的前提下记录罪犯的情感状态；

（2）观察犯罪人的身体表现，记录下不一致和前后矛盾之处，和其他信息相对照；

（3）通过分析犯罪人的信息、行为和相关文件及报告，研究和核查犯罪人的历史、行为和情感状态方面的信息；

（4）通过提问和信息反应探究犯罪人对自己处境的认知；

（5）根据已认可的标准对其作用进行一般性评估，同时，注意任何具有破坏性的指标；

（6）通过一系列的沟通策略更好的理解犯罪人的经验、态度和需求。

（二）分析风险的性质和程度

（1）通过一系列沟通和分析策略检查和确认犯罪人对自己处境性质的理解；

（2）探究犯罪人出于现实和急切的期望，对于其能力影响其地位和评估风险性质和等级的看法；

（3）核查犯罪人掌控自己处境，评估风险性质和等级对健康和福利影响程度的能力和技巧；

（4）为了更好的实现项目和服务的价值，鉴别促进或阻碍变化和评估风险性质与等级的现实因素；

（5）揭示犯罪人对有影响力的和相关的人和制度的作用的看法；

（6）鉴别和确认犯罪人根据新的要求和对矫正环境的新认识所能做的调适，以及认识和理解其处境的能力；

（7）鉴定犯罪人根据现实水平、期望和经验改变和评价风险性质与等级的动机。

（三）决定干预

（1）在对犯罪人应对其处境的能力和潜质以及对犯罪行为和风险相关的

评估资源与障碍分析的基础上确定干预策略；

（2）确定罪犯的接受能力，意识其处境的水平，对新信息的开放度，学习和改变行为的能力，从一系列的观察中检查信息和沟通策略；

（3）评估犯罪人的风险因素和犯罪行为的性质，根据紧急程度、项目和服务的有效性、犯罪人的适应能力推荐选择干预策略；

（4）与关键的人和机构以及罪犯协商干预事项，对罪犯而言，即以某种方式促使其同意和合作；

（5）以语言和（为帮助理解而）精心设计的样式给犯罪人提供建议和信息，提供安慰和减少焦虑、压力和迷惑；

（6）收集犯罪人的表现记录，犯罪人档案中所有的相关信息，其他机构根据组织准则和惯例要求所作的案件记录和报告。

二、犯罪人需求分析

（一）需求的种类

（1）基本语言和文字技能；（2）生活技能；（3）特殊意愿；（4）行为改变和管理；（5）沉迷事项——毒品、酒精、赌博；（6）卫生健康；（7）心理健康；（8）残疾——身体的、智力的、感觉的和发展方面的；（9）培训和教育；（10）就业；（11）家庭支持；（12）关系发展；（13）法律援助；（14）文化支持。

（二）干预策略

干预策略的选择依赖于风险的性质和程度。（1）个别咨询；（2）团体治疗；（3）团体支持；（4）延请外部专家和机构；（5）特别监控；（6）药物治疗；（7）内在支持，如结伴制。①

三、再犯可能性评估表的使用②

在上述风险和需求分析的基础上，可以利用风险评估工具确定犯罪人的风险。国外有很多比较成熟的通用的评估工具，比如用于评估性犯罪风险的 Static-99，Risk Matrix 2000 (RM2000) 和 Rapid Risk of Sex Offender Recidivism (RRASOR)③，用于评估精神紊乱犯罪人风险的 Reactions on Display

---

① CSCINT404A Assess offender risks and needs, see to http：//www.ntis.gov.au visit2010-7-26.
② 本节主要内容见于黄兴瑞、孔一、曾赟：《再犯预测研究——对浙江罪犯再犯可能性的实证分析》，载《犯罪与改造研究》2004第8期。
③ Dan Wilcox, Anthony Beech, Helena F. Markall1, Janine Blacker, Actuarial risk assessment and recidivism in a sample of UK intellectually disabled sexual offenders, in. Journal of Sexual Aggression (2009), Vol. 15, No. 1, pp. 97-106.

(RoD)①，用于评估暴力犯罪风险的 HCR②－20③。美国威斯康辛州社区服刑罪犯危险性评估表请见表 10-12：

表 10-12　美国威斯康辛州社区服刑罪犯危险性评估表④

预测因子	得分		得分
1. 本次判刑前 5 年是否被逮捕（不包括因交通违法的逮捕）		8. 本次犯罪被决定给予监禁和缓刑的年龄	
否	0	30 岁以上	0
是	4	18～29 岁	3
2. 过去在州或联邦成人监狱被关押的次数		17 岁以下	6
0 次	0	9. 使用酒精情况	
1～2 次	3	从不	0
3 次以上	6	偶尔	1
3. 过去受缓刑或假释监督的次数		较少	2
0	0	较多	3
1 次以上	4	经常	4
4. 过去因缓刑或假释监督被撤销而导致监禁的次数		10. 使用毒品情况	
		从不	0
0	0	偶尔	1
1 次以上	4	较少	2
5. 在过去 12 月中参加工作的时间		较多	3
7 月以上	0	经常	4
5～7 月	1	11. 是否较多与犯罪倾向的人交往	
5 月以下	2	否	0
6. 过去犯重罪（判监禁 1 年以上的罪）的次数		是	5
		12. 逮捕类型	
0	0	未被逮捕	0
1 次	1	因违警罪	2
2 次以上	4	因轻罪	4
7. 判重罪之逮捕年龄		因重罪	8
24 岁以上	0	13. 是否有敌对态度	
20～24 岁	1	否	0
19 岁以下	4	较难合作	2
		有	5

分类标准：17 分以上高度危险；9～16 分中度危险；8 分以下低度危险

---

① Linda Wijk, Samuel Edelbring, Anna-Karin Svensson, Klas Karlgren, Marianne Kristiansson, Unofors, A pilot for a computer-based simulation system for risk estimation and treatment of mentally disordered (2009), in 34 offender Informatics for Health & Social Care, pp. 106-115.

② H 指历史因素（historical factors），C 指临床因素（clinical factors），R 指风险管理因素（risk management factors）。

③ Kelly Reynoldsa and Helen Louise Mile, The effect of training on the quality of HCR-20 violence risk assessments in forensic secure services (2009), in Vol. 20 The Journal of Forensic Psychiatry & Psychology, pp. 473-480.

④ 本表根据刘强：《美国社区矫正的理论与实务》，中国人民公安大学出版社 2003 年版，第 193-194 页整理绘制。

犯罪原因分析

根据我们的研究，最后制订了四套再犯可能性评估表，即判刑前、入狱前、服刑中、释放前再犯可能性评估表，分别由7、8、10、12项因子组成。这可以作为一个定量的评估工具来参考分析罪犯的风险等级。

表10-13　12项预测因子的总得分表

预测因子	得分	预测因子	得分
1. 早年不良行为		抢劫	36.1
0～2项	44.5	盗窃	61.6
3～4项	48.2	诈骗	47.7
5～6项	61.1	职务犯罪	37.0
2. 不良行为模式		其他	39.6
0项	25.8	7. 前科次数	
1～2项	48.4	1次	43.5
3～4项	60.3	2次	58.8
5项	64.8	3次	72.1
3. 犯罪时职业		8. 刑期	
农民	58.6	5年以下	56.6
工人	36.9	5～10年	43.8
做生意	44.8	10年以上	7.4
职员	42.6	9. 服刑期间是否学到就业技能	
公务员	38.9	是	26.0
学生	61.1	否	64.8
无业	59.1	10. 释放前的管理级别	
其他	47.6	特别宽管	65.8
4. 对被害人的态度		一般宽管	44.6
愧疚	41.9	普通严管	44.6
无所谓	63.7	一般严管	54.2
谴责	47.7	特别严管	63.0
其他	29.6	其他	87.6
5. 第一次逮捕时年龄		11. 出狱时年龄	
14～18岁	84.6	18岁以下	85.9
18～25岁	52.9	18～25岁	63.1
25岁以下	34.1	25岁以上	37.2
6. 罪名		12. 出狱时婚姻	
杀人	21.7	未婚	55.3
伤害	48.3	在婚	36.2
强奸	37.0	离婚/丧偶	46.5

表 10-14 判刑前、入狱前、服刑中、释放前之预测因子对照表

判刑前之预测因子	入狱前之预测因子	服刑中之预测因子	释放前之预测因子
1. 早年不良行为 2. 不良行为模式 3. 犯罪时职业 4. 对被害人的态度 5. 第一次逮捕时年龄 6. 罪名 7. 前科次数	1. 早年不良行为 2. 不良行为模式 3. 犯罪时职业 4. 对被害人的态度 5. 第一次逮捕时年龄 6. 罪名 7. 前科次数 8. 刑期	1. 早年不良行为 2. 不良行为模式 3. 犯罪时职业 4. 对被害人的态度 5. 第一次逮捕时年龄 6. 罪名 7. 前科次数 8. 刑期 9. 服刑期间是否学到就业技能 10. 释放前的管理级别	1. 早年不良行为 2. 不良行为模式 3. 犯罪时职业 4. 对被害人的态度 5. 第一次逮捕时年龄 6. 罪名 7. 前科次数 8. 刑期 9. 服刑期间是否学到就业技能 10. 释放前的管理级别 11. 出狱时年龄 12. 出狱时婚姻

(一) 适用于法院量刑阶段的七因子再犯可能性评估表

表 10-15 判刑前之再犯可能性三级预测表

分数段	再犯可能率（%）	分数段	再犯可能率（%）
235～315	14.6	395～475	90.2
315～395	51.0		

表 10-16 判刑前之再犯可能性四级预测表

分数段	再犯可能率（%）	分数段	再犯可能率（%）
235～295	6.8	355～415	70.7
295～355	31.7	415～475	90.7

可作为量刑轻重，刑种配置，行刑方式选择的参考。

(二) 适用于服刑初期的八因子再犯可能性评估表

表 10-17 入狱前之再犯可能性三级预测表

分数段	再犯可能率（%）	分数段	再犯可能率（%）
240～335	5.8	430～526	82.7
335～430	40.0		

表 10-18 入狱前之再犯可能性四级预测表

分数段	再犯可能率（%）	分数段	再犯可能率（%）
240～315	0	385～455	58.1
315～385	24.2	455～530	91.2

可作为不同警戒度监狱和管理级别选择的参考。

(三) 适用于服刑中期的十因子再犯可能性评估表

表 10-19　服刑中之再犯可能性三级预测表

分数段	再犯可能率（%）	分数段	再犯可能率（%）
314～435	10.0	555～680	97.2
435～555	44.8		

表 10-20　服刑中之再犯可能性四级预测表

分数段	再犯可能率（%）	分数段	再犯可能率（%）
310～405	0	500～590	75.5
405～500	24.3	590～680	93.7

可作为狱内服刑或社区矫正中不同管理级别选择，是否变更刑期和提前释放或解矫的参考。

(四) 适用于释放阶段的十二因子再犯可能性评估表

表 10-21　释放前之再犯可能性三级预测表

分数段	再犯可能率（%）	分数段	再犯可能率（%）
385～525	8.2	675～820	96.8
525～675	42.6		

表 10-22　释放前之再犯可能性四级预测表

分数段	再犯可能率（%）	分数段	再犯可能率（%）
385～495	0	605～715	72.5
495～605	29.2	715～825	100

可作为释放后社区矫正和安置帮教的参考。

如前文所述，风险评估的量表或经过计算机化的评估软件，只能作为评估的重要参照，而不能完全以此确定犯罪人的风险性质和等级。因为，评估工具制定所依据的数据是类型化，分类结果也是类型化的，而每个犯罪人的风险来源、种类和表现形式都是有差异的。更为重要的是，犯罪风险和需求是随时变化的，罪犯的自陈有时是虚假的。所以，风险性质和等级的最后确定，是要通过与罪犯长期的接触、观察、访谈集体做出的，这依赖于专家的知识、经验和洞察力。

参考文献

一、中文文献

(一) 著作

1. 白建军著. 关系犯罪学. 北京：中国人民大学出版社，2009.
2. 蔡墩铭著. 犯罪心理学. 台北：黎明文化事业公司，1978.
3. 曹利群、周愫娴著. 犯罪学理论与实证. 北京：群众出版社，2007.
4. 费孝通著. 乡土中国·生育制度. 北京：北京大学出版社，1998.
5. 胡联合著. 转型与犯罪：中国转型期犯罪问题的实证研究. 北京：中共中央党校出版社，2006.
6. 黄风著. 贝卡利亚及其刑法思想. 北京：中国政法大学出版社，1987.
7. 黄兴瑞著. 人身危险性评估与控制. 北京：群众出版社，2004.
8. 江山河著. 犯罪学理论. 上海：格致出版社、上海人民出版社，2008.
9. 孔一著. 犯罪预防实证研究. 北京：群众出版社，2006.
10. 刘强编. 美国社区矫正的理论与实务. 北京：中国人民公安大学出版社，2003.
11. 陆学艺编. 当代中国社会流动. 北京：社会科学文献出版社，2004.
12. 孟昭兰编. 普通心理学. 北京：北京大学出版社，1994.
13. 孙雄著. 犯罪学研究. 谭淼勘校. 北京：北京大学出版社，2008.
14. 王沪宁著. 当代中国村落家族文化. 上海：上海人民出版社，1991.
15. 王牧编. 新犯罪学. 北京：高等教育出版社，2005.
16. 吴宗宪著. 西方犯罪学. 北京：法律出版社，2006.
17. 吴宗宪著. 西方犯罪学史. 北京：警官教育出版社，1997.
18. 谢勇著. 犯罪学研究导论. 长沙：湖南人民出版社，1992.
19. 徐勇著. 中国农村村民自治. 武汉：华中师范大学出版社，1997.
20. 许金春著. 犯罪学. 台北：三民书局，1996.
21. 许章瑞编. 犯罪学. 北京：法律出版社，2007.
22. 叶奕乾、何存道、梁宁建编. 普通心理学. 上海：华东师范大学出版社.
23. 张甘妹著. 犯罪学原论. 台北：台湾汉林出版社，1985.

24. 张甘妹著. 再犯预测研究. 台北：法务通讯杂志社，1987.
25. 张华保著. 少年犯罪预防及矫治. 台北：三民书局，1993.
26. 张静著. 基层政权——乡村制度诸问题研究. 杭州：浙江人民出版社，2000.
27. 张明楷著. 外国刑法纲要. 北京：清华大学出版社，1999.
28. 张小虎著. 当代中国社会结构与犯罪. 北京：群众出版社，2009.
29. 张远煌著. 犯罪学原理. 北京：法律出版社，2008.

(二) 期刊

1. 白建军. 控制社会控制. 北大法律评论，2000，2.
2. 曹和平. 结构变革的高速期——我国农村权力分配格局的变化及思考. 农村经济与社会，1998，3.
3. 陈绍勇. 少女沈雁重新犯罪个案调查. 青少年犯罪问题，2000，6.
4. 黄兴瑞、孔一、曾赟. 再犯预测研究——对浙江罪犯再犯可能性的实证分析. 犯罪与改造研究，2004，4.
5. 黄兴瑞、曾赟、孔一. 少年初犯预测研究——对浙江省少年初犯可能性的实证研究. 中国刑事法杂志，2004，5.
6. 孔一. 重新犯罪原因检讨. 中国刑事法杂志，2002，5.
7. 孔一. 再犯预测表的制作过程. 犯罪与改造研究，2009，2.
8. 孔一. 罪犯自杀研究——对浙江省罪犯自杀案件的实证分析. 中国人民公安大学学报，2005，1.
9. 孔一. 少年再犯研究——对浙江少年重新犯罪的实证分析. 中国刑事法杂志，2006，4.
10. 马宝成. 农村税费改革对基层政权建设的影响. 山东社会科学，2004，8.
11. 潘志豪. 未成年犯刑释后重新犯罪问题分析. 青少年犯罪问题，1999，2.
12. 王太元. 中国户政制度的演进与改革：户口迁移制度的问题与改革. 人口与计划生育，2004，7.
13. 吴玉军. 个人自由与国家行为的界限——"积极自由"与"消极自由"的思想史考察. 理论与改革，2003，6.
14. 杨张乔、王翀. 枫桥经验：中国乡镇犯罪预防与矫治的社区模式. 社会科学，2004，8.
15. 张绍谦. 短期自由刑存废之研究. 法学评论，1995，5.

16. 张小虎. 转型期犯罪率明显增长的社会分层探析. 社会学研究，2002，1.

17. 张小劲. 中国农村的村民自治再思考. 中国书评，1998，2.

（三）译著

1. ［波兰］布·霍维斯特著. 犯罪学的基本问题. 冯树梁等译. 北京：国际文化出版社，1999. 2. ［德］乔治·齐美尔著. 大城市和精神生活. 德累斯顿，1903.

3. ［德］哈贝马斯著. 合法性危机. 台北：台湾时报文化出版企业有限公司，1994.

4. ［德］汉斯·约阿希姆·施耐德著. 犯罪学. 吴鑫涛、马君玉译. 北京：中国人民公安大学出版社，1990.

5. ［德］京特·雅客布斯著. 规范·人格体·社会. 冯军译. 北京：法律出版社，2001.

6. ［德］吕迪格尔·莎弗朗斯基著. 恶或者自由的戏剧. 卫茂平译. 昆明：云南人民出版社，2000.

7. ［德］马克斯·韦伯著. 经济与社会. 林荣远译. 北京：商务印书馆，1997.

8. ［德］马克斯·韦伯著. 社会科学方法论. 杨富斌译. 北京：华夏出版社，1999.

9. ［德］马克斯·韦伯著. 新教伦理与资本主义精神. 彭强、黄晓京译. 西安：陕西师范大学出版社，2002.

10. ［德］伊曼努尔·康德著. 纯粹理性批判. 李秋零译. 北京：中国人民大学出版社，2004.

11. ［德］伊曼努尔·康德著. 历史理性批判文集. 何兆武译. 北京：商务印书馆，1990.

12. ［德］尤尔根·哈贝马斯著. 交往行为理论. 曹卫东译. 上海：上海人民出版社，2004.

13. ［法］埃米尔·涂尔干著. 社会分工论. 渠东译. 北京：三联书店，2000.

14. ［法］埃米尔·涂尔干著. 自杀论：社会学研究. 冯韵文译. 北京：商务印书馆，2003.

15. ［法］埃米尔·涂尔干著. 自杀论. 钟旭辉等译. 杭州：浙江人民出版社，1988.

16. ［法］爱弥儿·涂尔干著. 孟德斯鸠与卢梭. 李鲁宁等译. 上海：上

海人民出版社，2003.

17. [法] 孔德著. 论实证精神. 北京：商务印书馆，1996.

18. [法] 卢梭著. 社会契约论. 何兆武译. 北京：商务印书馆，1979.

19. [法] 孟德斯鸠著. 论法的精神. 北京：商务印书馆，1996.

20. [古希腊] 柏拉图著. 理想国. 郭斌和、张竹明译. 北京：商务印书馆，1986.

21. [古希腊] 亚里士多德著. 物理学. 张竹明译. 北京：商务印书馆，1982.

22. [美] 艾尔·巴比著. 社会研究方法. 邱泽奇. 译北京：华夏出版社，2000.

23. [美] 格尔茨著. 文化的解释. 韩莉译. 上海：译林出版社，1999.

24. [美] 理查德·格里格，菲利普·津巴多著. 心理学与生活. 王垒，王甦等译. 北京：人民邮电出版社，2003.

25. [美] 理查德·昆尼著. 新犯罪学. 陈兴良等译. 北京：中国国际广播出版社，1988.

26. [美] 默顿著. 社会理论与社会结构. 上海：译林出版社，2006.

27. [美] 诺曼·K·邓津，伊冯娜·S·林肯著. 定性研究：方法论基础. 风笑天译. 重庆：重庆大学出版社，2007.

28. [美] 乔纳森·H·特纳著. 社会学理论的结构. 邱泽奇等译. 北京：华夏出版社，2006.

29. [美] 乔治·霍兰·萨拜因著. 政治学说史. 盛葵阳、崔妙因译. 北京：商务印书馆，1986

30. [美] 史蒂文瓦戈著. 社会变迁. 王晓黎译. 北京：北京大学出版社，2007.

31. [日] 大谷实著. 刑事政策学. 黎宏译. 北京：法律出版社.

32. [意] 贝卡利亚著. 论犯罪与刑罚. 黄风译. 北京：中国大百科全书出版社，1993.

33. [意] 杜里奥·帕多瓦尼著. 意大利刑法学原理. 陈忠林译. 北京：法律出版社，1998.

34. [意] 菲利著. 实证派犯罪学. 郭建安译. 北京：中国人民公安大学出版社，2004.

35. [意] 加洛法罗著. 犯罪学. 耿伟、王新译. 北京：中国大百科全书出版社，1996.

36. [意] 切萨雷·龙勃罗梭著. 犯罪人论. 黄风译. 北京：中国法制出

版社，2005.

37. ［英］安东尼·吉登斯著. 结构化理论. 收于苏国勋、刘小枫主编. 社会理论的诸理论. 北京：三联书店，2005.

38. ［英］安东尼·吉登斯著. 社会的构成. 北京：三联书店，1998.

39. ［英］边沁著. 道德与立法原理导论. 时殷弘译. 北京：商务印书馆，2002.

40. ［英］查尔斯·泰勒著. 承认的政治. 收于汪晖、陈燕谷主编，文化与公共性. 北京：三联书店，1998.

41. ［英］查尔斯·泰勒著. 承认的政治. 收于汪晖、陈燕谷主编，文化与公共性. 三联书店，1998.

42. ［英］洛克著. 政府论. 叶启芳等译. 北京：商务印书馆，1997.

43. ［英］马林诺夫斯基著. 原始社会的犯罪与习俗. 原江译. 北京：法律出版社，2007.

44. ［英］韦恩·莫里森著. 理论犯罪学. 刘仁文等译. 北京：法律出版社，2004.

二、外文文献

1. Arthur Jensen. How Much Can We Boost IQ and Scholastic Achievement?. Harvard Education Review, 1969, 39: 12-123.

2. Baker, J. Juveniles in Crime-Part: Participation Rates and Risk Factors. Sydney: NSW Bureau of Crime Statistics and Research Attorney General's Department, 1998.

3. Boynum, D. & Kleiman, M. A. R. Alcohol and Other Drugs. in Wilson JQ. & Petersilia (eds). Crime, San Francisco: ICS Press, 1995.

4. Braithwaite, J. Crime, Shame and Reintegration. Cambridge: Cambridge University Press, 1988.

5. Bruinsma, G. J. N. Differential association theory reconsidered: An extension and its empirical test. Journal of Quantitative Criminology, 1992, 8, (9): 29-49.

6. Bryan A. Garner. Black's Law Dictionary. 7rd ed. ST. Paul, Minn: West Group, 1999.

7. Bureau of Justice Statistics, United States Department of Justice, Dictionary of Criminal Justice Data Terminology. 2rd ed: Search Group, 1981.

8. Cesare Beccaria. On Crime and Punishments. Thanslated With An Intro-

duction by Henry Paolucci. New York: Macmillan Publishing Co., 1963.

9. Charles B. Goring. The English Convict: A Statistical Study. London: 1913.

10. Dan Wilcox, Anthony Beech, Helena F. Markall, Janine Blacker. Actuarial risk assessment and recidivism in a sample of UK intellectually disabled sexual offenders. Journal of Sexual Aggression, 2009 (5): 65.

11. Daniel S. Nagin. Group-Based Modeling of Development. Cambridge, MA.: Harvard University Press, 2005.

12. Derek B. Cornish, Nonald V. Clarke. The Reasoning Criminal: Rational Choice Perspectives on Offending. New York: Spinger-Verlag. Costello, Barbara J. and Paul R. Vowell, 1986.

13. Devery, C. Domestic Violence in NSW: A Regional Analysis. Sydney: NSW Bureau of Crime Statistics and Research Attorney General's Department, 1992.

14. DH Stott. The Prediction of Delinquent Behavior from Non-Delinquent Behaviour. British Journal of Delinquent, 1960, 10: 195.

15. Dobinson, I. & Ward, P. Drugs and Crime: A Survey N. S. W. Prison Property Offenders. Sydney: NSW Bureau of Crime Statistics and Research Attorney General's Department, 1984.

16. Don C. Gibbons. The Criminoligical Enterprise: Theories and Perspectives. Englewood Cliffs, N. J.: Prentice-Hall, 1979.

17. Edwin H. Sutherland. White Collar Crime (1949), New York: Dryden Press.

18. Edwin H. Sutherland. White Collar Crime: The Uncut Version New Haven. Conn.: Yale University Press, 1983.

19. Edwin Hardin Sutherland. Donald Ray Cressey and David F. Luckenbill, Principles of Criminology. 5rd ed., Chicago: Lippincott Company, 1955.

20. Edwin M. Lemert. Social Pathology. New York: McGraw-Hill, 1951.

21. Elliott and Huizinga. Identification and Prediction of Career Offenders Utilizing Self-reported and Official Data, in JD Burchard and SN Burchard (eds), prevention of delinquent behavior. Newbury Park, CA: sage, 1987.

22. Farrington, D. P. Gallagher, B., Morley, L., St. Ledger, R. J. &

West, D. J. Unemployment, school leaving, and crime. British Journal of Criminology, 1986, 26 (4): 335-356.

23. Frank Tannenbaum. Crime and Community. New York: Columbia University Press, 1938.

24. G. S. Becker. Crime and Punishment: An Economic Approach. Journal of Political Economy, 1968, 76 (2): 169-217.

25. G. R. Patterson, J. B. Reid, T. J. Dishion. Antisocial Boys. in Jenkins M. Jennifer (eds), Human Emotion, 1992.

26. George B. Vold. Theoretical Criminology. New York: Oxford University Press, 1958.

27. Giddens, A. The Constitution of Society, Berkeley: University of California Press, 1984.

28. Glueck, S. & Glueck, E. T. Unravelling Juvenile Delinquency. Cambridge: Harvard University Press, 1950.

29. Hermann Mannheim. Comparative Criminology. Boston: Houghton Mifflin, 1965.

30. Hirschi, T. Causes of Delinquency. California: University of California Press, 1969.

31. Howard S. Becker. Outsiders: Studies in the Sociology of Deviance. New York: Free Press1, 1963.

32. Ian Taylor, Paul Walton & Jack Young. The New Criminology: For a Social Theory of Deviance. London: Routledge & Kegan Paul, 1973.

33. Jack Katz. Seductions of Crime. New York: Basic Books, 1988.

34. Jochelson, R. Crime and Place: An Analysis of Assaults and Robberies in Inner Sydney. Sydney: NSW Bureau of Crime Statistics and Research Attorney General's Department, 1997.

35. John Braithwaite. Crime and the Average American. Law & Soc'y Rev, 27: 215-224.

36. John H. Laub, Robert J. Sampson. The sutherland-Gluck Debate: On the Sociology of Criminological Knowledge. The American Journal of Sociology, 1991, 96 (6): 1402.

37. Kelly Reynoldsa and Helen Louise Mile. The effect of training on the quality of HCR-20 violence risk assessments in forensic secure services. The Journal of Forensic Psychiatry & Psychology, 2009, 20: 473-480.

38. Kleiman, M. A. R. Against Excess: Drug Policy for Results. New York: BasicBooks, Harper Collins, 1992.

39. Lamar T. Empey & Mark C. Stafford. American Delinquency: Its Meaning and Construction. 3rd ed. Belmont, CA: Wadsworth Publishing Company, 1991.

40. Larry J. Siegel. Criminology. Belmont, CA: Thomas Wadsworth, 2006.

41. Lawrence W. Sherman. Defiance, Deterrence, and Irrelevance: A Theory of the Criminal Sanction. Journal of Research in Crime and Delinquence, 1993, 30: 445−473.

42. Linda Wijk, Samuel Edelbring, Anna-Karin Svensson, Klas Karlgren, Marianne Kristiansson, Unofors. A pilot for a computer-based simulation system for risk estimation and treatment of mentally disordered, Offender Informatics for Health & Social Care. 2009, 34: 106−115.

43. Loeber and Dishion. Early Prediction of Male Delinquent: A Review. Psycholigical Bulletin 1983, 94: 68−90.

44. Loeber, R. & Stouthamer-Loeber, M., Loeber, R. & Stouthamer-Loeber, M. Family Factors as Correlates and Predictors of Juvenile Conduct Problems and Delinquenc, in M. Tonry & N. Morris (eds), Crime and Justice: An Annual Review of Research. Chicago: The University of Chicago Press, 1986.

45. Louis Wirth. Urbanism as a Way of Life, The American Journal of Sociology. 1938, 44: 1−24.

46. M. Kelly. Inequality and Crime. The Review of Economics and Statistics, 2000, 82 (4): 530−539.

47. Magda Stouthamer-Loeber, & Rolf Loeber. The Use of Prediction Data in Understanding Delinquency. Behavioural Sciences and the Law, 1988, 6, (3): 333−354.

48. Maguin, M. & Loeber, R. Academic Performance and Delinquency, in. in M. Tonry & N. Morris (eds), Crime and Justice: An Annual Review of Research. Chicago: The University of Chicago Press, 1996.

49. Michael Gottfredson, Travis Hirschi. A General Theory of Crime. Stanford, Calif.: Standford University Press, 1990.

50. Michael Gottfredson, Travis Hirschi. Control Theory and the Life-Course Perspective. Studies on Crime and Crime Prevention, 1995, 4:

131-132.

51. Moley, R. Politics and crime, The Annals of the American Academy of Political and Social Science. 1926, 214: 78-84.

52. Nikos Passas. Continuities in the anomie traditio. in F. Adler and W. S. Laufer (eds), The Legacy of Anomie Theory. New Brunswich, NJ: Transaction Publishers, 1995.

53. Paul W. Tappan. Crime, Justice and Correction. Newyork: McGraw-Hill Series in Sociology, 1960.

54. Robert J. Sampson and John H. Laub. A General Age-Graded Theory of Crime: Lesssons Learned and the Future of Life-course Criminoligy. in David P. Farrington (eds), Integrated Developmental and Life Course Theories of Offending: Advances in Criminology Theory, 2005, 14: 165-182.

55. Robert J. Sampson and John H. Laub. Crime in the Making: pathways and Turning Points Through Life. Cambridge, MA: Harvard University Press, 1993.

56. Robert J. Sampson and John H. Laub. Life-course desisters? Trajectories of Crime Among Delingquent Boys Followed to Agew 70. Criminology, 2003, 41 (3): 555-592.

57. Robert K. Merton. Social Structure and Anomie, American Sociological Review. 1938, 3: 672-682.

58. Rolf Loeber, DF. Hay. Developmental approaches to aggression and conduct problems. in Michael F. Rutter and Dale F. Hay (eds), Development through life: A handbook for clinicians, 1994, London: Blackwell Scientific Publications, p. 488-516.

59. Rolf Loeber. The Stability of Antisocial and Delingquent Child Behavior: A Review. Child Development, 1982, 53: 1431-1446.

60. S. Giora Shoham & Mark C. Seis. A Primer in the Psychology of Crime. New York: Harrow and Heston Publishers, 1993.

61. S. B. Warner. Factors Determining Parole from Massachusetts Reformatory. J. Am. Inst. Crim. L. & Criminology, 1923, 14: 172-207.

62. Sheldon Glueck and Eleanor Glueck. Of Delinquency and Crime. springfield, IL.: Thomas, 1974.

63. Sheldon Glueck and Eleanor. Delinquents and Nondelinquents in Perspective. Cambridge, Mass.: Harvard University Press, 1968.

64. Sheldon Glueck and Eleanor. Juvenile Delinquents Grown Up. NewYork: The Commonwealth Fund, 1940.

65. Sheldon Glueck and Eleanor. Unraveling Juvenile Delinquency. New York: The Commonwealth Fund, 1950.

66. Stephen Cole. The growth of scientific knowledge: Theories of deviance as a case study. in L. A. Coser (eds), The Idea of Social Structure: Papers on Honor of Robert K. Merton, New York: Harcourt Brace Jovanovich, 1975.

67. Stevenson, R. J. & Forsythe, L. M. V. The Stolen Goods Market in New South Waies. Sydney: NSW Bureau of Crime Statistics and Research Attorney General's Department, 1998.

68. Stevenson, R. J. The Impact of Alcohol Sales on Violent Crime, Property Destruction and Public Disorder. Sydney: NSW Bureau of Crime Statistics and Research Attorney General's Department, 1996.

69. Thrasher, F. M. The Gang: A Study of, 33 Gangs in Chicago. Chicago: University of Chicago Press, 1960.

70. Vivien Burr: What do discourse analysts do?. In Vivien Burr (eds), An Introduction to Social Constructionism. London and New York: Routledge, 1995.

71. Walter C. Reckless. The Crime Problem. New York: Appleton-Century-Crofts, Inc., 1973.

72. Walter R. Gove. The Effect of Age and Gender On Deviant Behavior: A Biopsychoscial Perspective. in Alice S. Rossi (eds), Gender and the Life-course. 1985.

73. West and Farrington. The delinquent way of life. London: Heinemann, 1977.

74. Yoshikawa, H. Prevention as Cumulative Protection: Effects of early family support and education on chronic delinquency and its risks. Psychological Bulletin, 1994, 115: 28-54.